노무사 합격을 위한
해커스 법○┃

합격 시스템

해커스 법아카데미 **인강**

취약 부분 즉시 해결!
**질문 게시판
운영**

무제한 수강 가능+
**PC 및 모바일
다운로드 수강**

합격을 만드는
**필수 학습자료
제공**

* 인강 시스템 중 무제한 수강, PC 및 모바일 다운로드 무료 혜택은 일부 종합반/패스/환급반 상품에 한함

해커스 법아카데미 **학원**

학습상담&스터디
교수님 직접관리

교수님
대면 첨삭·피드백

매일 꾸준한
**학습 밀착
출결/성적 관리**

* 학원 시스템은 모집 시기별로 변경 가능성 있음

해커스노무사

조현
행정쟁송법 사례연습

해커스 공인노무사

PREFACE

Ⅰ. 『해커스노무사 조현 행정쟁송법 사례연습』을 출간하며

본 교재는 "공인노무사 행정쟁송법" 주관식 시험을 대비하기 위한 맞춤형 약술 및 사례연습서이다. 법학 (Rechtsdogmatik)은 주지하다시피 실천학문(Praktische Wissenschaft)이다. 아무리 타당한 보편적 법리가 존재한다 하더라도 이것을 실제사례에 적용할 수 없다면, 법전에 담겨진 규정은 휴지조각에 지나지 않을 것이다. 이는 수험에 있어서도 마찬가지이다. 공인노무사자격시험은 실무가를 뽑는 시험이지 이론가를 뽑는 시험이 아닌 만큼, 그 어떤 시험보다 약술과 사례문제에 대한 해결능력이 요구되고 있다. 뿐만 아니라 최근 공인노무사 2차시험의 행정쟁송법 문제가 괄목할 정도로 노무실무에 적합한 사례문제형태로 변화되면서, 행정쟁송법 지식을 노무실무에 적합하게 응용해서 해결할 능력이 없다면 더 이상 공인노무사 2차시험의 관문을 통과할 수 없게 되었다.

그러나 시중에 출간된 행정쟁송법 사례집은 어떠한가? 사법고시·행정고시·입법고시·변호사시험 등에서 출제되었던 기출문제를 "공인노무사" 2차시험용 사례로 그대로 구성한다거나, 공인노무사 실무와 전혀 관계없는 일반 행정쟁송법 문제로만 구성하거나 혹은 약술과 서술형 문제는 전혀 반영되지 않는 경우가 다반사이다. 물론 사법고시·행정고시·입법고시 등의 기출사례문제를 풀어 보는 것은 공인노무사 2차시험을 위한 학습에 있어서도 매우 유의미한 것임을 부정하는 것은 절대 아니다. 그러나 이것이 공인노무사시험을 위한 문제풀이 학습의 종국적인 목적이 되어서는 아니 된다. 왜냐하면 주지하다시피 노무실무를 겨냥한 공인노무사 행정쟁송법 문제는 "근로기준법", "노동위원회법", "노동조합 및 노동관계조정법", "산업재해보상보험법" 등에서 일반행정쟁송의 예외가 되는 특칙규정을 광범위하게 두고 있고, 심사청구나 재심사청구와 같이 일반행정쟁송이 아닌 특별한 불복수단에 관한 규정을 많이 두고 있다. 따라서 행정쟁송법의 일반법리가 이와 같은 노동관계법규에서는 어떻게 적용되고 변형되고 또한 어떤 경우에는 예외법리가 적용되는지를 학습하는 것이 문제풀이에 있어 궁극적인 목적이 되기 때문이다. 또한 최근 공인노무사 2차시험의 행정쟁송법문제는 50점 분량의 약술 또는 서술형문제도 특정 Theme를 설명하는 단문형태뿐만 아니라 비교서술형이나 상황형 약술문제도 출제되고 있는 만큼 약술과 서술형문제에 대한 대비도 필요한데 이에 관한 문제는 전혀 없다는 점도 큰 문제이다. 따라서 이 책은 "공인노무사시험"에 맞춤형 약술 및 사례연습서의 Role Model을 제시해야 한다는 소명감하에서 쓰인 교재이다. 이 책의 특징은 다음과 같다.

Ⅱ. 이 책의 구성과 특징

첫째, 이 책은 <약술·단문>, <준사례>, <사례>로 구분된 총 3개의 편으로 문제가 구성되어 있다. 여기서 기출문제의 수록은 철저히 배제하였는데, 이는 기본이론단계에서 Theme에 대한 학습 후 바로바로 기출문제를 연결하여 풀어보는 것이 가장 효과적이기 때문이다. 이미 기본이론단계에서 기출문제는 충분히 다루었으므로, 연습단계에서는 출제예상문제까지 대비해야 한다. 즉, 이 책은 2024년도 공인노무사시험을 준비하는 분들을 위한 출제예상연습서라고 보면 좋을 것이다. 또한 앞서 강조한 바와 마찬가지로 사례문제의 경우 최근 2024년 2월 말까지 판시된 대법원의 중요판례와 노무사 실무의 특수성에 맞는 행정쟁송법 논점 및 노동쟁송법의 주요논점을 적절하게 Mix하였고, 가급적 다양한 노무실무에 관한 사례문제로 구성하였다. 약술문제의 경우는 단문형태보다는 비교형 약술문제 또는 상황에 대한 서술형 약술문제를 중심으로 구성하였고 2024년 공인노무사시험에 출제될 가능성이 높은 Theme를 엄선하여 문제로 구성하였다. 그리고 약술과 사례문제는 문제의 객관성과 실전감각을 높이기 위하여, 여러 대학모의고사에서 교수님들이 출제하신 주요문제뿐 아니라 대법원 노동사건과 관련된 행정쟁송법 판례를 기반으로 구성하였다. 문제의 구성도 최근 출제경향에 따를 수 있게 되도록 사례문제는 50점에 2문항으로, 약술문제의 경우에는 25점 배점을 기준으로 구성하였다.

둘째, 사례문제에 대한 해설은 객관적이고 적정한 분량으로 구성하였다. 이를 위하여 실제 시험의 답안지양식에 맞추어, 실전에서 작성해야 할 분량과 거의 동일하게 구성하였다. 또한 국가자격시험이 갖는 객관성과 보편성에 비추어 본 교재는 철저하게 통설과 판례 중심으로 해설하였다. 마지막으로 답안구성의 논리적 연결흐름을 행정쟁송법의 체계에 따라 적합하게 한눈에 알아 볼 수 있도록 목차구성을 사례해설 전에 달아 놓았다.

셋째, 사안포섭의 구체화와 적확화를 담았다. 최근 출제되는 행정쟁송법 사례문제는 어느 정도의 정답을 맞혀야 하는 문제로 출제되고 있다. 따라서 문제의 사실관계를 정확하게 분석하고, 통설과 판례를 따르며, 출제의도에 맞게 간결하면서도 적확하게 사안을 포섭하는 결과를 보여주도록 노력하였다.

Ⅲ. 감사의 글

이 책을 만드는 데에도 많은 분들의 노력과 조언이 있었다. 우선 행정법에 대한 철학과 법학을 연구하는 강사로서의 자세에 대해 깊이 고민할 수 있도록 높은 가르침을 주신 장태주 교수님과 아주대학교 법학전문대학원의 길준규 교수님께 감사드린다. 그리고 소송실무와 판례자료로 많은 도움을 준 법률사무소 율촌의 권성국 변호사, 법률사무소 호크마의 신우진 변호사, 법률사무소 새빌의 김형석 변호사에게도 고마움의 마음을 전한다. 또한 자매서인 『해커스노무사 조현 행정쟁송법 기본서』에 이어 행정쟁송법 사례연습 교재까지도 아낌없는 열정으로 편집과 출판을 맡아 주신 해커스에도 감사드린다.

조현

목차

제3편 | 사례

해커스 법아카데미
law.Hackers.com

제1편

약술·단문

01 법령에 대한 항고소송의 가능성

ADVICE

☑ 제16회(2007년) 공인노무사 「법규명령에 대한 취소소송」, 제20회(2011년) 공인노무사(사례논점)로 출제된 바 있다.

☑ 법률과 법규명령, 법규명령의 경우에는 그 유형을 나누어 행정소송의 한계와 항고소송의 대상이 될 수 있는지 여부를 나누어 설명하면 된다.

목차

I.	서설
	법령이 항고소송의 대상이 되기 위해서는 행정소송의 재판관할사항에 해당하여
	야 하고 항고소송의 대상으로서 처분에 해당하여야 한다. 따라서 법령으로 국민이
	자신의 권익을 침해당하는 경우 행정소송의 한계에도 불구하고 어떠한 경우에 사
	법심사의 대상이 되며, 항고소송의 대상이 해당되는지 여부에 대해 이하에서 자세
	히 검토하기로 한다.
II.	**법령에 대한 사법심사의 가능성**(행정소송의 한계에 따른 제한)
1.	**행정소송의 한계**
	행정소송은 헌법상 재판청구권이 보장되는 까닭에 개괄주의를 채택하고 있음에
	도 불구하고, 사법본질상 한계로서 "구체적 법률상 분쟁"에 따른 제한(법원조직법
	제2조)이 따르는바, 일반·추상적 성질을 갖는 법령은 어떠한 경우에 사법심사의
	대상이 되는지가 문제된다.
2.	**법률의 경우**
	법률의 위헌 여부는 헌법 제107조 제1항과 헌법재판소법 제2조의 규정에 따라
	헌법재판소의 관장사항에 해당하므로 법원의 사법심사의 대상에서 제외된다.
3.	**법규명령의 경우**
	(1) 원칙
	일반·추상적 성질을 갖는 법규명령은 그 자체로서 국민의 구체적인 권리 또는
	의무에 직접적인 변동을 초래하지 아니하므로 행정소송의 "구체적 사건성"에 따른

제한으로 재판관할범위에서 제외된다. 그러나 위헌·위법한 법규명령이 재판의 전

제가 된 경우에는 헌법 제107조 제2항에 근거하여 행정소송의 대상이 된다.

(2) 처분적 법규명령의 경우

법규명령 그 자체가 직접·구체적으로 국민의 권리와 의무에 영향을 미치는 이른

바 처분적 명령인 경우에는 구체적 사건성이 인정되므로 행정소송의 대상이 된다.

(3) 이른바 집행적 명령의 경우(국민의 기본권을 직접 침해하는 일반·추상적 명령의 경우)

1) 문제점

일반·추상적 내용의 법규명령(위임명령)"이 구체적 법률상 분쟁에 해당하여 사

법심사의 사항이 될 수 있는지에 대해서는 견해가 대립된다.

2) 학설

❶ 법규명령에 대한 사법적 통제의 헌법상 근거를 헌법 제107조 제2항에서 찾아

야 한다고 보아 일반·추상적인 위임명령은 "구체적 법률상 쟁송"이 아니므로 직

접 사법심사의 대상이 되지 아니한다고 보는 [사법심사부정설]과, ❷ 법규명령에 대

한 사법적 통제의 헌법상 근거는 헌법 제101조에서 찾아 "일반·추상적 법규명령"

이라 하더라도 국민의 기본권을 직접 침해하는 경우라면 "구체적 법률상 쟁송"에

해당한다고 보는 [사법심사긍정설]이 대립된다.

3) 검토

생각건대, "일반·추상적인 법규명령"이라 하더라도 국민의 기본권을 직접 침해

하는 법규명령의 경우에는 "구체적 법률상 분쟁"으로 보아 사법심사의 가능성을

긍정함이 법치국가원리와 국민의 권리구제상 타당하다.

Ⅲ.	법규명령이 항고소송의 대상이 되는지 여부
1.	문제점
	항고소송의 대상인 처분이란 "행정청이 행하는 구체적 사실에 관한 법집행으로서의 공권력의 행사 또는 그 거부, 그 밖에 이에 준하는 행정작용"을 말한다. 법규명령이 이러한 처분의 개념적 요소로서 "구체적 사실에 관한 행위"에 해당하여 항고소송의 대상이 될 수 있는지가 문제된다.
2.	처분적 법규명령인 경우
	직접·구체적으로 국민의 권리와 의무에 영향을 미치는 처분적 명령인 경우에는 "행정청이 행하는 구체적 사실에 관한 법집행으로서 공권력행사"에 해당하므로 항고소송의 대상이 된다.
3.	집행적 명령의 경우
	(1) 문제점
	국민의 권리·의무에 직접 영향을 미치나, 그 규율형식이 일반·추상적인 법규명령을 처분으로 보아 직접 항고소송으로 다툴 수 있는지 여부가 처분의 개념요소로서 "구체적 사실에 관한"의 의미의 해석을 둘러싸고 문제된다.
	(2) 학설
	이에 대해 학설은 ❶ 처분은 행위의 규율형식이 구체적이어야 한다는 이유로 취소소송의 대상인 처분에 해당하지 않는다는 [처분성부인설]과, ❷ 처분에서 말하는 「구체적 사실에 관한」은 규율의 대상이 구체적이면 족한 것으로 보아 법규명령도 국민의 기본권을 직접 침해하는 것이라면 처분성을 인정해야 한다고 보는

[처분성긍정설]이 대립된다.

(3) 판례

대법원은 "추상적인 법령은 국민의 구체적인 권리의무에 직접적 변동을 초래하는 것이 아니어서 항고소송의 대상이 될 수 없다"고 하여 ❶설을 취하고 있다.

(4) 검토

국민의 실질적 권리구제를 내용으로 하는 현대적 법치주의 관점에서 처분성을 긍정하는 ❷설이 타당하다.

IV. 결어

법령이 항고소송의 대상에서 제외되었던 것은 독일의 나치주의에 기초한 군국주의의 산물에서 비롯된 것이다. 따라서 법령으로 인해 국민의 기본권이 직접 침해되는 경우에는 헌법과 법률의 특별한 제한이 없는 한 이를 직접 항고소송을 통해 다투도록 하는 것이 실질적 법치주의와 국민의 권익보장차원에서 타당하다. 따라서 처분적 법규명령의 경우와 국민의 기본권을 직접 침해하는 집행적 명령의 경우에는 항고소송을 통해 다투도록 인정함이 타당하다.

02 항고소송의 대상과 행정심판의 대상을 비교하여 설명

ADVICE

☑ 제5회(1995년) 공인노무사 「항고소송의 대상」, 제9회(2000년) 공인노무사(약술논점)로 출제된 바 있다.

☑ 처분(등)에 관한 약술논점은 기출되었으나, 항고소송과 행정심판의 대상을 비교하는 문제는 출제되지 않았으므로 잘 정리해 둘 필요가 있다.

목차

I.	**서설**
1.	**항고소송과 행정심판의 의의**
	(1) 항고소송의 의의
	항고소송이란 "행정청의 처분등이나 부작위에 대하여 제기하는 행정소송"을 말
	한다(행정소송법 제3조).
	(2) 행정심판의 의의
	행정심판이란 "행정법관계에 있어서 법적 분쟁을 당사자의 청구에 의하여 행정
	심판위원회가 심리·판정하는 심판절차"를 말한다.
2.	**문제점**
	항고소송과 행정심판은 모두 위법한 처분의 시정을 구하는 행정쟁송절차로서
	국민의 권익구제를 도모하는 절차라는 점에서 공통점을 갖는다. 따라서 항고소송
	과 행정심판은 모두 처분을 그 쟁송대상으로 한다는 점에서 공통된다. 그러나 항
	고소송은 사법부에 의한 소송절차라는 점에서 행정심판과는 달리 권력분립원칙상
	의 제한을 받는 반면, 행정심판은 행정부에 의한 시정절차라는 점에서 이러한 제
	한을 덜 받게 된다. 이러한 관점에서 양자는 그 대상에 있어 일정한 부분에서 차이
	가 있는바, 이하에서 양자의 공통점과 차이점에 대하여 비교하여 본다.
II.	**공통점**
	항고소송과 행정심판은 모두 위법한 처분으로 인해 권익을 침해당한 자를 구제
	하기 위한 쟁송절차이므로 처분과 부작위를 그 대상으로 한다는 점에서 공통점을
	갖는다. 행정소송법(동법 제2조 제1항 제1호)과 행정심판법(동법 제2조 제1호)은 모두 처분

이란 "행정청이 행하는 구체적 사실에 관한 법집행으로서의 공권력의 행사 또는 그 거부, 그 밖에 이에 준하는 행정작용"으로 동일하게 규정하고 있다. 또한 부작위에 대해서도 "행정청이 당사자의 신청에 대하여 상당한 기간 내에 일정한 처분을 하여야 할 법률상 의무가 있는데도 처분을 하지 아니하는 것"으로 동일한 규정을 두고 있다(행정소송법 제2조 제1항 제2호, 행정심판법 제2조 제2호).

Ⅲ. 차이점

1. 처분의 경우

(1) 대통령의 처분 또는 부작위의 경우

행정심판법 제3조 제2항에서는 "대통령의 처분 또는 부작위에 대하여는 다른 법률에서 행정심판을 청구할 수 있도록 정한 경우 외에는 행정심판을 청구할 수 없다"고 규정하여 대통령의 처분 또는 부작위는 행정심판의 대상이 될 수 없다. 국무총리산하 행정심판위원회는 행정기관으로서 행정조직법상 계층적 서열에 따른 제한을 받으므로 상급기관인 대통령의 처분과 부작위는 그 대상으로 삼을 수 없게 규정한 것이다. 그러나 항고소송의 경우 대통령의 처분 또는 부작위는 그 대상이 된다.

(2) 처분적 법규명령 및 조례의 경우

1) 문제점

헌법 제107조 제2항에 따라 명령 · 규칙은 재판의 전제가 된 경우에 한하여 대법원이 최종심사할 수 있으므로 처분적 법규명령 및 조례의 경우 항고소송의 대상에 해당됨에는 의문의 여지가 없다. 그러나 행정심판위원회는 명령 · 규칙에 대한 심사권은 없고, 행정심판법 제59조에 따라 중앙행정심판위원회만이 이에 관한 시정을 명할 수 있을 뿐이므로 처분적 법규명령이 행정심판의 대상이 될 수 있는가에 대해 견해가 대립된다.

2) 학설

이에 대해 학설은 ❶ 법규명령에 대한 규범통제를 하기 위해서는 헌법 제107조 제2항과 같은 법적 근거가 필요한데, 헌법 제107조 제2항상 법원에게만 이러한 권한이 인정되므로 명령은 행정심판의 대상이 될 수 없다고 보는 [부정설]과, ❷ 행정소송법과 행정심판법은 동일한 처분개념에 관한 규정을 두고 있으므로 항고소송의 대상이 되는 처분적 명령은 동일하게 행정심판의 대상이 되어야 한다는 [긍정설]이 대립한다.

3) 검토

생각건대 부정설이 타당하다고 생각된다. 행정심판위원회는 헌법상 명령·규칙에 대한 구체적 규범통제권이 없고, 행정심판법에서도 중앙행정심판위원회에게 명령·규칙에 대한 시정요청권을 부여한 것은 이러한 점을 전제로 하였다고 판단되기 때문이다.

(3) 부당한 처분의 경우

행정심판은 처분과 부작위에 대한 위법 여부뿐만 아니라 부당 여부도 심리할 수 있으나(행정심판법 제5조), 항고소송의 경우에는 위법 여부만 심리할 수 있고 부당 여부는 심리할 수 없다(행정소송법 제4조). 따라서 재량행위의 하자가 부당함에 그치는 처분의 경우에는 항고소송의 대상은 될 수 없고, 행정심판의 대상만이 된다.

2. 재결의 경우

행정소송법 제2조 제1항 제1호에 따라 행정심판위원회의 재결은 항고소송의 대상이 된다. 다만, 원처분주의의 원칙상 "재결자체의 고유한 위법"이 있는 경우에 한한다. 그러나 행정심판의 경우에는 행정심판법 제51조에 따라 재심판청구가 금지되고 있는 까닭에 재결에 대하여 재차 행정심판을 제기할 수는 없다.

Ⅳ. 결어

위에서 살펴본 내용과 같이, 항고소송과 행정심판은 처분을 그 대상으로 한다는 점에서 기본적으로 동일하나 항고소송에서는 재결과 처분적 명령 및 대통령의 처분 또는 부작위를 그 대상으로 삼을 수 있다는 점에서 이를 그 대상으로 삼을 수 없는 행정심판과 구별된다. 특히 처분적 명령의 경우에는 행정심판의 대상이 될 수 있는가에 대해 논란이 많은바, 이에 대해 명확한 규정을 행정심판법에서 규정하여 법적 혼란을 피하도록 함이 바람직하다고 생각된다.

ADVICE

☑ 제12회(2003년) 공인노무사(약술논점)로 「행정소송의 제소기간」 문제가 출제된 바가 있다.

☑ 고시 또는 공고에 의한 처분에 대한 취소소송의 제기기간은 어떻게 산정되는지에 대한 문제는 「고려대학교 모의고사 문제(박균성 교수님 출제)」 등 대학모의고사에서 출제된 바 있으므로 잘 정리해야 한다.

목차

I.	서설
1.	**취소소송에서 제소기간**
	취소소송의 제소기간이란 "처분의 상대방등이 취소소송을 제기할 수 있는 시간적 간격"을 말한다. 행정소송법 제20조에서는 처분등이 있음을 안 날로부터 90일 이내에, 처분등이 있은 날로부터 1년 내에 취소소송을 제기하도록 규정하고 있다.
2.	**제소기간의 인정취지**
	처분 등의 효력을 오랫동안 불안정한 상태에 두게 될 때 야기되는 행정법관계의 불안정성을 없애기 위해, 행정소송법 제20조는 취소소송에서 제소기간을 규정하고 있다.
3.	**문제점**
	고시 또는 공고에 의한 처분은 상대방에게 개별적으로 통지되지 아니하므로 어느 시점을 기준으로 며칠의 제소기간을 적용할지에 대해 견해가 대립된다. 이하에서 검토한다.
II.	**행정심판을 제기함이 없이 취소소송을 제기하는 경우**
1.	**불특정 다수인에게 공고 또는 고시한 경우**(행정절차법 제14조 제4항 제2호)
	(1) 안 날로부터 90일의 판단
	1) 문제점
	불특정 다수인에 대한 공고 또는 고시는 법률관계의 획일적인 처리를 기하기 위함이다. 따라서 이러한 처분의 경우 법률관계의 획일적인 처리를 위하여 공고 또는

고시가 효력을 발생하는 날 알았다고 보아 제소기간을 산정할 것인지(앎의 간주),

당사자의 권리구제의 기회를 보장하기 위하여 현실적으로 안 날로부터 90일의 기

간을 적용할 것인지에 대해 견해가 대립된다.

2) 학설

이에 대해 학설은 ❶ 앎을 간주하여 [공고 또는 고시가 효력을 발생하는 날로부터

90일]을 적용해야 한다는 견해와, ❷ 상대방이 [현실적으로 안 날로부터 90일]을 적

용해야 한다는 견해가 대립된다.

3) 판례

대법원은 "통상 고시 또는 공고에 의하여 행정처분을 하는 경우에는 그 처분의

상대방이 불특정 다수인이고 그 처분의 효력이 불특정 다수인에게 일률적으로 적

용되는 것이므로, 그 행정처분에 이해관계를 갖는 자가 고시 또는 공고가 있었다

는 사실을 현실적으로 알았는지 여부에 관계없이 고시가 효력을 발생하는 날 행정

처분이 있음을 알았다고 보아야 한다(대판 2004두619)"고 판시하여 앎을 간주하고

있다.

4) 검토

불특정 다수인에 대한 공고 또는 고시에 의한 처분은 공법관계의 획일성이 강하

게 요구된다는 점에서 특별한 사정이 없는 한 앎을 간주하는 판례의 태도가 타당

하다고 생각된다.

(2) 공고 또는 고시의 효력발생시기

1) 문제점

따라서 공고 또는 고시에 의한 처분은 그 효력을 발생하는 날로부터 90일 이내

에 취소소송을 제기하여야 한다. 그런데 공고 또는 고시에 의한 처분은 언제부터

그 효력을 발생하는 것인지에 대해서는 견해가 대립된다. 다음과 같이 나누어 살펴본다.

2) 개별법령에서 특별히 효력발생일을 명문으로 규정하고 있는 경우

예컨대 "공익사업을 위한 토지등의 취득 및 보상에 관한 법률" 제22조 제3항에서는 사업인정처분은 고시에 의하도록 하면서 관보에 고시된 날로부터 동 처분의 효력이 발생함을 규정하고 있다. 이렇게 명문의 규정에서 효력발생시기에 규정을 두고 있다면 이 시점이 제소기간의 기산점이 된다.

3) 공고 또는 고시에서 그 효력발생일을 정하고 있는 경우

공고 및 고시에 게재된 날로부터 처분은 효력을 발생하게 되므로 이 시점이 제소기간의 기산점이 된다.

4) 공고 및 고시에 효력발생일에 관한 규정을 두지 않고 있는 경우

(가) 학설: 이에 대해서 학설은 ❶ 행정절차법 제15조 제3항에 따라 공고일로부터 14일이 경과한 후부터 처분이 효력을 발생하게 되므로 이 시점이 기산점이 된다는 견해와, ❷ 사무관리규정을 우선적용하여 5일이 경과한 시점이 기산점이라는 견해, ❸ 공고일이 기산점이라는 견해가 대립된다.

(나) 판례: 이에 대해 판례는 분명한 입장을 취하지 않고 있으나 ① 관리처분계획에 관한 취소소송에서는 5일이 경과한 날을 기산점으로 본 반면, ② 개별공시지가결정에 관한 취소소송에서는 공고일이 취소소송의 기산점으로 보았다.

(다) 검토: 사무관리규정이 행정절차법의 특별법의 성격을 가지므로 사무관리규정을 우선적용하여 공고일로부터 5일이 경과한 시점을 제소기간의 기산점으로 봄이 타당하다.

(3) 있은 날로부터 1년

이상의 검토에 따라 공고 또는 고시에 의한 처분은 그 효력이 발생하는 날 알았다고 간주되므로 원칙적으로 있은 날로부터 1년의 기간은 적용될 여지가 없다. 그러나 이해관계인이 처분이 있음을 안 것을 도저히 간주할 수 없는 특별한 사정이 있는 경우에는 있은 날로부터 1년의 기간을 적용해야 할 것이다. 판례도 개별공시지가결정에 대한 판례에서 개별공시지가는 게시판에 공고한 것으로 각각의 토지소유자에게 그 효력이 발생하는 것이 아니므로 있은 날의 기간을 적용한 바가 있다(대판 92누17204).

2. 특정인에 대한 처분을 주소불명 등의 이유로 송달할 수 없어 공고·고시한 경우

(행정절차법 제14조 제4항 제1호)

이 경우 통설과 판례는 처분의 상대방이 공고 또는 고시만으로는 현실적으로 처분이 있음을 알 수 없으므로 상대방이 처분이 있었다는 사실을 현실적으로 안 날에 처분이 있음을 알았다고 보아 이 날로부터 90일 이내에 취소소송을 제기하여야 한다고 본다. 처분이 있음을 알지 못한 것에 대해 정당한 사유가 있다면 1년을 도과하여서도 취소소송을 제기할 수 있다(행정소송법 제20조 제2항 단서).

Ⅲ. 행정심판을 거쳐 취소소송을 제기하는 경우

1. 재결서의 정본을 송달받은 경우

행정심판을 제기한 경우에는 재결서의 정본을 송달받은 날로부터 90일이 제소기간이 된다. 이 기간은 불변기간이다(동조 제3항). 물론 이 경우 행정심판의 제기는 청구기간 내에 청구된 적법한 행정심판에 한정된다.

2.	재결서의 정본이 주소지불명 등으로 송달되지 못한 경우
	(1) 학설
	이에 대해 학설은 재결서 정본을 송달받지 못한 경우에는 있은 날을 적용하여 재결이 있은 날로부터 1년을 경과하면 취소소송을 제기하지 못한다고 본다.
	(2) 판례
	그러나 판례는 취소소송의 제소기간이 진행되지 않는다고 본다.
	(3) 검토
	제소기간의 본래의 취지인 법적 안정성을 위해 학설에 따라 "있은 날"의 기간을 적용하는 견해가 타당하다고 생각된다.
IV.	**결어**
	불특정 다수인에 대한 공고 또는 고시에 의한 처분의 경우 행정절차법, 행정소송법, 사무관리규정 등이 혼재되어 적용되기 때문에 실무상 취소소송의 제소기간의 판단이 용이하지 않다. 이는 결국 제소기간의 본래의 목적인 법적 안정성의 관점에서 판단하여야 할 문제라고 보여진다. 따라서 행정소송법에서 별도로 이에 대한 제소기간 산정에 관한 규정을 입법화하는 것이 바람직할 것으로 보인다.

04 거부처분에 대한 항고소송에서의 가구제

ADVICE

☑ 행정소송의 가구제는 **제4회(1992년), 제21회(2012년)**에 모두 논술 및 약술논점으로 출제된 바가 있다.

☑ 그러나 거부처분에 대한 가구제 문제는 매우 중요함에도 공인노무사시험에 기출되지 않아 출제될 가능성이 매우 높은 논점이므로 잘 정리해야 한다.

목차

I. 서설

1. 가구제의 의의

행정소송상 가구제란 "본안판결의 실효성을 확보하기 위하여 계쟁처분 등이나 공법상 법률관계에 관하여 잠정적인 효력관계나 지위를 정함으로써 본안판결이 확정되기 전에 임시의 권리구제를 도모하는 것"을 말한다.

2. 문제점

거부처분에 대한 항고소송에서는 ① 행정소송법 제23조 제2항과 제3항에 따라 집행정지가 가능한지 여부와, ② 민사집행법 제300조를 준용하여 가처분을 인정할 수 있는지 여부가 문제된다.

II. 거부처분에 대한 집행정지의 가능성

1. 집행정지의 의의

집행정지란 "취소소송이나 무효등확인소송이 제기된 처분 등이 그 집행 또는 절차의 속행으로 인하여 생길 회복하기 어려운 손해를 예방하기 위하여 긴급한 필요가 있다고 인정할 때 법원이 당사자의 신청 또는 직권에 의해 그 집행을 잠정적으로 정지하도록 결정하는 것"을 말한다(행정소송법 제23조 제2항).

2. 성질

집행정지는 ① 사법작용으로서, ② 소극적 가구제제도의 성질을 갖는다.

3.	**집행정지결정의 요건**
	(1) 적극적 요건
	집행정지결정의 적극적 요건으로서 ① 집행정지의 대상인 처분등이 존재하여야 하고, ② 적법한 본안소송이 수소법원에 계속중이어야 하며, ③ 회복하기 어려운 손해발생의 가능성이 있어야 하며, ④ 본안판결을 기다릴 시간적 여유가 없어야 하며, ⑤ 원고의 신청의 이익이 있어야 한다(행정소송법 제23조 제2항).
	(2) 소극적 요건
	집행정지결정은 ① 행정소송법 제23조 제3항에 따라 집행정지결정이 공공복리에 대한 중대한 영향을 미칠 우려가 없어야 하며, ② 원고의 본안청구가 이유 없음이 명백하지 아니하여야 한다(다수설 및 판례).
4.	**거부처분에 대한 집행정지의 가능성**
	(1) 문제점
	거부처분에 대하여 집행정지결정이 가능한지 여부가 집행정지의 성질과 그 요건과 관련하여 문제된다.
	(2) 학설
	이에 대해 학설은 ❶ 집행정지는 처분이 없었던 것과 같은 상태를 만드는 것을 의미하며, 그 이상으로 행정청에게 처분을 명하는 등 적극적인 상태를 만드는 것은 그 내용이 될 수 없으므로 거부처분은 집행정지의 대상이 될 수 없다는 [부정설], ❷ 집행정지결정의 사실상 구속력을 인정하여 거부처분도 집행정지의 대상이 된다는 [긍정설], ❸ 거부처분은 집행정지의 대상에 원칙적으로 해당되지 않으나, 구체적 사안에 따라 예외적으로 긍정하는 것이 타당하다고 보는 [제한적 긍정설(개별

검토설)]이 대립된다.

(3) 판례

대법원은 "거부처분은 효력이 정지된다 하더라도 그 처분이 없었던 것과 같은 상태를 만드는 것에 지나지 아니하는 것이고 그 이상으로 행정청에 대하여 어떠한 처분을 명하는 등 적극적인 상태를 만드는 것이 아니므로, 거부처분에 의하여 생길 회복할 수 없는 손해를 피하는데 아무런 보탬도 되지 아니하니 거부처분의 효력을 정지할 필요성이 없다"는 이유로 거부처분에 대한 집행정지를 신청의 이익의 흠결로 부정하고 있다.

(4) 검토

거부처분에 대한 의무이행소송을 인정하지 않고 있는 현행 행정소송법상 가구제가 본안판결의 권리범위를 초과할 수 없으므로 갱신신청에 대한 거부가 아닌 한 이를 부정함이 타당하다고 생각된다.

Ⅲ. 거부처분에 대한 가처분결정의 가능성

1. 가처분의 의의

민사집행법 제300조상의 적극적 가구제로서 "금전급부 이외의 청구권의 집행보전과 계쟁법률관계에 관해 임시의 지위를 보전하는 것을 내용으로 하는 가구제"를 말한다.

2. 거부처분에 대한 항고소송에서의 인정가능성

(1) 문제점

행정소송법상 가처분에 관한 명문의 규정은 없다. 따라서 집행정지제도가 적용되는 항고소송에서 민사집행법상 가처분을 행정소송법 제8조 제2항에 따라 준용하여 인정할 수 있을지 여부가 문제된다.

(2) 학설

이에 대해 학설은 ❶ 권력분립원칙상 인정될 수 없다는 [부정설], ❷ 국민의 권리구제와 행정소송법 제8조 제2항을 준용하여 인정할 수 있다는 [긍정설], ❸ 원칙적으로는 처분 인정할 수 없으나, 집행정지로서는 목적을 달성할 수 없는 경우에만 인정해야 한다는 [제한적 긍정설]이 대립된다.

(3) 판례

대법원은 "민사소송법상의 보전처분은 민사판결절차에 의하여 보호받을 수 있는 권리에 관한 것이므로 민사소송법상의 가처분으로써 행정청의 어떠한 행정행위의 금지를 구하는 것은 허용될 수 없다 할 것이다"고 하여 이를 부정한다(대결 1992.7.6. 92마54).

(4) 검토

가처분을 허용하게 되면 본안소송에 의하여 얻을 수 있는 권리범위를 초과하는 결과를 초래한다. 그러므로 가처분은 항고소송에서 허용될 수 없다고 봄이 타당하다.

IV. 결어 및 입법론

거부처분에 대한 항고소송에서 현행 행정소송법상 어떠한 가구제도 허용될 수 없다고 봄이 타당하다. 따라서 2013년 행정소송법 입법예고안(법무부)에서와 같이 거부처분에 대한 의무이행소송과 가처분제도를 도입하여 권리구제의 공백을 보완함이 타당하다고 생각된다.

05 항고소송에서의 위법판단(판결)의 기준시

ADVICE

☑ 제5회(1995년) 공인노무사(약술논점) 「행정소송의 판결의 기준시」로 출제된 바가 있다.

☑ 항고소송의 종류가 아니라 항고소송의 대상, 즉 작위처분·거부처분·부작위로 나누어 검토함이 가장 중요하다. 충분히 출제될 수 있는 논점이므로 잘 정리해 두어야 한다.

목차

I .	**문제점**
	처분 등을 대상으로 하는 항고소송에의 위법판단의 기준시는 처분 등 당시의 사실상태 및 법률상태를 기초로 하여 행해짐이 원칙이다. 그런데 처분 후 사실상태 또는 법률상태가 변경되는 경우에는 법원이 본안판결의 기준시점을 어느 때로 파악할 것인지가 문제가 되는데, 이에 관하여 항고소송의 대상에 따라 다음과 같이 검토한다.
II .	**(작위)처분에 대한 항고소송에서의 위법판단의 기준시**
1.	**학설**
	(1) 처분시설
	처분시설이라 함은 처분의 위법 여부의 판단은 처분시의 사실상태 및 법률상태를 기준시로 하여 행하여야 하나는 견해로서 작위처분에 대한 법원의 역할은 처분 등의 사후심사라는 점을 그 논거로 든다. 통설의 입장이다.
	(2) 판결시설
	판결시설이라 함은 처분의 위법 여부의 판단은 판결시(구두변론종결시)의 사실상태 및 법률상태를 기준으로 행하여야 한다는 견해이다. 이 설은 항고소송의 본질을 처분으로 형성된 위법상태를 배제함에 그 목적이 있다고 본다.
	(3) 절충설
	절충설은 원칙적으로 처분시설이 타당하다고 하면서도 예외적으로 계속적 효력을 갖는 처분이나 미집행의 처분에 대한 항고소송에서는 판결시설을 취하여야 한다는 견해이다.

2.	**판례**
	판례는 "처분등의 위법 여부는 처분 당시를 기준으로 판단하여야 한다"고 판시하여 처분시설을 취하고 있다.
3.	**검토**
	작위처분에 대한 항고소송은 행정청의 처분을 다투어 취소 또는 무효의 확인을 구하는 소송이므로 처분의 위법판단의 기준시를 원칙에 따라 처분시로 봄이 타당하다.
Ⅲ.	**거부처분취소소송의 경우 위법판단 및 판결의 기준시**
1.	**문제점**
	거부처분취소소송의 경우 위법판단의 기준시를 앞선 결론에 따라 처분시로 보게 되면 처분시 이후의 개정된 법령에 따라 새로운 사유를 들어 다시 이전의 신청에 대해 거부처분을 하여도 재처분의무를 다한 것이 되기 때문에 인용판결이 권리구제에 기여하지 못하고 결국 판결에 대한 국민의 불신을 야기하는 문제가 발생한다. 따라서 이와 관련하여 거부처분취소소송에서의 위법판단의 기준시가 문제된다.
2.	**학설**
	이에 대해 학설은 ❶ 거부처분의 경우에도 처분시의 법령과 사실상태를 기준으로 하여야 한다는 [처분시설], ❷ 판결시의 법령과 사실상태를 기준으로 하여야 한다는 [판결시설], ❸ 위법판단의 기준시는 처분시로 보고 인용판결 여부는 판결시에 따라 판단하여야 한다는 [절충설]이 대립된다.

3.	판례
	판례는 주택건설사업계획승인신청반려처분취소소송에서 "무릇 행정처분의 취소를 구하는 항고소송에 있어서 그 처분의 위법 여부는 처분 당시를 기준으로 판단하여야 하는 것"이라 하여 처분시설을 취하고 있다.
4.	검토
	현행 행정소송법상 의무이행소송이 도입되지 않는 현실에서 절충설(위법판단시·판결시구별설)이 처분의 통제와 국민의 권리구제라는 항고소송의 기능에 가장 충실하다고 생각된다.
Ⅳ.	**부작위위법확인소송의 위법판단의 기준시**
1.	문제점
	부작위위법확인소송의 경우에는 처분시가 존재하지 않으므로 어느 시점을 부작위위법판단의 기준으로 삼아야 할지에 대해 견해가 대립된다.
2.	학설
	이에 대해 학설은 ❶ 처분시가 존재하지 않는 까닭에 소제기당시를 기준으로 부작위위법의 판단을 하여야 한다는 [소제기시설]과, ❷ 판결시를 기준으로 하여야 한다는 [판결시설(구두변론종결시)]이 대립된다.
3.	판례
	대법원은 판결시(사실심 변론종결시)설의 입장을 취하고 있다(대판 1990.9.25. 89누4758).

4.	**검토**
	부작위위법확인소송은 이미 이루어진 처분을 다투는 것이 아니고, 다투는 시기에 행정청에 법률상 의무를 판단하는 소송이므로 판결시설의 입장이 타당하다.
V.	**결어 및 입법론**
	거부처분취소소송의 위법판단기준시의 경우 처분시설을 취하면 처분시 이후의 사정변경을 고려할 수 없어 적법한 재처분의무의 실효성을 담보할 수 없고, 판결시설을 취하면 거부처분 이후 원고에게 불리하게 법령등이 개정된 경우 원고의 권리구제에 취약하다는 점에서 어느 견해든 문제가 발생하게 된다. 따라서 이러한 문제점을 해결하기 위해서는 2013년 입법예고된 법무부 행정소송법개정안과 마찬가지로 거부처분취소소송을 삭제하고 의무이행소송으로 대체하여 이러한 문제를 해결함이 바람직하다고 생각된다.

06 취소판결의 기판력과 기속력 비교

ADVICE

☑ 기판력은 공인노무사시험에 출제된 바가 없으나, 기속력은 **제14회(2005년), 제16회(2007년)** 공인노무사 (약술논점)에 출제된 바가 있다.

☑ 기판력과 기속력을 비교하는 문제는 출제될 가능성이 높은 약술논점이므로 반드시 정리해 두어야 한다.

목차

I. 서설

1. 기속력의 의의

취소판결의 기속력이란 "처분이나 재결을 취소하는 확정판결이 그 내용에 따라 소송당사자와 관계행정청에게 판결의 취지에 따라 행동해야 할 의무를 지우는 효력"을 말한다. 행정소송법 제30조 규정에 근거한다.

2. 기판력의 의의

취소판결의 기판력이란 "형식적 확정력이 발생된 법원의 판결에 대해서 법원은 동일한 소송물 범위 내에서 종전의 판단과 모순 저촉된 판단을 할 수 없으며, 소송당사자도 그에 반하는 주장을 할 수 없는 소송상 구속력"을 말한다. 행정소송법 제8조 제2항에 따라 민사소송법 제216조와 제218조가 준용되는 결과이다.

II. 인정근거 및 법적 성질

1. 인정근거

① 취소판결의 기판력은 법적 안정성 및 분쟁의 일회적 해결을 위해 인정되는 효력이나, ② 기속력은 행정의 법률적합성을 담보하기 위한 효력으로 본다(특수효력설).

2. 법적 성질

① 취소판결의 기판력은 전소와 후소와의 관계에서 적용되는 소송법상 구속력이나 ② 기속력은 기판력설과 특수효력설이 대립되나 다수설인 특수효력설에 따를 경우 실체법상 구속력으로 본다.

III.	인정범위
	① 취소판결의 기판력은 인용판결과 기각판결에 가리지 않고 인정되나, ② 기속력은 인용판결인 취소판결의 경우에만 인정된다.
IV.	효력범위
1.	주관적 범위
	① 취소판결의 기속력은 소송의 당사자인 행정청 및 관계행정청에 대해 미치나, ② 기판력은 소송당사자 및 그 승계인 및 소송의 보조참가인에게만 미친다.
2.	객관적 범위
	① 취소판결의 기속력은 판결주문과 판결이유에 설시된 개개의 위법사유와 기본적 사실관계의 동일성이 인정되는 범위에까지 미치나, ② 기판력은 판결주문에 표시된 처분의 위법성 및 적법성 일반에 대해 미친다.
3.	시간적 범위
	① 취소판결의 기속력은 위법판단의 기준시에 따라 원칙적으로 처분시 이전에 대해 미치나, ② 기판력은 사실심 변론종결시 이전의 사실에까지 미친다.
V.	효력의 내용
	① 취소판결의 기속력은 행정소송법 제30조 규정에 근거하여 "동일한 사유 및 동일한 사실관계아래에서 동일한 처분을 반복할 수 없다"는 [반복금지효] 및 판결의 취지에 따라 다시 이전 신청에 대해 새로운 처분을 하여야 한다는 [재처분의무]

및 [원상회복의무]가 인정되나, ② 기판력은 소송당사자에게는 전소확정판결과 저촉된 주장을 할 수 없게 되고, 후소법원은 이에 저촉된 판단을 할 수 없게 된다.

VI. 위반효과

① 취소판결의 기속력에 위배된 행정처분은 위법·무효가 되나, ② 취소판결의 기판력에 저촉되는 판결을 한 경우에는 재심청구사유가 된다.

VII. 결어

취소판결의 기속력과 기판력은 이상에서 살펴본 바와 같이 그 범위 및 효력 등에서 차이가 있다고 할 것이므로 양자를 구별하여 취소판결의 효력을 파악해야 할 것이나, 대법원 판례가 양자를 혼동해서 판단하는 것은 문제가 있다 할 것이다. 따라서 행정소송법의 개정을 통해 기판력에 관한 규정을 두어 이를 명확하게 규정함이 바람직하다고 생각된다.

07 취소소송에서 제3자를 보호하기 위한 행정소송법상 수단

ADVICE

☑ 취소소송의 제3자와 관련된 행정소송법의 규정은 제16조 제3자 소송참가와 제29조의 취소판결의 제3자효와 제31조의 재심청구이다. 이러한 논점들을 유기적으로 연결하여 답안을 구성하면 된다.

☑ 「복효적(제3자효적) 행정처분에 대한 취소소송이 제기된 경우, 소송의 당사자가 아닌 제3자는 자신의 권익을 보호하기 위하여 행정소송법상 어떠한 수단을 강구할 수 있는지를 설명하시오」라는 문제가 대학모의고사에서 출제된 바 있으므로 이 문제를 기준으로 답안을 작성하였다.

목차

Ⅰ. 쟁점의 정리

복효적(제3자효적) 행정처분이란 처분의 일방에게는 수익적이나 타방에 대해서는 불이익한 행정처분을 말한다. 이러한 행정처분이 다른 이해관계인에 의해 취소소송이 제기된 경우 소송에 참여하지 않은 제3자가 자신의 권익을 보호하기 위하여 ① 취소판결이 내려지기 이전에 취할 수 있는 행정소송법상 수단과 관련하여 행정소송법 제16조의 제3자의 행정소송참가가 가능한지와 동법 제23조 제2항에 따른 집행정지신청의 가능 여부가 문제되며, ② 취소판결이 내려진 이후에는 행정소송법 제31조에 근거하여 재심청구가 가능한지 여부가 문제된다.

Ⅱ. 취소판결이 내려지기 이전의 행정소송법상 수단

1. 제3자의 소송참가

(1) 의의

제3자의 소송참가란 "소송의 결과에 따라 권리 또는 이익의 침해를 받을 제3자가 당사자 또는 제3자의 신청 또는 직권에 의하여 결정으로써 제3자를 소송에 참가하는 제도"를 말한다(행정소송법 제16조 제1항).

(2) 소송참가의 요건

1) 타인 간의 소송이 계속중일 것

적법한 소송이 계속중인 경우이면 족하고, 소송이 어느 심급에 있는가는 불문한다.

2) 소송의 결과에 따라 권익침해를 받을 제3자일 것

제3자란 당해 소송당사자 이외의 자를 말하는 것으로, 국가 및 공공단체는 이에 포함되나 행정청은 해당되지 않는다. 여기에서 말한 소송의 결과란 판결주문에 있어서의 소송물 자체에 대한 판단을 말하며, 단순히 이유 중의 판단은 이에 해당되지 않는다. 또한 여기서 말하는 "권리 또는 이익"이란 그 문언에도 불구하고 행정소송법 제12조의 취지에 비추어 "법률상 이익"을 의미한다고 본다.

(3) 소송참가의 절차

1) 제3자 또는 당사자의 신청이 있는 경우

참가신청이 있으면 법원은 결정으로써 허가 또는 각하의 재판을 하고, 법원이 제3자의 참가를 허가하기 전에 미리 당사자 및 제3자의 의견을 들어야 한다(동법 제16조 제2항).

2) 직권에 의하는 경우

직권소송참가의 경우에는 법원은 결정으로써 제3자에게 참가를 명한다. 법원은 참가를 명하는 결정을 하고자 할 때에는 미리 당사자 및 제3자의 의견을 들어야 한다(동법 제16조 제2항).

(4) 제3자의 불복

참가신청을 한 제3자는 그 신청을 각하한 결정에 대하여 즉시항고를 할 수 있다(동법 제16조 제3항).

(5) 참가인의 지위

제3자를 소송에 참가시키는 결정이 있으면, 그 제3자는 참가인의 지위를 획득한다. 여기서 참가인의 지위란 당사자로서 독자적인 청구를 하는 것은 아니므로 공동소송적 보조참가와 비슷하다는 것이 통설이다.

2. 집행정지신청의 가부

(1) 집행정지의 의의

집행정지란 "취소소송이나 무효등확인소송이 제기된 처분 등이 그 집행 또는 절차의 속행으로 인하여 생길 회복하기 어려운 손해를 예방하기 위하여 긴급한 필요가 있다고 인정할 때 법원이 당사자의 신청 또는 직권에 의해 그 집행을 잠정적으로 정지하도록 결정하는 것"을 말한다(행정소송법 제23조 제2항).

(2) 소송의 보조참가인의 집행정지신청이 가능한지 여부

1) 문제점

복효적(제3자효적) 행정처분에 대한 취소소송에서 소송당사자인 원고는 집행정지신청을 할 수 있다고 봄에 이견이 없다. 문제는 소송의 보조참가인에게도 집행정지신청이 가능한지에 대해서는 견해가 대립된다.

2) 학설

이에 대해 학설은 ❶ 행정소송의 보조참가인은 공동소송적 보조참가인의 지위로서 "법률상 이익"이 있는 자이므로 인정해야 한다는 [긍정설]과, ❷ 소송의 당사자는 아니므로 집행정지를 신청할 수 없다는 [부정설]이 대립된다.

3) 판례

대법원은 이에 대해 명확한 입장을 보이지 않고 있으나 행정처분에 대한 효력정지신청을 구함에 있어서도 "법률상 이익"이 있어야 한다고 하고 있으며, 새만금판례에서 서울행정법원은 보조참가인의 집행정지신청을 인용한 바 있다.

4) 검토

행정소송에 보조참가인으로 참여한 자의 지위는 실질적으로 소송당사자와 동일한 지위원 공동소송적 보조참가인이므로 집행정지를 신청하여 자신의 권익을 보호할 수 있다고 해석함이 타당하다.

Ⅲ.	취소판결이 내려져 확정된 경우 행정소송상 수단
1.	취소판결의 제3자효

행정소송법 제29조 제1항의 취소판결의 제3자효란 "취소소송의 인용판결이 소송에 관여하지 않은 제3자에 대하여도 미치는 효력"을 말한다. 이러한 취소판결의 제3자효를 받는 제3자의 범위에 대해 견해가 대립되나, 원고와 상반된 이해관계를 갖는 자는 복효적 행정처분(제3자효적 행정처분)의 제3자는 이에 포함된다고 본다. 따라서 동법의 규정에 따라 취소판결의 효력을 받는 소송에 참여하지 않은 제3자의 권익을 보호하기 위하여 행정소송법 제31조는 재심청구를 인정하는바, 이하에서 살펴본다.

2.	제3자의 재심청구

(1) 의의

취소소송의 인용판결에 의하여 권익의 침해를 받은 제3자가 자기에게 책임없는 사유로 소송에 참가하지 못한 때에 확정된 종국판결에 대하여 재심을 청구하는 것을 말한다.

(2) 인정취지

인용판결로 인해 불측의 손해를 입게 되는 제3자의 권익을 보호하기 위하여 인정된 제도이다.

(3) 재심청구의 요건

제3자가 행정소송법 제31조에 근거하여 재심청구를 하려면 ① 인용판결이 확정되었을 것, ② 권리 또는 이익의 침해를 받는 제3자가, ③ 확정판결에 나타난 원고와 피고를 공동으로 하여야 한다. ④ 자신의 책임 없는 사유로 소송에 참가하지 못한 경우나 판결의 결과에 영향을 미칠 공격 또는 방어방법을 제출하지 못하였을 때 청구할 수 있다. 여기서 '권리 또는 이익의 침해를 받은 제3자'의 의미에 대해 견해가 대립되나 법적 안정성의 견지에서 확정된 종국판결의 형성력을 직접 받는 제3자에 한정해야 한다는 견해가 타당하다.

(4) 재심청구기간

제3자의 재심청구는 확정판결이 있음을 안 날로부터 30일 이내, 판결이 확정된 날로부터 1년 이내에 제기하여야 한다. 이들 기간은 불변기간이다.

(5) 검토

제3자효적 행정처분의 제3자가 취소판결에 의해 자신의 권익이 침해될 수 있는 경우에는 확정판결이 있음을 안 날로부터 30일 이내, 확정된 날로부터 1년 이내에 재심청구를 할 수 있다.

IV. 사안의 해결

이상의 검토에 따라 ① 취소판결이 내려지기 이전에 제3자는 행정소송법 제16 조에 따라 보조참가인으로 소송참가할 수 있으며, 이 과정에서 동법 제23조 제2항에 기해 복효적 행정처분에 대한 집행정지를 신청할 수 있고, ② 취소판결이 확정된 경우에는 확정판결이 있음을 안 날로부터 30일 이내, 확정된 날로부터 1년 이내에 재심청구를 할 수 있다.

행정소송법상 재처분의무의 실효성확보 수단으로서 간접강제의 요건과 한계

ADVICE

☑ 제22회(2013) 공인노무사시험에서 행정심판법상 직접처분과 비교서술하는 문제로 출제된 바 있다.

☑ 행정소송법상 간접강제의 약술문제의 핵심은 간접강제의 한계이다. 무효등확인소송에서 불인정되고, 배상금추심이 제한되는 경우를 잘 서술하는 것이 Point이다.

Ⅰ.	서설
1.	**간접강제의 의의**
	간접강제란 행정소송법 제30조 제2항의 규정에 의한 재처분의무를 행정청이 다
	하지 아니하는 때에 당사자의 신청에 의해 제1심수소법원이 상당한 기간을 정하여
	행정청에게 그 기간 내에 재처분의무를 명하고, 이를 이행하지 아니하는 때에는
	그 지연기간에 따라 일정한 배상을 할 것을 명하는 것을 말한다(행정소송법 제34조
	제1항).
2.	**인정취지**
	거부처분에 대한 취소판결 혹인 부작위위법확인판결의 기속력으로서 재처분의
	무의 실효성 담보하기 위한 제도이다.
3.	**법적 성질**
	행정소송은 권력분립의 원칙상 법원이 처분청의 처분을 직접 행할 수 없으므로,
	재처분의 이행에 관한 심리적 강제수단으로서 간접적인 의무이행확보수단의 성질
	을 갖는다.
Ⅱ.	**간접강제의 요건**
1.	**거부처분취소소송 또는 부작위위법확인소송에서 인용판결이 확정되었을 것**
	간접강제는 행정소송법 제30조 제2항의 재처분의무에 대해서만 인정되는 강제
	수단이므로 거부처분에 대한 취소판결 또는 부작위위법확인이 확정된 경우에만
	인정된다.

2.	**행정청의 거부처분취소판결 또는 부작위위법확인판결의 취지에 따른 재처분의무를 다하지 아니하였을 것**
	여기서 "재처분의무를 다하지 아니하였을 것"이란 재처분의무가 인정됨에도 불구하고 아무런 재처분을 하지 아니하는 경우뿐만 아니라, 재처분을 하였다 하더라도 그것이 종전 거부처분에 대한 취소의 확정판결의 기속력에 반하는 등으로 당연무효인 경우도 이에 해당한다(대결 2002무22).
Ⅲ.	**간접강제의 한계**
1.	**무효등확인소송의 적용 여부**
	(1) 문제점
	행정소송법 제34조의 간접강제는 취소소송과 부작위위법확인소송의 경우 인정되나, 거부처분에 대한 무효등확인소송의 경우 행정소송법 제30조 제2항만 준용되고 제34조가 준용되지 않는바, 거부처분에 대한 무효확인판결의 경우에는 간접강제가 적용될 수 없는지 여부가 문제된다.
	(2) 학설
	이에 대해 학설은 ❶ 무효확인판결의 경우 동규정을 준용하지 않고 있는 것은 입법적 미비로서 행정소송법 개정안과 같이 준용을 긍정해야 한다는 [준용긍정설]과, ❷ 준용규정을 두고 있지 않은 행정소송의 규정상 제34조의 간접강제를 허용할 수 없다는 [준용부정설]이 대립된다.
	(3) 판례
	대법원은 "행정소송법 제38조 제1항이 무효확인 판결에 관하여 취소판결에 관한 규정을 준용함에 있어서 같은 법 제30조 제2항을 준용한다고 규정하면서도 같은

법 제34조는 이를 준용한다는 규정을 두지 않고 있으므로, 행정처분에 대하여 무

효확인 판결이 내려진 경우에는 그 행정처분이 거부처분인 경우에도 행정청에 판

결의 취지에 따른 재처분의무가 인정될 뿐 그에 대하여 간접강제까지 허용되는 것

은 아니라고 할 것이다(대결 98무37)"고 판시하여 준용부정설의 입장이다.

(4) 검토

거부처분에 대한 취소판결의 경우에도 간접강제가 가능하다면 물론해석법리에

따라 그 보다 더 중한 무효확인소송의 경우에는 당연히 간접강제를 인정함이 입법

자의 의사로 해석해서 무효확인소송의 경우에도 동조를 준용하여야 한다.

2. 행정소송법 제30조 제3항의 준용 여부

(1) 문제점

행정소송법 제30조 제3항에 따른 재처분의무가 인정됨에도 불구하고 처분청이

이를 이행하지 아니한 경우 동법 제34조의 명문의 규정에도 불구하고 간접강제가

허용되는지에 대해 견해가 대립된다.

(2) 학설

이에 대해 ❶ 명문의 규정이 없으므로 허용될 수 없다는 [부정설]과, ❷ 불필요

한 부작위위법확인소송의 반복을 피하고 명백한 입법적 미비에 해당하는 만큼 제

34조의 간접강제가 허용된다는 [긍정설]이 대립된다.

(3) 검토

행정소송법 제34조의 명문의 규정에도 불구하고 동법 제30조 제3항의 재처분의

무의 불이행에까지 간접강제를 인정함은 법문언의 가능한 해석범위를 넘어서는

것으로서 [부정설]의 입장이 타당하다.

3.	**배상금추심의 한계**
	(1) 문제점
	법원의 간접강제결정에도 불구하고 결정문에서 정한 이행기간을 도과하여 재처분한 경우에도 행정소송법 제34조의 배상금추심이 가능한지에 대해 견해가 대립된다.
	(2) 학설
	이에 대해 학설은 ❶ 행정소송법 제34조의 배상금은 재처분의 지연에 대한 제재나 손해배상이 아니고 재처분의 이행에 관한 심리적 강제수단에 불과하므로 재처분의무를 사후에 이행하였다면 배상금을 추심할 수 없다는 [부정설]과, ❷ 이렇게 해석할 경우 간접강제제도를 실질적으로 무력화 시키는 부당한 결과가 발생하므로 이 경우에도 추심을 긍정해야 한다는 [긍정설]이 대립된다.
	(3) 판례
	대법원은 "특별한 사정이 없는 한 간접강제결정에서 정한 의무이행기한이 경과한 후에라도 확정판결의 취지에 따른 재처분의 이행이 있으면 배상금을 추심함으로써 심리적 강제를 꾀할 목적이 상실되어 처분상대방이 더 이상 배상금을 추심하는 것은 허용되지 않는다(대판 2004.1.15. 2002두2444)"고 하여 [부정설]의 입장이다.
	(4) 검토
	행정소송법상 간접강제는 재처분의무를 확보하기 위한 실효성확보수단이지 이를 신속히 하게 하기 위한 제도는 아니라 볼 것이다. 또한 간접강제결정에서 정한 의무이행기간을 도과하여 재처분을 한 경우에는 별도로 국가나 지방자치단체를 상대로 국가배상법에 따른 재처분 지연에 대한 손해배상을 청구할 수 있으므로 배상금추심을 부정함이 타당하다고 생각된다.

Ⅳ.	**결어 및 입법론**
	행정소송법 제34조의 간접강제가 거부처분에 대한 무효확인소송에 준용되지 않음은 당사자의 권리구제에 중대한 제약을 가져오는 명백한 입법상 과오라고 보아야 한다. 따라서 행정소송법을 개정하여 거부처분에 대한 무효확인소송의 경우에도 간접강제를 허용함이 타당하다.

ADVICE

☑ 거부처분에 대한 행정쟁송수단을 묻는 문제는 제19회(2010년)에 출제된 바가 있으나, 부작위에 대한 행정 쟁송수단을 묻는 문제는 출제되지 아니하였으므로 반드시 정리해 두어야 한다.

☑ 새만금사건 이후 부작위에 대한 권리구제수단이 중요한 문제로 이슈화 되고 있는 만큼 출제될 가능성이 높으므로 잘 정리해야 한다.

목차

I.	서설
	행정청의 부작위라 함은 행정청이 당사자의 신청에 대하여 일정한 기간 내에 일정한 처분을 하여야 할 법률상 의무가 있음에도 불구하고 이를 하지 아니하는 것을 말한다(행정소송법 제2조 제1항 제2호). 오늘날 국민의 행정에 대한 의존도가 높아짐에 따라 행정청의 일정한 부작위는 국민의 권익에 대해서 중대한 영향을 미치게 되었고, 이에 행정청의 부작위에 대한 국민의 법적 구제수단의 필요성이 증대되었다. 행정청의 부작위에 대한 권리구제수단으로서 행정심판, 행정소송에 대해 검토해 보기로 한다.
II.	**의무이행심판**
1.	**의의**
	의무이행심판이란 '행정청의 위법 또는 부당한 거부처분이나 부작위에 대하여 일정한 처분을 하도록 하는 심판'을 말한다(행정심판법 제5조 제3호). 항고쟁송으로서의 성질을 갖고 이행쟁송의 성격과 형성쟁송의 성격을 동시에 갖는다.
2.	**대상**
	의무이행심판은 행정청의 거부처분 또는 부작위를 대상으로 한다. 이 중 행정청의 부작위가 행정심판법상의 의무이행심판의 대상인 부작위가 되기 위해서는 ① 당사자의 신청행위가 있을 것, ② 상당한 기간이 경과할 것, ③ 처분을 하여야 할 법률상의 의무가 존재할 것, ④ 처분이 부존재할 것의 요건을 갖추어야 한다.

3.	**재결**
	의무이행심판사건의 심리 및 재결은 행정심판위원회가 한다. 행정심판위원회는 심판의 청구가 이유 있다고 인정할 때에는 지체 없이 신청에 따른 처분을 하거나 (처분재결, 형성재결), 처분청에게 그 신청에 따른 처분을 할 것을 명하는 재결을 한다(처분명령재결, 이행재결).
Ⅲ.	**부작위위법확인소송**
1.	**의의**
	부작위위법확인소송이란 행정청의 부작위가 위법임을 확인하는 소송유형을 말한다(행정소송법 제4조 제3호). 부작위위법확인소송은 확인소송의 성질을 가질 뿐만 아니라 공권력발동에 대한 소송으로서 항고소송의 성질도 아울러 갖는다.
2.	**대상**
	부작위위법확인소송의 대상이 되기 위해서는 행정청의 부작위가 있어야 하는데, 부작위가 성립요건은 앞선 의무이행심판의 경우와 동일하다.
3.	**원고적격**
	부작위위법확인소송의 원고적격은 처분의 신청을 한 자로서 부작위의 위법을 구할 법률상 이익이 있는 자만이 가진다(행정소송법 제36조). 이러한 부작위위법확인소송의 원고적격에 대하여, ① 처분의 신청을 한 사실만으로 충분하다는 견해와, ② 신청권을 가진 자일 것을 요구한다는 견해 등이 대립하고 있고 판례는 원고에게 신청권이 있어야 한다는 입장이다.

4.	**판결**
	(1) 위법판단의 기준시
	취소소송과 달리 부작위위법확인소송은 처분이 존재하지 아니하므로 위법판단
	의 기준시로 판결시설이 타당하고 판례의 입장이다.
	(2) 법원의 심리범위
	부작위위법확인소송이 제기된 경우 법원의 심리범위가 부작위의 위법 여부에
	한정되는지 아니면 실체적인 내용도 포함하는지에 대해 학설상 ❶ [절차적 심리설]
	과 ❷ [실체적 심리설]의 대립이 있다. 판례는 "부작위의 위법함을 확인함으로써 행
	정청의 응답을 신속하게 하여 부작위 내지 무응답이라고 하는 소극적인 위법상태
	를 제거하는 것을 목적으로 하는 것"이라고 판시하여 절차적 심리설의 입장이다
	(대판 91누7361). 생각건대 현행 행정소송법이 의무이행소송을 인정하고 있지 않다는
	점, 부작위위법확인소송의 소송물이 부작위의 위법성이라는 점에 비추어 [절차적
	심리설]이 타당하다고 본다.
IV.	**의무이행소송**
1.	**문제점**
	의무이행소송이란 당사자의 행정행위의 신청에 대하여 행정청이 거부하거나 부
	작위로 대응하는 경우에, 법원의 판결에 의하여 행정청으로 하여금 일정한 행위를
	하도록 청구하는 소송을 말한다. 이러한 의무이행소송은 현행 행정소송법의 명문
	에 아무런 규정이 없으므로 국민의 포괄적 권리구제와 권력분립원칙상 이를 인정
	할 수 있는지 여부가 문제된다.

2.	**의무이행소송의 인정 여부**
	(1) 학설
	현행 행정소송법상 규정되어 있는 부작위위법확인소송만으로는 국민의 권리구제가 우회적이고 간접적이기 때문에 해석상 의무이행소송을 인정할 수 있는지에 대해, ❶ 권력분립의 원칙상 의무이행소송은 인정되지 않는다는 [부정설], ❷ 행정소송법 제4조를 예시규정으로 보아 국민의 권익구제를 위하여 의무이행소송을 인정하는 [긍정설], ❸ 의무이행소송은 원칙적으로 인정될 수 없으나, 행정청이 1차적 판단권을 행사할 수 없을 정도로 처분요건이 일의적으로 정하여져 있는 경우, 사전에 구제하지 않으면 회복할 수 없는 손해가 존재하는 경우, 다른 권리구제방법이 없는 경우에는 예외적으로 인정될 수 있다고 보는 [절충설]의 대립이 있다.
	(2) 판례
	대법원은 "행정청의 부작위에 대하여 일정한 처분을 하도록 하는 의무이행소송은 현행 행정소송법상 인정될 수 없다"고 판시하여 부정하는 입장이다.
	(3) 검토
	행정소송의 유형은 입법정책적 문제이다. 그런데 현행 행정소송법은 부작위에 대한 부작위위법확인소송을 별도로 인정하고 있다는 점에 미루어 의무이행소송은 부정됨이 타당하다. 그러나 2013년 입법예고된 법무부 행정소송법 개정안에서는 의무이행소송을 도입하고 있다.
V.	**결어**
	행정청의 부작위에 대해서는 현행법상 의무이행심판, 부작위위법확인소송만이 가능하고 의무이행소송은 인정되지 않고 있다. 앞서 살펴 본 바대로 행정소송법이

의무이행소송을 인정하지 않고 있음은 국민의 권익구제관점에서 큰 문제이므로

조속히 행정소송법 개정안과 같이 도입하는 것이 타당하다.

10 행정입법부작위에 대한 행정소송

ADVICE

☑ 기출문제는 보이지 않으나 행정청의 시행령제정의무가 근거법령상 인정됨에도 시행령을 제정하지 않고 있는 경우에 이에 대한 행정소송수단에 관한 문제이다. 항고소송과 관련하여 행정입법부작위가 행정소송법상 부작위에 해당하는지 여부와 해당되지 않는 경우 당사자소송으로 다툴 수 있는지 여부를 중심으로 답안을 작성하면 된다.

목차

Ⅰ. 서설

　　근거법률이 행정청에게 시행령제정의무(행정입법의무)를 부과하고 있음에도 불구하고 행정청이 이를 제정하지 않아 국민의 권익이 침해당하는 경우, 이에 대해 행정소송을 통해 구제받을 수 있는지 여부가 문제된다. 우선 행정입법부작위가 부작위위법확인소송의 대상인 부작위에 해당하여 항고소송을 제기할 수 있는지 여부와 만약 부정되는 경우 당사자소송을 통해 이를 다툴 수 있는지 여부가 문제된다.

Ⅱ. 행정입법부작위에 대한 항고소송의 제기가능성

1. 행정소송법상 "부작위"의 개념

　　행정소송법상 부작위란 "행정청이 당사자의 신청에 대하여 상당한 기간 내에 일정한 처분을 하여야 할 법률상 의무가 있음에도 불구하고 이를 하지 아니하는 것"을 말한다(행정소송법 제2조 제1항 제2호).

2. 부작위의 성립요건

　　어떠한 부작위가 부작위처분이 되기 위해서는 ① 당사자의 신청행위가 있을 것, ② 상당한 기간이 경과할 것, ③ 처분을 하여야 할 법률상의 의무가 존재할 것, ④ 처분이 부존재 할 것의 요건을 갖추어야 한다.

3. 행정입법부작위의 경우

(1) 문제점

　　행정입법부작위의 경우 행정청에게 "처분을 하여야 할 법률상 의무"가 인정되어 행정소송법상 부작위에 해당하는지 여부가 문제된다.

	(2) 학설
	이에 대해 학설은 ❶ 행정의 시행령제정의무는 구체적 사건에 관한 "처분"을 하여야 할 법률상 의무가 아니므로 부작위위법확인소송의 대상이 되지 않는다는 [부정설]과, ❷ 국민이 행정청에게 시행령제정을 신청하고 행정청이 이를 상당기간이 지나도록 부작위하는 경우에는 부작위위법확인소송의 대상이 되는 부작위에 해당한다고 보아야 한다는 [긍정설]이 대립된다(박균성, 행정법강의, 제9판, 160면).
	(3) 판례
	대법원은 "행정소송은 구체적 사건에 대한 법률상 분쟁을 법에 의하여 해결함으로써 법적 안정을 기하자는 것이므로 부작위위법확인소송의 대상이 될 수 있는 것은 구체적 권리의무에 관한 분쟁이어야 하고 추상적인 법령에 관하여 제정의 여부 등은 그 자체로서 국민의 구체적인 권리·의무에 직접적 변동을 초래하는 것이 아니어서 그 소송의 대상이 될 수 없다."고 하여 [부정설]의 입장이다(대판 2007.4.12. 2005두15168).
	(4) 검토
	행정청의 시행령제정의무는 일반·추상적인 법규명령에 관한 의무로서 구체적 사건에 대한 법률상 의무로 볼 수 없으므로 [부정설]의 입장이 타당하다고 본다.
Ⅲ.	**당사자소송(진정규범발급소송)의 제기가능성**
1.	**의의**
	당사자소송이란 "행정청의 처분 등을 원인으로 하는 법률관계에 관한 소송 기타 공법상 법률관계에 관한 소송으로서 그 법률관계의 한쪽 당사자를 피고로 하는 소송"을 말한다(행정소송법 제3조 제2호).

2.	당사자소송의 대상
	당사자소송은 ① 처분 등을 원인으로 하는 법률관계, 즉 행정청의 처분 등을 원인으로 하여 형성된 법률관계와, ② 그 밖에 공법상 법률관계, 즉 처분 등을 원인으로 하지 않는 공법상의 법률관계가 그 대상이다.
3.	"시행령제정의무"가 당사자소송의 대상이 되는지 여부
	(1) 문제점
	행정의 시행령제정의무가 "그 밖에 공법상 법률관계"에 해당한다고 보아 시행령제정의무의 확인을 구하거나 그 이행을 구하는 당사자소송을 제기할 수 있는지 여부가 문제된다.
	(2) 학설
	이에 대해 학설은 ❶ 행정의 시행령제정의무는 국민 개개인에 대한 의무가 아니므로 국민에게는 규범발급청구권이 인정되지 않아 행정입법부작위에 대해 당사자소송을 제기할 수 없다는 [부정설]과, ❷ 일정한 경우에는 국민에게 규범발급청구권이 인정될 수 있어 이른바 진정입법부작위의 경우에는 당사자소송을 제기할 수 있다는 [긍정설]이 대립된다.
	(3) 검토
	생각건대 헌법 제107조 제2항에서는 현존하는 법규명령이 재판의 전제가 된 경우에 이를 소극적으로 심사하도록 하는 "구체적 규범통제"를 규정하고 있는 만큼, 행정입법부작위에 대해서는 법원이 이를 판단할 권한이 있다고 보기 어렵다. 따라서 당사자소송을 통해 행정입법부작위는 다툴 수 없다고 볼 것이다.

IV.	결어
	이상의 검토 결과 행정입법부작위에 대해서는 행정소송을 통해 권리구제를 받
	기 어려울 것으로 보인다. 이러한 이유로 현재 행정입법부작위는 헌법재판소의 헌
	법소원에 의해 국민의 권리구제가 이루어지고 있는 것이 현실이다. 그러나 행정입
	법의 증대에 따라 행정입법부작위도 점차 증가하고 있는 현실인 점을 감안하여 행
	정소송에서 독일과 같은 행정입법부작위에 대한 소송유형을 별도로 규정함을 검
	토함이 바람직하다.

11 민사소송과 당사자소송의 구별

ADVICE

☑ 2009년 **법원행시** 「공법상 당사자소송과 민사소송 간의 구별에 관하여 약술하시오」로 출제된 바 있다.

☑ 공인노무사시험에도 출제될 수 있는 문제이므로 법원행시 문제에 따라 답안을 기술하였다.

목차

Ⅰ.	서설
1.	당자소송의 의의
	당사자소송이란 "대등한 당사자 사이의 공법상의 법률관계 또는 권리관계에 관한 소송"을 말한다. 여기에는 처분 등을 원인으로 하는 법률관계에 관한 소송과 그 밖에 공법상 법률관계에 관한 소송이 있다(행정소송법 제3조 제2호).
2.	문제점
	당사자소송은 "공법상 법률관계에 관한 행정소송"임에 반하여 민사소송은 "사법상 법률관계에 관한 소송"이라는 점에서 양자는 기본적인 차이가 있다. 그러나 실무상 어떠한 소송이 민사소송인지 당사자소송인지는 빈번하게 다투어지고 있는 바, 양자의 구별실익과 구별기준에 대해서 검토한다.
Ⅱ.	민사소송과 당사자소송의 구별실익
1.	적용법률
	① 당사자소송은 행정소송이므로 행정소송법의 적용을 받고 동법의 규정이 없는 경우에 한해 민사소송법이 준용되나, ② 민사소송은 행정소송법의 적용을 받지 않는다.
2.	소변경
	① 당사자소송과 항고소송 간에는 소의 변경을 인정하는 명문의 규정이 있지만(행정소송법 제21조), ② 민사소송과 항고소송 간에는 소의 변경을 인정하는 명문의 규정이 없으므로 소의 변경을 할 수 있는지 여부에 대해 견해가 대립된다.

3.	**행정청의 소송참가**
	① 당사자소송은 행정소송법 제17조가 준용됨에 따라 행정청이 소송에 참가할 수 있으나, ② 민사소송은 행정청의 소송참가는 불가능하다.
4.	**직권탐지주의의 적용 여부**
	① 당사자소송은 행정소송법 제26조에 따라 일정한 범위 내에서 직권탐지주의가 적용되나, ② 민사소송에서는 직권탐지주의가 적용되지 않는다.
5.	**판결효력의 주관적 범위**
	① 당사자소송의 판결의 기속력은 당해 행정주체 산하의 행정청에도 미치지만, ② 민사소송에서는 소송당사자에게만 판결의 효력이 미친다.
6.	**청구의 병합**
	① 당사자소송에 민사소송을 병합하는 것은 인정(행정소송법 제10조)되지만, ② 민사소송에 당사자소송을 병합하는 것은 인정되지 않는다.
Ⅲ.	**당사자소송과 민사소송의 구별기준**
1.	**문제점**
	당사자소송과 민사소송은 소송물의 법률관계가 공법상 법률관계인지 사법상 법률관계인지 여부에 따라 구별된다. 문제는 어떠한 법률관계가 공법상 법률관계인지 사법상 법률관계인지를 어떠한 기준으로 구별할 것인가에 있다.

2.	**학설**
	이에 대해 학설은 ❶ 법률관계의 주체를 기준으로 일방 당사자가 행정주체인 경우 공법관계로 보는 [주체설], ❷ 행정주체에 대하여만 권리·의무를 부과하는 법은 공법이고 모든 권리주체에 대해 권리·의무를 부여하는 법은 사법이라는 [신주체설], ❸ 당해 법률관계가 지배복종관계인 경우에는 공법관계이고 대등관계이면 사법관계로 보는 [권력설(성질설)], ❹ 공익목적에 봉사하는 법이 공법이고 사익 추구에 봉사하는 법이 사법이라는 [이익설] 등의 대립이 있다.
3.	**판례**
	판례는 행정주체가 사경제주체로서 상대방과 대등한 지위에서 한 행위는 사법행위이고, 공권력의 주체로서 상대방의 의사의 여부에 불구하고 일방적으로 행하는 행위는 공법행위로 보고 있다.
4.	**검토**
	공법관계와 사법관계에 관한 학설은 모두 하나의 기준만에 의하여 해결하려고 하였다는 점에서 문제가 있다. 따라서 여러 기준을 종합적으로 고려하여 공법관계와 사법관계를 구별하는 것이 타당하다.
IV.	**당사자소송인지 민사소송인지 문제되는 경우**
1.	**국가배상청구소송, 부당이득반환청구소송, 환매청구소송 등의 경우**
	국가배상청구소송, 부당이득반환청구소송, 환매청구소송은 ① 학설은 공법상 당사자소송으로 파악하나, ② 재판실무(판례)는 민사소송으로 해결하고 있다.

2.	**손실보상청구소송의 경우**
	손실보상청구소송의 경우에도 종래에는 ① 학설은 공법상 당사자소송으로 파악하나, ② 재판실무(판례)는 민사소송으로 파악하여 견해가 대립되었으나 대법원판례의 입장이 변경됨에 따라 현재는 형식적 당사자소송 또는 실질적 당사자소송에 의하고 있다.
V.	**결어**
	현재 재판실무에서는 마땅히 당사자소송의 유형으로 처리되어야 할 국가배상청구소송 및 부당이득반환청구소송 등이 민사소송으로 처리됨에 따라 현행 당사자소송은 거의 활용되지 않고 있는 실정이다. 따라서 이러한 소송들은 2013년 법무부 행정소송법 개정안처럼 명확히 당사자소송임을 입법화하여 당사자소송으로 처리하게 함이 타당하다.

12 행정심판과 항고소송의 차이점

ADVICE

☑ 기출된 적은 없으나 출제가 유력한 논점이다. 행정심판과 항고소송의 차이점을 행정소송법과 행정심판법상의 차이점을 중심으로 관련조문을 꼼꼼히 적시하며 서술하는 것이 중요하다.

목차

I.	서설
1.	**양자의 의의**
	(1) 행정심판의 의의
	행정심판이란 "행정법관계에 있어서 법적 분쟁을 당사자의 청구에 의하여 행정심판위원회가 심리·판정하는 심판절차"를 말한다.
	(2) 항고소송의 의의
	행정소송법상 항고소송이란 "행정청의 처분등이나 부작위에 대하여 제기하는 행정소송"을 말한다(행정소송법 제3조).
2.	**문제점**
	행정심판과 항고소송은 행정청의 일방적인 공권력행사 또는 그 부작위를 다투는 항고쟁송이라는 점에서 공통점이 있으나, 각 제도의 목적 및 권력분립의 원칙에 영향을 받는 정도 등에 따라 상이한 차이점이 있는바, 이하에서 이를 검토한다.
II.	**양자의 차이점**
1.	**목적 및 기능**
	행정심판과 항고소송 모두 국민의 권익구제제도라는 점에서는 공통점이 있다. 그러나 행정심판은 행정의 적정한 운영을 기함도 목적으로 함으로서(행정심판법 제1조 참조), 행정의 자율적 통제기능이 강조된다는 점에서 차이가 있다.
2.	**판단기관의 차이**
	① 행정심판은 행정부에 소속된 행정심판위원회가 판단기관이며, ② 항고소송은

사법부에 소속된 법원이 판단기관이다. 이러한 판단기관의 차이로 인해 행정심판은 권력분립원칙의 제한을 덜 받으나, 항고소송은 권력분립원칙의 더 많은 제한을 받는다.

3. 소극적 행정작용에 대한 쟁송수단

거부처분이나 부작위와 같은 소극적인 행정작용이 있는 경우 ① 행정심판은 권력분립원칙의 제한을 덜 받는 까닭에 행정청에게 일정한 처분을 하도록 하는 의무이행심판이 인정되고 있으나, ② 항고소송은 권력분립원칙에 따른 제한에 따라 의무이행소송을 대신하여 거부처분에 대한 취소 또는 무효확인소송과 부작위위법확인소송을 제기하도록 하고 있다.

4. 제기요건

(1) 대상

① 행정심판은 항고소송과 달리 대통령의 처분 또는 부작위에 대하여는 원칙적으로 행정심판을 청구할 수 없도록 되어 있고(행정심판법 제3조 제2항), 재심판청구가 금지되는 까닭에 재결에 대하여 다시 행정심판을 제기할 수도 없다(동법 제51조). ② 그러나 항고소송은 대통령의 처분이나 부작위 그리고 재결에 대해서도 항고소송을 제기할 수 있다.

(2) 쟁송기간

① 행정심판은 취소심판의 경우 처분을 안 날로부터 90일, 있은 날로부터 180일의 기간의 제한을 받는다(행정심판법 제27조 제3항). 또한 부작위에 대한 의무이행심판청구의 경우 기간의 제한을 받지 않는다. ② 그러나 항고소송은 취소소송의 경우

안 날로부터 90일, 있은 날로부터 1년의 기한을 제한받으며, 그리고 부작위에 대한 부작위위법확인소송의 경우 기한의 제한을 받는다(행정소송법 제38조 제2항).

(3) 보정

① 행정심판의 경우 심판청구가 부적법한 경우라도 위원회는 청구인에게 보정을 요구하거나 경미한 사항에 대해서는 직권으로 보정하는 것이 가능하다(행정심판법 제32조). ② 그러나 항고소송의 경우에는 이러한 보정제도가 인정되지 않는다.

5. 본안심리의 차이

① 행정심판은 처분과 부작위에 대한 위법 여부뿐만 아니라 부당 여부도 심리할 수 있으나(행정심판법 제5조), ② 항고소송의 경우에는 위법 여부만 심리할 수 있고 부당 여부는 심리할 수 없다(행정소송법 제4조).

6. 심리원칙상 차이

① 행정심판의 심리는 비공개주의(행정심판법 제41조), 서면심리주의와 구술심리주의가 병행되나(동법 제40조 제1항), ② 항고소송의 경우에는 공개심리주의와 구술심리주의가 원칙이 된다.

7. 취소 · 변경의 의미

① 취소심판의 경우 행정심판법 제5조 제1호의 변경을 "적극적 변경"으로 해석하는 것이 일반적이고, 취소 또한 전부취소 및 일부취소가 모두 포함된다고 보는 것이 일반적이다. ② 그러나 취소소송의 경우 행정소송법 제4조 제1호의 변경을 "소극적 일부취소"로만 해석함이 일반이며, 취소 또한 전부취소만을 의미한다고 본다.

8.	**재처분의무 불이행 시 강제제도**
	① 의무이행심판의 경우에 위원회는 처분명령재결에도 불구하고 처분청이 처분을 하지 아니하는 때에는 위원회가 직접처분을 할 수 있다(행정심판법 제50조).
	② 그러나 항고소송에서는 거부처분취소판결과 부작위위법확인판결에도 불구하고 재처분을 다하지 아니하는 경우 권력분립원칙의 관점에서 간접강제만 인정된다(행정소송법 제34조).
9.	**가구제**
	① 행정심판의 경우 집행정지는 중대한 손해의 경우에도 집행정지가 인정될 수 있으며(행정심판법 제50조), 집행정지가 인정되지 아니하는 경우 임시처분도 인정된다(동법 제31조). ② 그러나 항고소송에서는 집행정지의 경우 회복하기 어려운 손해가 인정되어야 하며(행정소송법 제23조), 임시처분에 대응하는 가처분제도는 도입되지 않고 있다.
10.	**고지제도**
	① 행정심판의 경우 행정심판의 고지제도가 규정되어 있으나(행정심판법 제58조), ② 행정소송법상 항고소송에서는 이러한 고지제도가 인정되지 아니한다.
Ⅲ.	**결어**
	행정심판과 항고소송은 국민의 권익구제에 기여하는 행정쟁송이라는 점에서 공통되나, 위와 같은 차이가 인정되므로 양자의 적정한 운영을 통하여 행정통제와 국민의 권익구제의 두 마리 토끼를 모두 잡을 수 있도록 하여야 할 것이다.

13 부작위에 대한 행정쟁송상 잠정적 구제수단(가구제)

ADVICE

☑ 2015년 제24회 공인노무사시험에서 「행정심판법상 가구제」가 약술논점으로 출제되었다.

☑ 행정소송에서 가처분의 준용 여부와 행정심판에서 임시처분을 중심으로 서술하되, 행정소송에서는 부작위에 대한 가구제가 존재하지 않는다는 점을 지적하고 이에 대한 입법론으로 결어를 쓰는 것이 Point이다.

목차

Ⅰ.	서설
1.	**가구제의 의의**
	행정쟁송상 가구제란 "본안판결이나 재결의 실효성을 확보하기 위하여 처분을
	정지하거나 공법상 법률관계에 관하여 잠정적인 효력관계나 지위를 정함으로써
	본안판결이나 재결이 확정되기 전에 임시의 권리구제를 도모하는 것"을 말한다.
2.	**문제점**
	오늘날 행정에 대한 국민의 의존도가 증가하는 만큼 부작위로 인한 국민의 기본
	권침해도 증가하는 추세이다. 따라서 부작위에 대한 행정쟁송에서 잠정적으로 국
	민의 권익을 구제하는 제도에는 어떠한 제도가 인정되며 어떠한 보완이 필요한지
	가 문제된다.
Ⅱ.	**부작위위법확인소송에서의 가구제수단**
1.	**집행정지**
	(1) 의의
	집행정지란 "계쟁처분의 집행 또는 절차의 속행으로 인하여 생길 회복하기 어려
	운 손해발생을 예방하기 위하여 긴급한 필요가 있다고 인정할 때 법원이 당사자의
	신청 또는 직권에 의해 그 집행을 잠정적으로 정지하도록 결정하는 것"을 말한다
	(행정소송법 제23조 제2항).
	(2) 부작위위법확인소송에 적용 여부
	부작위위법확인소송에서는 정지할 대상이 존재하지 않고, 행정소송법 제38조
	제2항에서도 제23조를 준용하지 않고 있으므로 집행정지가 인정될 여지가 없다.

2.	가처분의 인정 여부
	(1) 가처분의 의의
	민사집행법 제300조상의 적극적 가구제로서 "금전급부 이외의 청구권의 집행보전과 계쟁법률관계에 관해 임시의 지위를 보전하는 것을 내용으로 하는 가구제"를 말한다.
	(2) 항고소송에서의 인정가능성
	1) 문제점
	행정소송법상 가처분에 관한 명문의 규정은 없다. 따라서 집행정지제도가 적용되는 항고소송에서 민사집행법상 가처분을 행정소송법 제8조 제2항에 따라 준용하여 인정할 수 있을지 여부가 문제된다.
	2) 학설
	이에 대해 학설은 ❶ 권력분립원칙상 인정될 수 없다는 [부정설], ❷ 국민의 권리구제와 행정소송법 제8조 제2항을 준용하여 인정할 수 있다는 [긍정설], ❸ 원칙적으로는 처분 인정할 수 없으나, 집행정지로서는 목적을 달성할 수 없는 경우에만 인정해야 한다는 [제한적 긍정설]이 대립된다.
	3) 판례
	대법원은 "민사소송법상의 보전처분은 민사판결절차에 의하여 보호받을 수 있는 권리에 관한 것이므로 민사소송법상의 가처분으로써 행정청의 어떠한 행정행위의 금지를 구하는 것은 허용될 수 없다 할 것이다"고 하여 이를 부정한다(대결 1992.7.6. 92마54).
	4) 검토
	가처분을 허용하게 되면 본안소송에 의하여 얻을 수 있는 권리범위를 초과하는

	결과를 초래한다. 그러므로 가처분은 항고소송에서 허용될 수 없다고 봄이 타당하다.
Ⅲ.	**의무이행심판에서의 가구제수단**
1.	**집행정지**
	(1) 의의
	행정심판법상 집행정지란 "심판대상인 처분의 집행 또는 절차의 속행으로 인하여 생길 중대한 손해발생을 예방하기 위하여 긴급한 필요가 인정될 때 위원회가 당사자의 신청 또는 직권에 의해 그 집행을 잠정적으로 정지하도록 하는 결정을 하는 것"을 말한다(행정심판법 제30조 제2항).
	(2) 부작위에 대한 의무이행심판의 경우
	부작위에 대한 의무이행심판은 정지할 대상이 존재하지 아니하므로 집행정지가 인정될 수 없다.
2.	**임시처분**
	(1) 의의
	임시처분이란 "행정심판위원회가 처분 또는 부작위가 위법·부당하다고 상당히 의심되는 경우로서 처분 또는 부작위 때문에 당사자가 받을 우려가 있는 중대한 불이익이나 당사자에게 생길 급박한 위험을 막기 위하여 임시지위를 정하여야 할 필요가 있는 경우에는 직권으로 또는 당사자의 신청에 의하여 임시의 처분을 결정하는 것"을 말한다(행정심판법 제31조). 2010년 행정심판법의 개정을 통해 도입되었다.
	(2) 입법취지
	임시처분은 집행정지결정의 한계를 보완하고, 행정청의 거부처분과 부작위에

대한 의무이행심판의 실효적 가구제를 위해 임시처분제도를 도입하였다.

(3) 임시처분결정의 요건

1) 적극적 요건

(가) (거부)처분 또는 부작위가 위법·부당하다고 상당히 의심될 것: 임시처분은 본안재결에서 기각될 것이 확실한 경우에는 허용될 수 없다.

(나) 행정심판청구가 계속될 것: 임시처분은 행정심판청구가 적법하여 심판청구가 본안재결 확정시까지 계속되고 있는 상황이어야 한다.

(다) 당사자가 받을 우려가 중대한 불이익이거나 당사자에게 생길 급박한 위험이 존재할 것: "중대한 불이익"은 처분의 성질·내용·상대방이 입은 손해의 정도·금전배상의 방법 및 난이도 등 여러 요소를 종합하여 개별·구체적으로 판단하여야 한다.

(라) 이를 막기 위하여 임시지위를 정하여야 할 필요가 있을 것

2) 소극적 요건

임시처분은 공공복리에 중대한 영향을 미칠 우려가 있는 경우에는 허용되지 않는다(행정심판법 제31조 제2항).

3) 보충성 요건

임시처분은 집행정지결정을 통해 목적 달성을 할 수 없는 경우에만 가능하다(행정심판법 제31조 제3항).

(4) 임시처분결정의 절차 및 효력

임시처분결정의 절차 및 효력 그리고 임시처분결정의 취소에 대해서는 집행정지에 관한 규정을 준용한다.

VI.	문제점 및 평가
	현행 행정심판법은 의무이행심판에 대응되는 적극적 가구제로서 임시처분제도를
	도입하여 부작위로 인한 국민의 실효적인 권리구제가 가능해졌다. 그러나 행정소송
	에서는 권력분립상의 한계를 이유로 부작위에 대한 실효적인 가구제가 인정되지
	않고 있음은 문제가 아닐 수 없다. 따라서 조속히 2013년 법무부 행정소송법 개정안
	과 같이 의무이행소송과 더불어 가처분제도를 도입함이 필요하다고 생각된다.

14 행정심판에서 인용재결의 효력

ADVICE

☑ 제7회(1998년) 공인노무사시험(논술논점)으로 출제된 바가 있으며, 제51회(2009년) 사법고시 「처분명령재결의 효력」으로 출제된 바가 있다.

☑ 「행정심판상 재결의 효력」 부분이 가장 출제될 가능성이 높으므로, 재결의 효력을 중심으로 내용을 정리하여 한다.

목차

I.	**서설**
1.	**재결의 의의**
	행정심판의 재결이란 심판청구사건에 대한 행정심판위원회의 최종적인 법적 판단을 말한다.
2.	**법적 성질**
	행정심판위원회의 재결은 준법률행위적 행정행위 중 확인행위·기속행위·준사법행위에 해당한다.
II.	**행정행위로서의 효력**
1.	**형성력**
	(1) 의의
	형성력이란 재결의 내용에 따라 법률관계의 발생이나 변경 및 소멸을 가져오는 효력을 말한다.
	(2) 형성(취소)재결의 경우
	형성재결이 있은 경우에는 그 대상이 된 행정처분은 재결 자체에 의하여 당연히 소급하여 취소되어 소멸된다(대판 98두18619).
	(3) 변경재결의 경우
	변경재결이 있으면 원처분은 효력을 상실하고 변경재결로 인해 새로운 처분은 소급하여 그 효력을 발생한다.
	(4) 의무이행재결 중 처분재결의 경우
	처분재결이 있는 경우에는 장래에 향하여 즉시 그 재결의 효력이 발생한다.

2.	그 밖의 효력
	(1) 공정력 및 구성요건적 효력
	전통적 견해는 행정행위의 공정력이란 「행정행위에 비록 하자가 있더라도 그것이 중대하고 명백하여 당연무효가 아닌 경우에는 권한 있는 기관에 의하여 취소될 때까지 일응 유효한 것으로 추정되어 누구든지 그 효력을 부인할 수 없는 힘」을 말한다. 그러나 새로운 견해는 공정력을 행정행위의 상대방과 이해관계인에게만 미치는 것으로 이해하고, 이를 행정행위의 "취소권을 가진 기관 이외의 다른 국가기관"에 미치는 힘(구속력)인 구성요건적 효력과 구분한다.
	(2) 불가쟁력
	1) 의의
	불가쟁력이란 「행정행위가 쟁송기간이 경과하거나 쟁송수단을 모두 거친 경우에는 상대방 또는 이해관계인은 더 이상 그 행정행위의 효력을 다툴 수 없게 되는 효력」을 말한다. 「형식적 존속력」 또는 「형식적 확정력」이라고도 한다.
	2) 불가쟁력에 의해 기판력과 같은 효력이 부여되는지 여부
	행정심판은 행정행위의 성질을 갖는 것이어서 인용재결이 불가쟁력에 의해 확정되었다 하여도 판결의 기판력과 같은 효력이 부여되지 않는다. 대법원도 "재결에 판결에서와 같은 기판력이 인정되는 것은 아니어서 재결이 확정된 경우에도 처분의 기초가 된 사실관계나 법률적 판단이 확정되고 당사자들이나 법원이 이에 기속되어 모순되는 주장이나 판단을 할 수 없게 되는 것은 아니다(대판 2015.11.27. 2013다6759)"라고 판시하였다.
	(3) 불가변력
	불가변력이란 「행정행위가 발해지면 일정한 경우에 처분청 및 감독청이 이를

	취소 · 변경 · 철회할 수 없는 효력」을 말한다. 행정행위의 「실질적 존속력」 및 「실질적 확정력」이라고도 한다. 불가변력은 행정심판의 재결의 경우와 같이 준사법적 행정행위에만 인정되는 특수한 효력이다.
III.	**행정심판법상 기속력**
1.	**의의**
	기속력이란 "행정심판의 본안에서 처분을 취소 또는 변경하거나 처분의 이행을 명하거나 처분을 행하는 재결을 하는 경우에 관계행정기관의 재결의 취지에 따라 행동하여야 할 의무를 지우는 효력"을 말한다.
2.	**기속력의 내용**
	(1) 반복금지효
	관계행정청은 당해 재결의 내용에 모순되는 내용의 동일한 처분을 동일한 사실관계하에서 반복할 수 없다(동법 제49조 제1항).
	(2) 원상회복의무
	행정심판법에 명문의 규정은 없으나 취소심판의 취소재결의 경우 해석상 원상회복의무가 포함되는 것으로 본다. 따라서 취소재결이 확정되면 행정청은 취소된 처분에 의해 초래된 위법상태를 제거하여 원상회복할 의무가 있다.
	(3) 재처분의무
	1) 의무이행심판의 처분명령재결의 경우
	당사자의 신청을 거부하거나 부작위로 방치한 처분의 이행을 명하는 재결이 있으면 행정청은 지체 없이 이전의 신청에 대하여 재결의 취지에 따라 처분을 하여야

한다(동조 제3항).

2) 거부처분의 취소·무효확인 또는 부존재확인재결의 경우

거부처분에 대한 취소재결 또는 무효확인재결 및 부존재확인재결이 있으면 처분청은 재결의 취지에 따라 다시 이전의 신청에 대한 처분을 하여야 한다(동조 제2항). 종래 동조 제2항의 규정이 없었기 때문에 거부처분의 취소재결 등의 경우 재처분의무가 인정되는지 여부가 문제되어 왔으나 현행 행정심판법은 이에 대한 명문의 규정을 신설하여 입법적으로 해결하였다.

3) 취소심판의 변경명령재결의 경우

변경명령재결의 경우 처분청은 당해 처분을 변경하여야 할 의무를 부담한다. 이러한 변경명령의 처분의무에 대해 ① 행정심판법 제49조 제1항의 기속력에 의해 변경의무를 부담한다는 견해와, ② 행정심판법의 명문의 규정이 없으므로 형성력에 의해 변경의무를 부담한다는 견해가 대립된다.

IV. 행정심판법상 재심판청구금지효

행정심판청구에 대한 재결이 있는 경우에는 당해 재결 및 동일한 처분 또는 부작위에 대하여 다시 심판청구를 제기할 수 없다(행정심판법 제51조). 따라서 재결에 불복이 있으면 행정소송을 제기할 수밖에 없다. 다만, 재결에 불복하여 행정소송을 제기할 수 있는 것은 청구인뿐이며, 피청구인인 행정청은 행정소송을 제기할 수 없다.

V. 결어 및 입법론

행정심판법이 의무이행심판의 명령재결의 경우에만 재처분의무를 규정하고

거부처분취소재결의 경우 재처분의무를 규정하지 아니함은 사실상 거부처분취소

심판을 무의미하게 하는 것으로 입법적 검토가 요망된다. 따라서 행정소송법 제30

조 제2항과 같은 거부처분취소재결에 대한 재처분의무 규정을 신설함이 타당하다.

ADVICE

☑ 2017년 행정심판법 개정을 통해 행정심판법상 간접강제가 신설됨에 따라 출제될 가능성이 높은 약술논점이다.

☑ 행정심판법상 간접강제와 행정소송법상 간접강제의 차이점을 잘 적시하는 것이 핵심이다.

목차

Ⅰ.	**서설**
1.	**간접강제의 의의**
	간접강제란 "처분청이 재처분의무에도 불구하고 이를 이행하지 아니하는 경우
	원고 및 청구인의 신청에 의하여 행정심판위원회와 제1심 수소법원이 결정으로 상
	당한 기간을 정하고 처분청이 그 기간 내에 이를 이행하지 아니하는 경우 그 지연
	기간에 따라 일정한 배상을 하도록 명하거나 즉시 배상을 할 것을 명하는 간접적
	강제수단"을 말한다고 할 수 있다(행정심판법 제50조의2, 행정소송법 제34조).
2.	**제도의 취지**
	간접강제제도는 인용판결과 인용재결의 기속력 중 재처분의무의 실효성을 담보
	하기 위하여 민사집행법상 간접강제제도를 채택한 것으로 궁극적으로 원고의 청
	구권인의 권익보호를 위한 제도로 평가된다.
Ⅱ.	**행정소송법과 행정심판법상 간접강제의 유사점**
1.	**간접강제의 요건상 유사점**
	행정소송법과 행정심판법상 간접강제는 모두 ① 원고 또는 청구인의 신청이 있
	어야 하고, ② 거부처분에 대한 취소재결 또는 취소판결이 확정되어야 하며,
	③ 처분청이 재처분의무를 이행하지 않아야 한다.
2.	**지연배상금의 성질과 배상금추심의 한계**
	간접강제의 지연배상금은 재처분의 지연에 대한 제재나 손해배상이 아니고 재
	처분의 이행에 관한 심리적 강제수단에 불과하므로 지연배상금의 추심단계에서

재처분의 이행이 있으면 배상금을 더 이상 추심하는 것은 허용되지 않는다(대판 2004.1.15. 2002두2444)."

3. 간접강제결정의 집행

행정심판법상 간접강제결정은 법원의 확정판결이 아님에도 불구하고 행정심판법 제50조의2 제5항에 따라 민사집행법상 집행권원과 같은 효력을 갖게 되므로 간접강제결정은 모두 민사집행법에 따라 집행이 이루어지게 된다(행정소송법 제34조 제2항).

4. 간접강제절차의 유사점

행정심판법상 제50조의2 제3항에서는 신청의 상대방(피청구인)의 의견을 듣도록 규정하고 있고, 행정소송법 제34조 제2항에서는 민사집행법 제262조가 준용됨에 따라 간접강제결정하기 전에 채무자(피고인 행정청)를 심문하여야 한다.

Ⅲ. 행정소송법과 행정심판법상 간접강제의 차이점

1. 간접강제요건의 차이점

행정심판법상 간접강제는 행정심판법 제50조에 따른 직접처분을 한 경우에는 간접강제를 청구할 수 없는 보충성요건이 적용되나, 행정소송법상 간접강제는 권력분립원칙상 직접강제제도가 없는 만큼 보충성요건은 적용되지 않는다.

2.	**적용범위의 차이점**
	(1) 거부처분에 대한 무효등확인쟁송의 적용 여부
	1) 문제점
	행정심판법 제50조의2의 간접강제는 거부처분에 대한 무효등확인심판의 경우도 적용되나, 행정소송법 제34조의 간접강제는 거부처분에 대한 무효등확인소송의 경우 행정소송법 제30조 제2항만 준용되고 제34조가 준용되지 않는바, 거부처분에 대한 무효확인판결의 경우에는 간접강제가 적용될 수 없는지 여부가 문제된다.
	2) 학설
	이에 대해 학설은 ❶ 명백한 입법적 미비로서 행정소송법 개정안과 같이 준용을 긍정해야 한다는 [준용긍정설]과, ❷ 준용규정을 두고 있지 않은 행정소송의 규정상 제34조의 간접강제를 허용할 수 없다는 [준용부정설]이 대립된다.
	3) 판례
	대법원은 "행정처분에 대하여 무효확인 판결이 내려진 경우에는 그 행정처분이 거부처분인 경우에도 행정청에 판결의 취지에 따른 재처분의무가 인정될 뿐 그에 대하여 간접강제까지 허용되는 것은 아니라고 할 것이다(대결 98무37)"고 판시하여 [준용부정설]의 입장이다.
	4) 검토
	생각건대 무효확인소송의 경우에도 당연히 간접강제를 인정함이 타당하다고 생각되나, 판례의 입장에 따르면 무효등확인소송에는 간접강제가 적용되지 않는다.
	(2) 거부처분이 절차상 하자로 취소된 경우
	1) 문제점
	행정심판법 제50조의2 제1항에선 거부처분이 절차상 하자로 취소재결된 경우에도

간접강제를 허용하고 있으나, 행정소송법 제30조 제3항에 따른 재처분의무에 대해서는 동법 제34조의 명문의 없음을 이유로 간접강제가 허용되지 않는지에 대해 견해가 대립된다.

2) 학설

이에 대해 ❶ 명문의 규정이 없으므로 허용될 수 없다는 [부정설]과, ❷ 불필요한 부작위위법확인소송의 반복을 피하고 명백한 입법적 미비에 해당하는 만큼 제34조의 간접강제가 허용된다는 [긍정설]이 대립된다.

3) 검토

행정소송법 제34조의 명문의 규정에도 불구하고 동법 제30조 제3항의 재처분의무의 불이행에까지 간접강제를 인정함은 법문언의 가능한 해석범위를 넘어서는 것으로서 부정설의 입장이 타당하다. 따라서 이 점에서도 행정심판법상 간접강제는 차이가 있다.

3. 간접강제결정에 대한 불복방법의 차이점

행정심판법 제50조의2 제4항에서는 청구인이 간접강제결정 및 그 변경결정에 대해 행정소송을 통해 불복할 수 있도록 규정하고 있으나, 행정소송법상 간접강제결정에 대해서는 이에 대응되는 즉시항고 규정이 존재하지 아니하므로 불복할 수 없는 것으로 보인다.

IV. 결어

거부처분에 대한 행정심판의 간접강제와 행정소송의 간접강제는 요건과 절차 및 그 집행에 있어서 큰 차이가 없으나, 적용범위에 있어서 행정소송법상 간접강제는 행정심판법상 간접강제와 달리 무효등확인소송이나 거부처분의 절차상 하자로 인한 취소판결의 경우에는 적용되지 않는다. 행정소송법을 개정하여 이 경우에도 간접강제를 허용하도록 하는 입법적 보완이 필요하다고 생각된다.

16

국가기관의 처분으로 인해 자치권의 침해를 받은 지방자치단체의 장이 이에 대한 항고소송을 제기하여 불복할 수 있는지 여부

ADVICE

☑ 제23회(2014)년 공인노무사시험 「행정심판의 직접처분」으로 출제된 바 있다.

☑ 행정심판법상 직접처분에 대해 처분청이 항고소송을 통해 불복할 수 있는지 여부가 명문의 규정이 없음에도 항고소송으로 불복할 수 있는지 여부와 처분청의 당사자능력과 원고적격과 관련하여 문제된다. 최근 대법원은 행정청의 당사자능력과 원고적격을 인정한 바 있으므로 판례의 서술을 중심으로 답안을 구성하면 된다.

목차

Ⅰ.	**논점의 정리**
	국가기관의 처분에 대하여 지방자치단체의 장이 항고소송을 통해 불복할 수 있
	는지와 관련하여 ① 우선 국가기관의 처분에 대해 지방자치단체장이 제기하는 소
	송이 항고소송의 형태로 가능한지 여부를 검토하고, 만약 가능한 경우, ② 지방자
	치단체장의 당사자적격과 원고적격이 인정되는지 여부가 문제된다.
Ⅱ.	**항고소송의 제기가능성**
1.	**문제점**
	국가 또는 공공단체의 기관 상호 간의 다툼에 대해서는 법률의 규정이 존재하는
	경우에 한하여 기관소송을 통해 다투어야 한다(행정소송법 제45조). 그러나 사안과
	같이 국가 또는 공공단체의 기관 상호 간의 다툼에 대해 법률에서 기관소송을 허
	용하는 법률의 규정이 없는 경우 항고소송의 형태로 다툴 수 있을지에 대해서는
	견해가 대립된다.
2.	**학설**
	(1) 기관소송설(부정설)
	기관소송을 단일한 법주체에 관한 기관 간의 다툼으로 한정하지 않고 상이한 행
	정주체에 속하는 기관 간이라 할지라도 기관소송의 범위에 해당한다고 해석하는
	[기관소송확대론]에 따라 이러한 소송은 기관소송에 해당하므로 명문의 규정이 없
	는 한 기관소송을 제기할 수 없다는 견해이다.
	(2) 항고소송설(긍정설)
	이 견해는 기관소송은 동일한 행정주체 내의 서로 다른 기관 간의 분쟁이므로

상이한 행정주체 내의 기관 간의 다툼은 기관소송으로 볼 수 없다는 [기관소송축소론]에 따라 법인격이 다른 행정주체 간의 다툼은 외부적 법률관계이므로 주관소송으로서 처분이 존재한다면 항고소송으로 다툴 수 있다는 견해이다.

3. 판례

대법원은 과거 지방자치단체와 국가기관 간의 다툼은 기관소송에 의해야 하고, 따라서 법률의 규정에 의하여 기관소송을 허용하지 않는 한 제소가 불가능하다는 입장이었으나, 최근 명문의 규정이 없음에도 불구하고 국민권익위원회의 처분에 대해 선거관리위원회 위원장이 항고소송을 통해 다툴 수 있음을 인정하여 [항고소송설]의 입장을 취하고 있는 것으로 보인다.

4. 검토

기관소송의 본질상 법주체가 상이한 행정주체의 기관 간의 다툼은 기관소송으로 볼 수 없다는 [기관소송축소론]의 입장이 타당하고, 처분으로 인해 지방자치단체장이 어떠한 의무를 부담한다면 이를 항고소송을 통해 시정하도록 하는 것이 지방자치단체의 자치권을 보장하고, 법치주의를 실현에 올바른 해석이라고 판단된다. 따라서 [항고소송설]이 타당하다.

Ⅲ. 지방자치단체장의 당사자능력 및 원고적격

1. 지방자치단체장의 당사자능력

(1) 당사자능력의 의의

당사자능력이란 "소송주체가 되어 당해 소송을 수행할 수 있는 능력"을 말한다.

우선 지방자치단체장이 항고소송을 제기할 수 있기 위해서는 원고적격 이전에 지방자치단체장의 당사자능력이 인정되어야 한다. 행정소송법에서는 당사자능력에 관한 규정을 두고 있지 아니하므로 제8조 제2항에 따라 민사소송법 제51조가 준용된다.

(2) 지방자치단체장의 소송수행능력

민법 제34조 및 민사소송법 제51조에 따라 당사자능력이 인정되는 자는 자연인 또는 법인이다. 따라서 법인격이 인정되는 국가 또는 지방자치단체는 당사자능력이 있으나 행정주체의 조직에 지나지 않는 지방자치단체장은 당사자능력이 원칙적으로 존재하지 아니한다. 그러나 최근 대법원은 국가기관의 경우에도 행정소송의 당사자능력을 긍정한 바 있고, 지방자치단체장은 지방자치단체를 법적으로 대표하는 기관이므로 당사자능력이 인정된다고 보아야 한다.

2. 지방자치단체장의 원고적격

(1) 원고적격의 의의

원고적격이란 "당해소송을 제기할 법률상 자격 및 권한(소권)"을 말한다. 행정소송법 제12조 1문은 "법률상 이익"으로 규정하고 있다.

(2) 원고적격의 인정범위

1) 학설

이에 대해 학설은 ❶ 권리를 침해당한 자만이 소를 제기할 수 있다는 [권리회복설], ❷ "처분의 근거법규 및 관련법규의 목적론적 해석에 따라 보호되는 개별·직접·구체적인 이익"을 갖는 자만이 소를 제기할 수 있다는 [법률상 보호이익구제설], ❸ 권리 내지 법률상 이익을 침해받은 자와 "실질적으로 보호할 가치가 있는 이익"을 갖는 자도 소를 제기할 수 있다는 [보호가치있는 이익구제설], ❹ "당해 처분을 다툼에 있어 가장 적합한 이해관계를 가진 자"에게 원고적격을 인정해야 한다는 [적법성보장설]이 대립된다.

2) 판례의 태도

판례는 "당해처분의 근거법규(관련법규를 포함) 및 일련의 단계적인 근거법규에 의해 명시적으로 보호받는 이익 및 근거법규 및 관련법규의 합리적 해석상 보호되는 개별·직접·구체적 이익"으로 판단하여 [법률상 보호이익구제설]을 취하는 것으로 보인다.

3) 검토

취소소송의 주관소송성과 의회민주주의의 원칙상 "② 법률상 보호이익구제설"이 타당하다.

(3) 지방자치단체장의 원고적격의 경우

1) 학설

이에 대해 학설은 ❶ 지방자치단체의 헌법상 보장된 자치권이 일종의 "법률상 이익"에 해당하므로 원고적격이 인정된다는 [원고적격긍정설]과, ❷ 지방자치단체의 자치권을 "법률상 이익"으로 볼 수 없고 직접처분에 대해 불복하는 것은 행정심판법상 기속력에 저촉되는 것임을 이유로 부정하는 [원고적격부정설]이 대립된다.

2) 판례

대법원은 최근 "국가기관이라 할지라도 위 조치를 다툴 수 있는 다른 방법이 없는 경우에는 위 조치요구의 취소를 구하는 소를 제기할 당사자능력, 원고적격 및 법률상 이익을 인정한 원심판단을 정당하다"고 판시하여 행정청의 원고적격을 인정한 바 있다.[주1)]

3) 검토

생각건대 지방자치단체의 자치권을 보장하고 법치주의적 관점에서도 지방자치

단체장의 원고적격을 긍정함이 타당하다.

3. 소결

이상의 검토에 따라 지방자치단체장은 지방자치단체의 대표자로서 원고적격을

갖는다고 할 것이다.

IV. 결어

이상의 검토에 따라 지방자단체장은 국가기관의 처분에 대해 항고소송을 통해

불복할 수 있다고 봄이 타당하다.

각주

주1) [대판 2013.7.25. 2011두1214]

甲이 국민권익위원회에 부패방지 및 국민권익위원회의 설치와 운영에 관한 법률(이하 '국민권익위원회법'이라 한다)에 따른 신고와 신분보장조치를 요구하였고, 국민권익위원회가 甲의 소속기관 장인 乙시·도선거관리위원회 위원장에게 '甲에 대한 중징계요구를 취소하고 향후 신고로 인한 신분상 불이익처분 및 근무조건상의 차별을 하지 말 것을 요구'하는 내용의 조치요구를 한 사안에서, 국가기관 일방의 조치요구에 불응한 상대방 국가기관에 국민권익위원회법상의 제재규정과 같은 중대한 불이익을 직접적으로 규정한 다른 법령의 사례를 찾아보기 어려운 점, 그럼에도 乙이 국민권익위원회의 조치요구를 다툴 별다른 방법이 없는 점 등에 비추어 보면, <u>처분성이 인정되는 위 조치요구에 불복하고자 하는 乙로서는 조치요구의 취소를 구하는 항고소송을 제기하는 것이 유효·적절한 수단이므로 비록 乙이 국가기관이더라도 당사자능력 및 원고적격을 가진다고 보는 것이 타당하고</u>, 乙이 위 조치요구 후 甲을 파면하였다고 하더라도 조치요구가 곧바로 실효된다고 할 수 없고 乙은 여전히 조치요구를 따라야 할 의무를 부담하므로 乙에게는 위 조치요구의 취소를 구할 법률상 이익도 있다고 본 원심판단을 정당하다고 한 사례

17 행정심판과 (본래적) 이의신청의 구별

ADVICE

☑ 기출된 적은 없으나 노동관련 행정쟁송논점으로 출제가 유력한 논점이다. 노동위원회의 구제명령에 대한 불복절차에 관한 문제가 출제된 만큼 산업재해보상보험법에 따른 보상급여결정에 대한 불복방법도 출제될 가능성이 높으므로 잘 정리해 두어야 한다. 이하는 아래의 문제에 따라 답안을 구성하였다.

☑ 『산업재해보상보험법』(이하 "산재법"이라 한다)에 따라 근로복지공단이 행한 산업재해 보험급여 청구의 거부결정에 대한 불복절차에 대하여 설명하시오. (25점)

목차

Ⅰ.	서설(3/25)
1.	**행정심판의 의의**
	행정심판이란 「위법 또는 부당한 처분 기타 공권력의 행사·불행사 등으로 인
	하여 권리나 이익을 침해당한 자가 행정기관에 대하여 그 시정을 구하는 절차」를
	말한다.
2.	**(본래적) 이의신청의 의의**
	이의신청이란 「위법 또는 부당한 처분등으로 권익을 침해당한 자가 처분청 자
	신에 대하여 그 재심사를 청구하여 내부적인 시정을 구하는 절차」를 말한다.
3.	**문제점**
	행정심판과 이의신청은 모두 행정부 내부의 통제수단으로서 공통점을 갖지만
	행정심판은 준사법절차로서 국민의 권익을 보호하는 기능도 함께 수행하지만 이
	의신청은 처분청 스스로의 내부적 시정절차라는 점에서 국민의 권익구제기능은
	반사적인 것이지 제도의 직접적인 목적은 아니다. 따라서 이러한 제도존재의 차이
	로 말미암아 양자는 여러 가지 면에서 차이가 있다. 그런데 실무상 이의신청과 특
	히 특별행정심판이 명확하게 구별되지 않고 있어 문제이다. 따라서 이하에서는 양
	자의 구별실익과 그 구별기준에 대해서 살펴본다.
Ⅱ.	**양자의 구별실익**(12/25)
1.	**심판기관의 차이점**
	행정심판과 이의신청은 그 심판기관이 다르다. 즉, ① 행정심판은 원칙적으로

처분청의 직근상급행정청에 제기하는 쟁송이지만, ② 이의신청은 처분청 자체에 제기하는 내부적 시정절차라는 점에서 차이가 있으므로 행정심판은 재결의 이행의 문제를 남기지만, 이의신청은 결정의 이행의 문제를 남기지 않는다.

2. 대상의 차이

행정심판과 이의신청 모두 처분을 대상으로 하나, 행정심판의 경우에는 대통령의 처분 또는 부작위가 그 대상에서 제외되고(행정심판법 제3조 제2항), 이의신청에서는 「노동위원회법」 제2조의2에 따라 노동위원회의 의결을 거쳐 행하는 사항 등 행정기본법 제36조 제7항에 규정된 사항들이 그 대상에서 제외된다.

3. 적용 법률의 차이

행정심판은 다른 법률에 특별한 규정이 있으면 그에 의하고, 그 외의 사항에 대해서는 행정심판법의 적용을 받지만(행정심판법 제4조 제2항), 이의신청은 준사법적 절차가 아니므로 개별법률의 규정이 없는 사항에 대해서는 행정기본법의 적용을 받으며 행정심판법의 적용을 받지 않는다.

4. 행정심판의 청구 여부

행정심판은 행정심판법 제51조에 따라 재심판청구가 금지되므로 행정심판의 재결에 불복하는 자는 재차 행정심판을 통해 불복할 수 없으나, 이의신청은 준사법절차가 아니므로 이에 불복하는 자는 당초처분과 이의신청에 대한 결정이 처분에 해당하는 한 행정심판을 통해 불복할 수 있다(행정기본법 제36조 제3항).

5.	취소소송의 제소기간의 차이
	① 행정심판청구 후 취소소송을 제기하는 경우 행정소송법 제20조 제1항 단서에 따라 행정심판의 재결서정본을 송달받은 날로부터 90일 이내에 취소소송을 제기해야 하지만, ② 이의신청은 이의신청 후 취소소송을 제기하는 경우에는 개별법률의 특별한 규정이 없는 한 이의신청의 결과를 통지받은 날(통지기간 내에 결과통지를 받지 못한 경우 통지기간이 만료되는 날의 다음 날)부터 90일의 제소기간의 적용을 받는다(대판 2014.4.24. 2013두10809).
6.	처분사유추가·변경의 허용 여부
	최근 판례는 처분사유의 추가·변경은 행정심판단계에서는 항고소송과 마찬가지로 당초 제시한 처분사유와 기본적 사실관계의 동일성이 인정되는 한도 내에서만 허용된다고 하나, 이의신청단계에서는 기본적 사실관계의 동일성이 인정되지 않는 사유라고 하더라도 처분사유를 추가·변경할 수 있다고 본다. 이 점에서도 양자는 구별실익이 있다.
Ⅲ.	양자의 구별기준(9/25)
1.	문제점
	개별법률에서 이의신청에 관한 규정만 둔 경우 이러한 이의신청의 성격을 특별행정심판으로 볼 것인지, 본래의 이의신청으로 볼 것인지가 문제된다. 따라서 본래적 이의신청과 특별행정심판을 어떠한 기준에서 구별할지에 대해 견해가 대립되어 있다.

2.	**학설**
	이에 대해 학설은 ❶ 헌법 제107조 제3항에 따라 사법절차가 준용되는 경우에만
	특별행정심판으로 보는 [쟁송절차기준설]과, ❷ 처분청에 대한 이의신청은 본래적
	이의신청이고, 독립된 행정기관에 대한 이의신청은 특별행정심판으로 보아야 한
	다는 [담당기관으로 구별하는 견해]가 대립된다.
3.	**판례**
	대법원은 "부동산가격공시법은 행정심판의 제기를 배제하는 명문의 규정이 없
	고, 이의신청과 행정심판은 그 절차와 담당기관에 차이가 있음을 이유로 이의신청
	을 하여 그 결과를 통지받은 후 다시 행정심판을 거쳐 행정소송을 제기할 수 있다"
	고 판시하여 쟁송절차와 담당기관을 모두 기준으로 판단하는 것으로 보인다.
4.	**검토**
	쟁송절차와 담당기관을 모두 고려하여 판단하는 판례의 입장이 타당하다.
Ⅳ.	**결어 및 입법론**
	최근 행정기본법에서 이의신청에 관한 일반규정을 두고 있지만 이의신청과 특
	별행정심판에 관한 구별기준에 대해서는 규정을 두지 않고 있다. 따라서 실무상
	특별행정심판인지 본래적 이의신청인지가 빈번하게 다투어지고 있는 것이 현실이
	다. 양자는 앞서 살펴본 바대로 적지 않은 차이가 있으므로, 개별법률에서 명확한
	규정을 두어 이의신청과 행정심판을 구분에 어려움이 없도록 입법적 개선이 필요
	하다.

제2편

준사례

01 항고소송의 대상인 처분

20××년 제×회 공인노무사 시험

다음 각 설문이 항고소송의 대상이 되는 '처분'에 해당하는지 검토하시오. (25점)

물음 1) 정년에 달한 공무원에 대한 퇴직인사발령

물음 2) 한국도시철도공단이 P기업에게 행한 향후 1년간 공공입찰에서 참가자격을 제한시키는 조치

목차

I. 사안의 쟁점

　설문의 각 조치가 항고소송의 대상인 처분에 해당하는지가 문제되는바, 이하에서는 우선 처분의 개념을 살펴보고 그 결과에 따라 각 설문이 처분에 해당하는지를 검토하기로 한다.

II. 항고소송의 대상인 처분

1. 처분의 의의

　처분이란 "행정청이 구체적 사실에 관한 법집행으로서 공권력행사와 그 거부 및 그 밖에 이에 준하는 행정작용"을 말한다(행정소송법 제2조 제1항 제1호).

2. 처분과 행정행위와의 관계

(1) 문제점

　처분의 개념적 징표로서 행정행위와 마찬가지로 "직접적·대외적 법적 규율성"을 요구할 것인지와 관련하여 처분과 행정행위의 관계가 문제된다.

(2) 학설

　이에 대해 학설은 ❶ 처분의 개념적 징표로서 "법집행"이란 행정행위와 마찬가지로 "국민의 권리·의무에 직접적 변동을 일으키는 행위"로서 직접적·대외적 법적 규율성이 요구된다는 [일원설(실체법상 처분개념설)]과 ❷ 행정소송법 제2조 제1항에서는 "그 밖에 이에 준하는 행정작용"이라는 포괄적 개념규정을 둔 입법취지상 행정행위와 마찬가지로 직접적·대외적 법적 규율성을 요구할 수 없다는 [이원설(쟁송법상 처분개념설)]이 대립된다.

(3) 판례

대법원은 "행정청이 공권력행사의 발동으로서 국민의 권리 및 의무에 직접적으로 어떠한 변동을 초래할 것"을 기본적으로 요구하고 있어 원칙적으로 ❶설(일원설)을 취하고 있으나 꾸준히 처분개념을 점차 확대하면서 최근에는 국민의 권리·의무에 변동을 초래하지 않는다 할지라도 이에 대한 영향을 미치거나 권리행사에 중대한 지장을 초래하는 행위들까지도 처분으로 파악하고 있다.

(4) 검토

항고소송의 대상인 처분은 반드시 행정행위와 같은 개념으로 볼 수는 없으나, 기본적으로 "국민의 권리 및 의무에 변동 및 어떠한 영향이 있는 행위"에 한정하는 판례의 입장이 타당하다.

3. 처분이 되기 위한 요건

따라서 어떠한 행정작용이 처분이 되기 위해서는 ① 행정청의 행위여야 하고, ② 구체적 사실에 관한 행위여야 하며, ③ 국민의 권리·의무에 직접 변동을 초래하거나 또는 영향을 미치거나 또는 법적 불안을 초래할 수 있는 법집행행위로서 ④ 고권적 지위에서 국민에게 명령·강제하는 공권력행사에 해당하여야 한다.

Ⅲ. 각 설문이 항고소송의 대상인 처분인지 여부

1. 정년에 달한 공무원에 대한 퇴직인사발령

(1) 문제점

공무원에 대한 퇴직인사발령은 행정청(임용권자)이 행하는 구체적 사실에 관한 공권력행사에 해당함에는 의문의 여지가 없다. 공무원의 법적 지위에 어떠한 변동 또는 영향을 미치는 행위로서 처분에 해당하는지가 문제된다.

(2) 학설

이에 대해 학설은 ❶ 공무원의 퇴직은 퇴직사유발생시 당연히 퇴직되므로 퇴직인사발령은 공무원의 법적 지위에 아무런 변동을 야기시키지 않는 관념의 통지에 불과하므로 처분이 아니라는 [처분성부인설]과, ❷ 공무원의 법적 지위에 불안을 초래할 수 있으므로 '그 밖에 이에 준하는 행정작용'으로 보아 처분성을 긍정하여야 한다는 [처분성 긍정설]이 대립하고 있다.

(3) 판례

대법원은 "국가공무원법 제74조에 의하면 공무원이 소정의 정년에 달하면 그 사실에 대한 효과로서 공무담임권이 소멸되어 당연히 퇴직되고 따로 그에 대한 행정처분이 행하여져야 비로소 퇴직되는 것은 아니라 할 것이며, 피고의 원고에 대한 정년퇴직 발령은 정년퇴직 사실을 알리는 이른바 관념의 통지에 불과하므로 행정소송의 대상이 되지 아니한다"(대판 81누267)고 판시하여 항고소송의 대상이 되는 처분으로 보지 않는다.

(4) 사안의 경우

공무원의 퇴직은 법령의 규정사유가 발생함과 동시에 소멸하는 것이므로 퇴직인사발령은 아무런 법적 효과가 없고, 처분이 아니라 할지라도 공무원의 지위확인을 구하는 당사자소송을 통해 권리구제도 가능하므로 항고소송의 대상인 처분이라고 볼 수 없다.

2.	**한국도시철도공사의 부정당업자입찰참가자격제한조치**
	(1) 문제점
	부정당업자입찰참가자격제한조치는 처분에 해당함은 의문의 여지가 없다. 문제는 정부투자기관에 해당하는 한국도시철도공사를 행정쟁송법상 행정청으로 볼 수 있는지 여부이다.
	(2) 학설
	이에 대해 학설은 ❶ 정부투자기관은 사법상 법인으로서 위 자격제한조치는 사법상 통지행위에 불과하여 처분으로 볼 수 없다는 [처분성 부인설]과, ❷ 정부투자기관은 특별법에 의해 설립된 법인으로서 공법인이므로 공사의 사장은 행정청에 해당하여 처분에 해당한다는 [처분성 긍정설]이 대립하고 있다.
	(3) 판례
	대법원은 "한국도시철도공사는 정부투자법인일 뿐이고 행정소송법 소정의 행정청 또는 그 소속기관이거나 이로부터 위 제재처분의 권한을 위임받았다고 볼 만한 아무런 법적 근거가 없다고 할 것이므로 위 공사가 행한 입찰참가자격을 제한하는 내용의 부정당업자제재처분은 행정소송의 대상이 되는 행정처분이 아니라 단지 상대방을 위 공사가 시행하는 입찰에 참가시키지 않겠다는 뜻의 사법상의 효력을 가지는 통지행위에 불과하다"(대판 2014.12.24. 2010두6700)고 판시하여 항고소송의 대상이 되는 처분으로 보지 않는다.
	(4) 사안의 경우
	정부투자기관은 공적인 사무를 독립적으로 수행하기 위해 특별법에 의해 설립된 법인이므로 공법인으로 보아 이들이 행한 처분은 항고쟁송의 대상으로 봄이 타당하다고 생각된다.

02 고용보험법상 재심사청구와 재결취소소송

┌─────────────────────────────────┐
│   20××년 제×회 공인노무사 시험   │
└─────────────────────────────────┘

甲녀는 P사의 텔레마케터로 입사하여 근무하여 오다가 2010.12.25. 자녀를 출산하였는데, 출산 전·후에 육아휴직을 한 바 있다. 이에 甲녀는 관할 지방고용노동청장 乙에게 육아휴직급여 신청을 하였고, 乙은 고용보험법 제70조 제2항 및 제107조에 의거 육아휴직급여를 신청할 수 있는 기간을 경과하였음을 이유로 이에 대해 2016.4.1. 부지급결정을 하였다(※ 甲에게는 2016.4.3.에 이에 관한 통지가 송달됨). 이에 甲은 「고용보험법」에 따라 고용보험심사관에게 2016.5.1. 심사청구를 하였으나, 2016.5.25.자 결정에 의해 기각당하자(※ 甲에게는 2016.5.27.에 이에 관한 통지가 송달됨) 고용보험심사위원회에 2016.8.16.에 乙을 상대로 재심사를 청구하였는데, 동 위원회도 육아휴직급여청구를 신청할 수 있는 기간을 경과하였음을 이유로 기각하는 내용의 재심사결정을 하였다. 甲이 이러한 재심사결정에 대하여 관할 행정법원에 취소소송을 제기한 경우 수소법원은 어떠한 판결을 할 것으로 예상되는가? (25점)

목차

Ⅰ. 사안의 쟁점

취소소송의 제기가 적법하기 위해서는 ① 취소소송의 대상이 처분등에 해당하여야 하고(행정소송법 제19조 및 제2조 제1항), ② 원고가 법률상 이익을 가져야 하며(동법 제12조 제1문), ③ 협의의 소익을 갖추어(동법 제12조 2문), ④ 처분청을 상대로(동법 제13조), ⑤ 필수적 전심절차의 경우 그 전심절차 등을 거쳐 제기되어야 한다. 사안의 경우에는 甲의 청구를 기각하는 내용의 재심사결정이 취소소송의 대상이 되는지와 그에 따라 수소법원이 내려야 할 판결의 형태가 문제된다.

Ⅱ. 취소소송의 대상이 적법한지 여부

1. 취소소송의 대상에 관한 입법주의

이에 대해 ❶ [원처분주의]이란 원처분과 재결 모두에 대해 항고소송을 제기할 수 있으나, 원처분의 위법은 원처분에 대한 항고소송에서만 주장할 수 있고, 재결에 대한 항고소송에서는 재결 자체의 고유한 하자에 대해서만 주장할 수 있는 제도를 말한다. ❷ [재결주의]는 재결이 있는 경우에 원처분에 대해서는 제소가 불가능하고 재결에 대해서만 행정소송의 대상이 되며, 다만 원처분의 위법사유도 아울러 주장할 수 있다는 원칙을 의미한다.

2. 현행 행정소송법의 태도(원처분주의)

현행 행정소송법 제19조는 [원처분주의]를 택하고 있다. 따라서 개별법률에 특별한 규정이 없는 한 [원처분주의]가 적용된다.

3.	**원처분주의 하에서 재결이 항고소송의 대상이 되는 경우**
	(1) "재결자체의 고유한 위법"의 의미
	원처분주의 하에서는 재결이 취소소송의 대상이 되는 경우는 재결자체에 고유한 위법이 있는 경우에 한 하는바(행정소송법 제19조 후단), 재결자체의 고유한 위법이란 "원처분에는 없고 재결에만 있는 주체·절차·형식상 위법"이 있는 것을 말한다.
	(2) "재결자체의 고유한 위법"에 재결의 내용상 하자도 포함되는지 여부
	재결의 내용상 위법이 "재결자체의 고유한 위법"에 해당하는지에 대해 ❶ [포함된다는 견해]와, ❷ [포함되지 않는다는 견해]가 대립되나, 통설과 판례는 포함된다는 입장이다.
	(3) 기각재결의 경우
	원처분의 정당성을 지지하는 내용의 기각재결은 원칙적으로 '재결자체의 고유한 위법'을 인정할 수 없어 항고소송의 대상이 될 수 없다. 그러나 행정심판의 청구가 부적법하여 각하재결을 하여야 함에도 불구하고 기각재결을 한 경우에는 '재결의 내용상 고유한 위법'이 인정되어 항고소송의 대상이 된다. 따라서 이하에서는 甲의 재심사청구가 부적법하여 각하결정을 하였어야 한 경우인지를 검토해 본다.
Ⅲ.	**甲의 고용보험법상 재심사청구가 적법한지 여부**
1.	**고용보험법상 재심사청구의 의의**
	고용보험법상 피보험자격의 취득·상실에 대한 확인, 실업급여 및 육아휴직 급여와 출산전후휴가 급여 등에 관한 처분에 대한 심사청구결정에 이의가 있는 자는 고용보험심사위원회에 재심사를 청구할 수 있다(동법 제87조).

2.	**법적 성질**
	고용보험법 제104조 제1항은 재심사청구의 재결은 행정심판의 재결로 간주하고 있으므로 재심사청구는 고용보험법상 특별행정심판으로 보아야 할 것이다.
3.	**재심사청구의 적법요건**
	(1) 재심사청구의 대상
	재심사청구의 대상은 심사청구의 대상인 피보험자격의 취득·상실에 대한 확인, 실업급여 및 육아휴직 급여와 출산전후휴가 급여 등에 관한 처분이다.
	(2) 청구인적격
	재심사청구의 청구인은 심사결정에 대해 이의가 있는 자이다(동법 제87조 제1항).
	(3) 피청구인
	재심사의 청구는 원처분 등을 행한 직업안정기관의 장을 상대방으로 한다(동법 제100조).
	(4) 청구기간
	재심사의 청구는 심사청구에 대한 결정이 있음을 안 날부터 90일 이내에 제기하여야 한다(동법 제87조 제2항).
4.	**사안의 경우**
	설문에서 육아휴직급여에 관한 처분에 대해 심사청구결정에 이의가 있는 甲이 심사결정서를 송달받은 2016.5.27.부터 90일 이내에 재심사청구를 고용보험심사위원회에 하였고, 지방 고용노동청장 乙을 상대로 하였으므로 위 甲의 재심사청구는 적법하게 청구되었다고 보인다.

Ⅳ.	수소법원이 내려야 할 판결의 형태
1.	**문제점**
	재결자체의 고유한 위법이 없음에도 불구하고 재결에 대한 취소소송을 제기한 경우 수소법원은 어떠한 판결을 내려야 하는지 여부가 "재결자체의 고유한 위법"의 성질과 관련하여 문제된다.
2.	**학설**
	이에 대해 학설은 ❶ "재결자체의 고유한 위법"은 재결취소소송의 소극적 소송요건임을 이유로 [각하해야 한다는 견해], ❷ "재결자체의 고유한 위법"은 본안판단의 요소로 보아 [기각해야 한다는 견해]가 대립된다.
3.	**판례**
	대법원은 "소청결정의 자체에 고유한 위법을 주장하는 것으로 볼 수 없어 원고의 청구를 기각해야 한다"고 판시하여 기각설의 입장이다(대판 1993.8.24. 93누5673).
4.	**검토**
	"재결자체의 고유한 위법"은 본안의 심리를 거쳐야 판단할 수 있는 본안판단의 요소이므로 기각해야 한다는 견해가 타당하다. 따라서 이 경우 수소법원은 기각판결을 하여야 한다.

V.	**사안의 검토**
	이상의 검토에 따라 甲의 재심사청구에 대한 고용보험심사위원회의 재심사결정은 '재결자체의 고유한 위법'이 인정되지 아니함에도 불구하고 취소소송의 대상으로 삼은 것은 원고의 청구가 이유 없는 사유에 해당하여 수소법원은 기각판결을 하여야 한다고 봄이 타당하다.

★★★
준사례

03 재결에 대한 항고소송과 원고적격

┌─────────────────────────────────────┐
│   20××년 제×회 공인노무사 시험   │
└─────────────────────────────────────┘

A회사에 근무하는 근로자 甲은 사용자와의 임금인상에 관한 문제를 해결하고 근로조건의 개선을 도모하고자 A회사의 노동조합을 조직한 뒤, 적법하게 설립신고 절차까지 완료하였다. A회사는 노동조합의 설립에 주도적이었던 근로자 甲을 못마땅하게 여겨 불성실한 근무태도를 이유로 甲에게 해고통보하였다. 甲은 관할 지방노동위원회에 구제신청을 하였으나, 받아들여지지 아니하자, 중앙노동위원회에 재심을 신청하였다. 이에 대해 중앙노동위원회는 부당해고로 볼 충분한 근거를 소명하지 못하였음을 이유로 기각한다는 내용의 재심판정을 하였다. 이 때 A노동조합이 재심판정의 취소를 구하는 행정소송을 제기할 수 있는가? (25점)

목차

Ⅰ. 사안의 쟁점

취소소송의 제기가 적법하기 위해서는 ① 취소소송의 대상이 처분등에 해당하여야 하고(행정소송법 제19조 및 제2조 제1항), ② 원고가 법률상 이익을 갖어야 하며(동법 제12조 1문), ③ 협의의 소익을 갖추어(동법 제12조 2문), ④ 처분청을 상대로(동법 제13조), ⑤ 필수적 전심절차의 경우 그 전심절차 등을 거쳐 제기되어야 한다. 사안의 경우에는 ① 소의 대상이 적법한지, ② 원고적격, ③ 전심절차의 준수 여부가 문제된다.

Ⅱ. 취소소송의 대상이 적법한지 여부

1. 취소소송의 대상에 관한 입법주의

이에 대해 ① [원처분주의]이란 원처분과 재결 모두에 대해 항고소송을 제기할 수 있으나, 원처분의 위법은 원처분에 대한 항고소송에서만 주장할 수 있고, 재결에 대한 항고소송에서는 재결 자체의 고유한 하자에 대해서만 주장할 수 있는 제도를 말한다. ② [재결주의]는 재결이 있는 경우에 원처분에 대해서는 제소가 불가능하고 재결에 대해서만 행정소송의 대상이 되며, 다만 원처분의 위법사유도 아울러 주장할 수 있다는 원칙을 의미한다.

2. 현행 행정소송법의 태도(원처분주의)

현행 행정소송법 제19조는 원처분주의를 택하고 있으나, 개별법률의 규정에 의해 재결주의가 예외적으로 인정될 수 있다.

3.	**노동위원회의 구제명령의 경우**
	(1) 근로기준법의 태도
	근로기준법 제31조 제2항에 따라 "중앙노동위원회의 재심판정에 대하여 사용자나 근로자는 재심판정서를 송달받은 날부터 15일 이내에 행정소송법의 규정에 따라 소를 제기할 수 있다"고 규정하고 있다. 동 규정에 대해 재결주의를 명문화한 것인지에 대해 다수견해는 재결주의를 명문화한 것으로 본다.
	(2) 판례
	대법원도 "지방노동위원회의 처분에 대하여 불복하기 위해서는 중앙노동위원회에 재심을 신청하고 재심판정의 취소를 구하는 소를 제기해야 한다"고 판시하여 재결주의를 규정하였다고 본다.
	(3) 검토
	노동위원회의 구제명령의 특성상 재결주의를 규정한 것으로 봄이 타당하다. 따라서 재심판정을 취소소송의 대상으로 삼은 것은 적법하다.
Ⅲ.	**필수적 전심절차의 준수 여부**
	중앙노동위원회의 재심청구는 특별행정심판에 해당하고 행정소송법 제18조의 임의적 전치주의에도 불구하고 근로기준법 제31조 제1항의 재심판정은 필수적 전심절차로 보는 것이 판례의 입장이다. 사안의 이러한 재심판정을 거쳤으므로 전심절차도 준수하였다.

Ⅳ.	A노동조합의 원고적격
1.	원고적격의 의의 및 근거
	(1) 원고적격의 의의
	취소소송의 원고적격이란 "취소소송을 제기할 법률상 자격 및 권한(소권)"을 말
	한다. 남소를 방지하기 위한 소송요건이다.
	(2) 법적 근거
	행정소송법 제12조 1문은 "법률상 이익"으로 규정하고 있다.
2.	**"법률상 이익"의 인정범위**
	(1) 문제점
	취소소송의 성질과 그 목적에 따라 원고적격의 인정범위에 대해 견해가 대립된다.
	(2) 학설
	이에 대해 학설은 ❶ 권리를 침해당한 자만이 소를 제기할 수 있다는 [권리회복
	설], ❷ "처분의 근거법규 및 관련법규의 목적론적 해석에 따라 보호되는 개별·직
	접·구체적인 이익"을 갖는 자만이 소를 제기할 수 있다는 [법률상 보호이익구제설],
	❸ 권리 내지 법률상 이익을 침해받은 자와 "실질적으로 보호할 가치가 있는 이
	익"을 갖는 자도 소를 제기할 수 있다는 [보호가치 있는 이익구제설], ❹ "당해 처분
	을 다툼에 있어 가장 적합한 이해관계를 가진 자"에게 원고적격을 인정해야 한다
	는 [적법성보장설]이 대립된다.
	(3) 판례의 태도
	판례는 "당해처분의 근거법규(관련법규를 포함) 및 일련의 단계적인 근거법규에
	의해 명시적으로 보호받는 이익 및 근거법규 및 관련법규의 합리적 해석상 보호되는

개별·직접·구체적 이익"으로 판단하여 [법률상 보호이익구제설]을 취하는 것으로 보인다.

(4) 검토

취소소송의 주관소송성과 의회민주주의의 원칙상 [법률상 보호이익구제설]이 타당하다고 생각된다.

3. 사안의 경우

대법원은 "부당해고 등에 대한 구제신청에 있어, 신청인이 될 수 있는 자는 해고 등의 불이익처분을 받은 '당해 근로자'뿐이고 노동조합은 이에 포함되지 않는다(대판 1993.5.26. 92누12452)"고 판시하여 부당해고구제신청에서 노동조합의 원고적격을 인정하지 않는다. 근로기준법상 부당해고구제신청은 당해 근로자 개인의 신속하고 간이한 행정적 구제제도를 위한 것이므로 노동조합은 "법률상 이익"을 갖는 자로 볼 수 없다고 판단된다.

V. 사안의 검토

이상의 검토에 따라 A노동조합은 중앙노동위원회의 재심판정을 다툴 법률상 이익이 없으므로 이에 대한 취소소송을 제기할 수 없을 것이다.

04 노동조합의 원고적격

K사립대학교 교직원들로 구성된 甲노동조합은 『노동조합 및 노동관계조정법』(이하 "노조법"이라 한다)에 따라 적법하게 노동조합설립신고를 필하고 약 300여 명을 조합원으로 하는 교직원노동조합이다. 그런데 교육부장관은 K사립대학교의 개방이사선임과정에서 빚어진 분쟁이 점차 해결될 조짐을 보이지 않자 사립학교법상 사학분쟁조정위원회의 심의를 거쳐 이사 8인과 임시이사 1인을 강제선임한 바 있다. 이에 위 甲노동조합에 소속된 교직원 乙 등은 이에 반발하며 1인 시위를 하였는데, K사립대학교 총장 丙은 이에 乙을 해고통보하였다. 이에 乙은 「근로기준법」 및 「노동위원회법」에 따라 지방노동위원회에 부당노동행위구제신청을 하였으나, 기각되자 재차 중앙노동위원회에 재심을 신청하였으나 마찬가지로 乙의 청구를 기각하는 내용의 재심판정을 받았다. 이 사안에서 甲노동조합은 위 교육부장관의 강제이사선임처분과 乙에 대한 재심판정을 다툴 행정소송법 제12조의 법률상 이익이 인정되는지 여부를 검토하시오(※ 헌법 제31조 제4항은 교육의 자주성은 법률이 정하는 바에 의하여 보장된다고 천명하고 있고, 이러한 헌법정신을 구현하기 위하여 교육기본법 제5조 제2항은 학교운영의 자율성은 존중되며, 교직원·학생·학부모 및 지역주민 등은 법령으로 정하는 바에 따라 학교운영에 참여할 수 있다고 규정하고 있다). (25점)

목차

Ⅰ. 사안의 쟁점

설문의 경우 甲노동조합이 교육부장관의 강제이사선임처분과 중앙노동위원회의 재심판정을 다투기 위해서는 甲노동조합이 행정소송법 제12조에 따른 법률상이익, 즉 원고적격이 인정되어야 하는바, 이하에서는 이에 대하여 검토하여 본다.

Ⅱ. 원고적격의 의의 및 인정취지

1. 원고적격의 의의

원고적격이란 "행정소송을 제기할 수 있는 법률상 자격 및 권한(소권)"을 말한다. 행정소송법 제12조 1문은 "법률상 이익"으로 규정하고 있다.

2. 인정취지

원고적격은 남소를 방지하기 위해 인정된 소송요건으로서, 동요건이 흠결될 경우 법원은 소송판결로서 각하판결을 하여야 한다.

Ⅲ. 원고적격의 "법률상 이익"의 인정범위

1. "법률"의 범위

(1) 문제점

원고적격을 판단하는 근거인 "법률"의 범위를 어디까지 볼 것인지에 대해 견해가 대립된다.

(2) 학설

원고적격의 판단근거인 "법률"의 범위에 대해, ❶ 당해 처분의 근거가 되는 법률의 규정과 취지만을 고려해야 한다는 견해, ❷ 근거 법률의 규정과 취지 이외에도 관련법령의 취지를 아울러 고려해야 한다는 견해, ❸ 근거 법률의 규정과 취지, 관련법령의 취지 이외에도 헌법상의 기본권규정도 고려해야 한다는 견해가 있으나 마지막 견해가 일반적이다.

(3) 판례의 태도

헌법재판소는 "청구인의 기본권인 경쟁의 자유가 바로 행정청의 지정행위의 취소를 구할 법률상 이익이 된다"고 판시하여 헌법상 기본권규정도 고려하는 입장이다(헌재 1998.4.30. 97헌마14). 대법원은 처분의 근거법규 및 관련법규까지 고려하고 있었으나(대판 2005.5.12. 2004두14229), 최근 헌법상 기본권규정까지 고려하여 판단하는 입장도 보이고 있는 추세이다.

(4) 검토

오늘날 개인적 공권의 확대화경향과 기본권보장국가의 중요성이 강조되는바, 헌법상 기본권규정까지도 고려하는 견해가 실질적 법치주의의 원칙상 타당하다고 생각된다.

2. 법률상 "이익"의 인정범위

(1) 문제점

법률상 이익의 범위를 어디까지로 볼지에 대해 취소소송의 목적과 성질에 따라 견해가 대립된다.

(2) 학설

이에 대해 학설은 ❶ 권리를 침해당한 자만이 소를 제기할 수 있다는 [권리회복설], ❷ "처분의 근거법규 및 관련법규의 목적론적 해석에 따라 보호되는 개별·직접·구체적인 이익"을 갖는 자만이 소를 제기할 수 있다는 [법률상 보호이익구제설],

❸ 권리 내지 법률상 이익을 침해받은 자와 "실질적으로 보호할 가치가 있는 이익"을 갖는 자도 소를 제기할 수 있다는 [보호가치 있는 이익구제설], ❹ "당해 처분을 다툼에 있어 가장 적합한 이해관계를 가진 자"에게 원고적격을 인정해야 한다는 [적법성보장설]이 대립된다.

(3) 판례의 태도

판례는 "당해처분의 근거법규(관련법규를 포함) 및 일련의 단계적인 근거법규에 의해 명시적으로 보호받는 이익 및 근거법규 및 관련법규의 합리적 해석상 보호되는 개별·직접·구체적 이익"으로 판단하여 [법률상 보호이익구제설]을 취하는 것으로 보인다.

(4) 검토

취소소송의 주관소송성과 의회민주주의의 원칙상 [법률상 보호이익구제설]이 타당하다고 생각된다.

VI. 판례 및 사안의 검토

1. 교육부장관의 강제이사선임처분의 경우

(1) 판례

대법원은 "개방이사 제도에 관한 법령의 규정 내용과 입법 취지 등을 종합하여 보면, 구 사립학교법 및 헌법 제31조 제4항에 정한 교육의 자주성과 대학의 자율성에 근거한 대학교 교수협의회와 총학생회의 학교운영참여권을 구체화하여 이를 보호하고 있다고 해석되므로, 대학교 교수협의회와 총학생회는 이사선임처분을 다툴 법률상 이익을 가지지만, 고등교육법령은 교육받을 권리나 학문의 자유를 실현하는 수단으로서 학생회와 교수회와는 달리 학교의 직원으로 구성된 노동조합의 성립을 예정하고 있지 아니하고, 노동조합은 근로자가 주체가 되어 자주적으로 단결하여 근로조건의 유지·개선 기타 근로자의 경제적·사회적 지위의 향상을 도모하기 위하여 조직된 단체인 점 등을 고려할 때, 학교의 직원으로 구성된 노동조합이 교육받을 권리나 학문의 자유를 실현하는 수단으로서 직접 기능한다고 볼 수는 없으므로, 개방이사에 관한 구 사립학교법과 구 사립학교법 시행령 및 법인 정관 규정이 학교직원들로 구성된 전국대학노동조합 대학교지부의 법률상 이익까지 보호하고 있는 것으로 해석할 수는 없다"고 판시하여 교직원노동조합의 법률상 이익을 부정한 바 있다(대판 2015.7.23. 2012두19496).

(2) 검토

설문의 경우 甲노동조합은 교육기본법 및 사립학교법 및 고등교육법의 취지를 고려할 때 대학의 자율과 운영에 관한 학생이나 교수가 아닌 교직원노동조합이므로 교육의 당사자가 아니므로 동법에서 규정한 학교운영에 관한 참여권이 보장된다고 보기 어려우므로 원고적격이 부정된다고 해석된다.

2. 중앙노동위원회의 재심판정의 경우

(1) 판례

대법원은 "사용자의 부당노동행위로 인하여 그 권리를 침해당한 근로자 또는 노동조합은 노동위원회에 그 구제를 신청할 수 있도록 되어 있으므로 노동조합을 조직하려고 하였다는 것을 이유로 근로자에 대하여 한 부당노동행위에 대하여는 후에 설립된 노동조합도 독자적인 구제신청권을 가지고 있다고 보아야 할 것이다"고 판시하여 부당노동행위에 대한 재심판정의 당사자적격을 긍정한다(대판 1991.1.25. 90누4952).

(2) 검토

근로기준법과 노동위원회법 등 관련조문을 보건대 부당노동행위구제신청은 부당해고구제신청과 달리 집단적 노사관계의 질서를 파괴하는 사용자의 행위를 다투어 근로자의 단결권 및 단체행동권 등을 확보하기 위한 취지가 인정되므로 설문의 경우 甲노동조합은 재심판정을 다툴 법률상 이익을 갖는다고 볼 것이다.

05 피고적격과 피고경정

甲은 다세대주택을 신축하기 위하여 건축사 乙에게 건축설계에서 시공까지 전과정 모두 도급을 주었다. 그런데 건축사 乙은 『고용보험 및 산업재해보상보험의 보험료징수 등에 관한 법률』(이하 '보험료징수법'이라고 한다) 제11조에 따라 위 사업에 관한 사업주를 甲으로 기재한 고용보험·산재보험관계성립신고서를 근로복지공단에 작성·제출하였고, 근로복지공단은 이를 수리한 뒤, 甲에게 고용보험·산재보험관계성립 통지를 하였다. 甲은 자신이 사업주가 아니라고 주장하며 이러한 고용보험·산재보험관계에 기초 하에 고용보험료와 산재보험료부과처분이 내려질 것을 막기 위하여 국민건강보험공단을 상대로 고용·산재보험료 납부의무 부존재확인소송을 관할 행정법원에 제기하였다(※ '보험료징수법'상 근로복지공단은 고용노동부장관으로부터 보험료의 고지 및 수납 등 보험료에 관한 업무를 위임을 받아 수행하는 자이며, 단지 보험료의 체납관리 및 징수업무만이 이 국민건강보험공단으로 위임된 상태이다). 이러한 행정소송의 피고적격의 적법 여부를 검토하고, 만약 부적법한 경우 항소심 도중 甲이 정당한 피고로 바로 잡을 수 있는가(※ 위 행정소송은 피고적격의 문제를 제외하고 적법한 제소요건을 모두 갖춘 행정소송으로 볼 것)? (25점)

목차

Ⅰ.	사안의 쟁점
	설문에서는 우선 고용·산재보험료 납부의무 부존재확인소송은 행정소송법상 당사자소송에 해당하므로 당사자소송의 피고적격을 검토하여 국민건강보험공단이 피고인지를 검토한 후, 만약 피고적격에 문제가 있다면 甲이 누구를 정당한 피고로 하여 행정소송법 제14조에 따른 피고경정을 할 수 있는지 여부가 문제된다.
Ⅱ.	당사자소송의 피고적격
1.	피고적격의 의의
	피고적격이란 "행정소송의 상대방이 될 수 있는 법률상 자격"을 말한다. 행정소송법은 행정소송의 종류, 즉 항고소송, 당사자소송, 기관소송 및 민중소송에 따라 피고적격을 달리한다.
2.	당사자소송의 피고적격
	(가) 행정소송법 제39조는 "당사자소송은 국가, 공공단체 및 그 밖의 권리주체를 피고로 한다"고 규정하고 있다.
	(나) 설문의 경우 국민건강보험공단 및 근로복지공단은 국가 또는 공공단체가 아니므로 "그 밖의 권리주체"에 해당하는지 여부가 문제된다.
3.	보험료징수법상 고용·산재보험료 납부의무 부존재확인소송의 피고적격
	(1) 그 밖의 권리주체의 의미
	"그 밖의 권리주체"란 행정권한을 위임받은 행정주체가 되는 사인, 즉 공무수탁사인을 의미한다고 본다.

	(2) 위 당사자소송의 피고가 대한민국인지 "권리주체"인지 여부
	1) 문제점
	설문의 경우 공무수탁사인이 행정주체의 지위를 갖는다면 공단이 피고가 되겠
	으나 공무수탁사인이 행정기관(행정청)의 지위를 갖는다면 대한민국이 피고가 될
	것이다. 공무수탁사인의 법적 지위가 문제된다.
	2) 공무수탁사인의 법적 지위
	이에 대해 학설은 공무수탁사인은 ❶ [행정기관의 지위를 갖는다는 견해]도 있으
	나, ❷ [행정주체의 지위를 갖는다는 견해]가 통설과 판례의 입장이다. 따라서 설문의
	경우에는 권한을 위임받은 공단이 피고가 되어야 한다.
	(3) 고용·산재보험료 납부의무 부존재확인소송의 "권리주체"가 국민건강보험공단
	인지 여부
	설문의 국민건강보험공단 및 근로복지공단은 "보험료징수법"에 따라 행정사무
	에 관한 권한을 위임받은 사인으로서 공무수탁사인에 해당한다. 문제는 고용·산
	재보험료 납부의무 부존재확인소송과 관계된 사무가 보험료징수 및 체납에 관한
	것인지 여부이다. 사안은 보험료 납부의무에 관한 법률관계이고, 보험료징수처분
	또는 체납처분이 내려지지 않았으므로 보험료징수 및 체납에 관한 사무가 아닌 그
	이외의 사무이다. 따라서 甲은 근로복지공단을 상대로 위 당사자소송을 제기해야
	한다. 판례도 마찬가지이다.
4.	**사안의 검토**
	이상의 검토에 따라 위 당사자소송의 피고는 근로복지공단이 되어야 함에도 불
	구하고 국민건강보험공단을 피고로 하였으므로 피고적격에 문제가 있다 할 것이다.

Ⅲ.	甲이 근로복지공단으로 피고를 경정할 수 있는지 여부

1. 피고경정의 의의

피고경정이란 "행정소송의 계속 도중 피고로 지정된 자를 올바른 피고로 변경하는 것"을 말한다.

2. 근거 및 당사자소송의 적용 여부

피고경정은 행정소송법 제14조의 근거규정을 두고 있다. 이러한 규정은 동법 제44조 제1항에 근거하여 당사자소송에도 준용된다.

3. 피고경정의 요건

(1) 피고경정의 일반적 요건

피고경정은 ① 피고적격의 문제를 제외하고는 변경전의 소가 적법하게 제기된 것이어야 하고, ② 피고경정의 사유에 해당하여야 하며, ③ 고의 또는 중대한 과실의 유무와 피고의 동의를 요할 것 등은 요건이 아니다.

(2) 피고경정의 사유

피고경정의 사유로는 ① 피고의 지정이 잘못된 경우(행정소송법 제14조 제1항), ② 처분에 대한 항고소송의 제기 후 그 권한의 승계가 있는 경우(동법 제13조 제1항 단서), ③ 처분에 대한 항고소송의 제기 후 처분청이 없게 된 경우(동법 제13조 제2항), ④ 소의 변경에 따라 피고를 경정해야 하는 경우(동법 제21조 제2항)가 있다.

(3) 소결

사안의 경우 ① 우선 피고적격의 문제를 제외하고는 적법한 제소요건을 갖추었고, ② "피고의 잘못된 지정"으로 피고경정의 사유는 인정된다. 문제는 이 경우 원고의 신청이 있어야 하는데 항고심 도중에도 원고가 피고경정을 신청할 수 있는지 여부가 문제된다. 이하에서 검토한다.

4. 항소심 도중에 피고경정의 신청을 할 수 있는지 여부

(1) 문제점

사안의 피고경정은 원고의 신청이 있어야 한다. 그런데 이러한 신청의 시간적 기준에 대해 행정소송법은 명문의 규정이 없으므로 행정소송법 제8조 제2항의 규정에 근거하여 민사소송법 제260조가 준용됨에 따라 제1심 계속중에만 피고경정의 신청이 허용되는지에 대해 견해가 대립된다.

(2) 학설

이에 대해 학설은 ❶ 행정소송법 제8조 제2항에 따라 민사소송법 규정이 준용되므로 제1심 계속중에만 피고경정은 허용되고 항소심 도중에는 인정될 수 없다는 [소극설]과, ❷ 행정소송법은 민사소송법과 달리 이에 관한 제약규정이 없으므로 항소심 도중에도 허용될 수 있다는 [적극설]이 대립된다.

(3) 판례

대법원은 "행정소송법 제14조 제1항 소정의 피고경정은 사실심 변론종결시까지만 가능하고 상고심에서는 허용되지 않는다(대판 95누1378)"고 판시하여 항소심 도중에도 이를 허용하고 있다.

(4) 검토 및 소결

항고소송과 민사소송은 그 본질을 달리하고, 행정소송법에서 별다른 제한규정을 두고 있지 않은 점에 비추어 적극설이 타당하다. 따라서 甲은 항소심 도중에도 피고경정을 신청할 수 있다.

IV.	설문의 해결
1.	설문의 경우 생활이상의 검토에 따라 甲이 제기한 고용·산재보험료 납부의무 부존재확인소송의 피고는 근로복지공단이어야 함에도 불구하고 국민건강보험공단을 피고로 삼은 것은 부적법하다.
2.	그러나 항소심 도중이라 甲은 근로복지공단으로 피고를 경정하여 부적법한 피고적격의 문제를 바로잡을 수 있다.

06 협의의 소익

20××년 제×회 공인노무사 시험

건설업자 甲은 정당한 이유 없이 계약을 이행하지 않았음을 이유로 3개월의 입찰참가자격 제한처분을 받았다. 이러한 처분의 기간이 경과하여 甲은 공사입찰에 참가할 수 있게 되었으나, 관련회계규정에 따르면 "입찰참가자격제한을 받고 당해 제한기간 만료 후 1년 이상 경과하지 아니한 자에 대하여는 일정한 공사계약의 계약상대자로서 소정의 선금지급을 받을 수 없게 된다"는 규정이 있어 공사의 수주를 받아도 선금지급을 받을 수 없게 되자 위 입찰참가자격 제한처분에 대한 취소소송을 제기하기에 이르렀다. 이러한 취소소송의 협의의 소익은 있는 것인가? (25점)

목차

Ⅰ.	**쟁점의 정리**
	취소소송은 위법한 처분의 효력을 상실시키는 행정소송이다. 이러한 취소소송의 대상인 처분이 실효되었으나 과거에 잔존하였던 처분으로 말미암아 사안처럼 일정한 불이익의 위험이 존재하는 경우 취소소송을 제기할 협의의 소익이 인정될 수 있는지 여부가 문제된다.
Ⅱ.	**협의의 소익의 의의 및 근거**
1.	**협의의 소익의 의의**
	협의의 소익이란 "원고의 소송상 청구에 대하여 본안판결을 구하는 것을 정당화시킬 수 있는 구체적 실익 내지 현실적 필요성"을 말한다.
2.	**인정취지**
	협의의 소익은 판결의 실효성을 확보하고 소송경제차원에서 요구되는 제소요건이다.
Ⅲ.	**행정소송법 제12조 2문의 규정의 성질**
1.	**행정소송법 제12조 2문의 규정의 성질**
	동규정에 대하여 ❶ [원고적격설(입법비과오설)]과, ❷ 협의의 소익을 규정한 것으로 보는 [협의 소익규정설(입법과오설)]이 대립한다. 후설이 다수의 견해이며 타당하다.

2.	**동규정에 의한 취소소송의 성질**
	이에 대해 ❶ 처분의 효력이 소멸한 경우에는 이를 형성소송으로 이해할 수다
	는 이유로 처분의 효력이 소멸한 경우에 제기되는 [위법확인의 계속적 확인소송설]
	과, ❷ 과거에 존재하였던 처분의 효력을 소급하여 소멸시키는 [소급목적의 형성소
	송설]이 대립한다.
Ⅳ.	**실효한 침익적 처분에 대한 취소소송에서의 협의의 소익**
1.	**원칙**
	취소소송에서 처분이 기간의 경과 등으로 인하여 처분의 효력이 상실되는 경우
	원칙적으로 협의의 소익이 인정되지 않는다. 그러나 행정소송법 제12조 2문에 따
	라 "회복될 법률상 이익"이 있는 경우에는 협의의 소익이 예외적으로 인정된다. 따
	라서 "회복될 법률상 이익"의 인정범위가 문제된다.
2.	**"회복될 법률상 이익"의 인정범위**
	(1) 문제점
	행정소송법 제12조 2문에 따라 실효한 처분의 경우 협의의 소익을 인정할 수 있
	을 것인지와 관련하여 '회복되는 법률상 이익'의 범위가 문제된다.
	(2) 학설
	행정소송법 제12조 2문의 '회복되는 법률상 이익'의 해석과 관련하여 ❶ 명예 ·
	신용 등은 법률상 이익에 포함되지 않고 재산상 이익에 한정된다는 [소극설; 재산적
	이익설], ❷ 재산적 이익뿐만 아니라 명예 · 신용 등의 인격적 이익도 포함될 수 있
	다는 [적극설; 명예 · 신용상 이익설], ❸ 처분의 위법확인에 대한 정당한 이익으로

보아 법률상 이익보다 넓은 것으로 보는 [정당한 이익설]이 주장되고 있다.

(3) 판례

대법원 "처분으로 인하여 명예, 신용 등 인격적인 이익이 침해되어 그 침해상태가 자격정지기간 경과 후까지 잔존한다 하더라도 이와 같은 불이익은 동 처분의 직접적인 결과라고 할 수 없다"고 하여 기본적으로 ❶설(소극설)의 입장을 취하는 것으로 보인다.

(4) 검토

행정소송법 제12조 2문에서 실효한 행정처분에 대한 취소소송은 처분의 효력을 제기하기 위한 형성소송으로 볼 수 없으므로, 처분의 위법성을 확인하는 계속적 확인소송으로 봄이 타당하다. 따라서 동법상의 법률상 이익은 처분의 위법확인에 대한 정당한 이익으로 보는 것이 국민의 권리구제관점에서 타당하다.

V. 사안의 구체적 검토

1. 문제점

처분의 효력은 실효하였으나 관련회계규정에서 과거에 존재했던 처분으로 말미암아 장래에 불이익하게 취급될 규정하고 있는 경우 이러한 회계규정의 성질여하에 따라 협의의 소익이 달라지는지에 대해 견해가 대립된다.

2. 학설

이에 대해 ❶ 규정의 법적 성질을 기준으로 법규명령에 해당하는 경우 협의의 소익을 긍정하고 행정규칙으로 보는 경우 협의의 소익을 부정해야 한다는 견해(법규성여하에 따라 결정하는 견해)와, ❷ 규정의 성질과 관계없이 현실적으로 장래에 잔존하는 처분으로 말미암아 불이익하게 취급될 위험이 존재하면 협의의 소익을 긍정해야 한다는 견해(현실적 불이익의 가능성으로 결정하는 견해)가 대립된다.

3.	**판례**
	대법원은 종래 ❶설의 입장에서 법규명령에 대해서만 협의의 소익을 긍정하였으나, 최근 대법원판례에서는 이 입장을 변경하여 ❷설의 입장에서 장래에 가중적 제재처분을 받을 불이익, 즉 후행처분의 위험은 구체적이고 현실적인 것임을 이유로 협의의 소익을 긍정하는 입장으로 변경하였다.
4.	**검토**
	협의의 소익은 원고적격과 달리 본안판결을 할 현실적 타당성에서 인정되는 구체적·현실적 소송요건이므로 협의의 소익 본질상 ❷설의 입장이 타당하다. 따라서 사안의 경우 관련회계규정의 법적 성질과 관계없이 건설업자 甲의 받을 위험은 현실적이고 구체적으로 존재하므로 협의의 소익을 인정함이 마땅하다. 그러나 판례는 동일한 사안에서 "행정명령에 불과한 회계예규에서 부정당업자로 제재 받은 후 1년이 경과하지 아니한 자는 국가가 발주하는 공사계약의 연대보증인이 될 수 없게 되었다거나, 입찰참가자격제한을 받고 당해 제한기간 만료 후 1년 이상 경과하지 아니한 자에 대하여는 일정한 공사계약의 계약상대자로서 소정의 선금지급을 받을 수 없게 되었다 하더라도, 이는 사실상·경제상의 불이익에 불과할 뿐 그 취소 또는 무효확인을 구할 법률상의 이익이 있는 것이라고 볼 수 없다(대판 95누4087)"고 판시하여 협의의 소익을 부정한 바 있다.

07 취소소송의 제소기간

20××년 제×회 공인노무사 시험

보건복지부장관은 2017.12.20. 개정된 보건복지부령 제377호 「국민건강보험 요양급여의 기준에 관한 규칙」(이하 '요양급여규칙'이라 함)에 따라 보건복지부 고시인 '약제급여목록 및 급여상한금액표'를 개정하여 2018.9.23. 고시하면서, 기존에 요양급여대상으로 등재되어 있던 제약회사 甲(이하 '甲'이라 함)의 A약품이 2016.1.1.부터 2017.12.31.까지의 2년간 보험급여 청구실적이 없는 약제에 해당한다는 이유로 위 고시 별지4 '약제급여목록 및 급여상한금액표 중 삭제품목'란(이하 '이 사건 고시'라 함)에 A약품을 등재하였다. 요양급여대상에서 삭제되면 국민건강보험의 요양급여를 받을 수 없어 해당 약제를 구입할 경우 전액 자기부담으로 구입하여야 하고 해당 약제에 대해 요양급여를 청구하여도 요양급여청구가 거부되므로 해당 약제의 판매 저하가 우려된다. 이에 제약회사 甲은 이 사건 고시가 있은지 1개월 후에야 고시가 있었음을 알았다고 주장하며 이 사건 고시가 있은 날로부터 94일째인 2018.12.26. 이 사건 고시에 대한 취소소송을 제기하였다. 甲이 제기한 이 사건 소가 제소기간을 준수하였는지를 검토하시오. (25점)

목차

I.	**사안의 쟁점**
	행정소송법 제20조에 따라 甲이 제기한 이 사건 고시에 관한 취소소송이 제소기간을 준수한 것인지와 관련하여 우선 취소소송의 제소기간에 대하여 살펴본 뒤, 공고 및 고시에 의한 처분의 경우 불특정 다수인에게 앎을 간주하여 행정소송법 제20조 제1항의 기간을 적용할 수 있는지 여부와 제소기간의 기산점이 문제된다.
II.	**취소소송의 제소기간**
1.	**제소기간의 의의**
	취소소송의 제소기간이란 "처분의 상대방 등이 취소소송을 제기할 수 있는 시간적 간격"을 말한다.
2.	**제소기간의 인정취지**
	처분 등의 효력을 오랫동안 불안정한 상태에 두게 될 때 야기되는 행정법관계의 불안정성을 없애기 위해, 행정소송법 제20조는 취소소송에서 제소기간을 규정하고 있다.
3.	**취소소송의 제소기간**
	행정소송법 제20조에서는 처분등이 있음을 상대방이 안 경우에는 이러한 사실을 안 날로부터 90일 이내에, 처분등이 있었음을 알지 못하는 경우에는 그에 대한 '정당한 사유'가 없는 한 처분등이 있은 날로부터 1년 내에 취소소송을 제기하도록 규정하고 있다.

Ⅲ.	공고 및 고시된 처분의 경우 제소기간의 산정
1.	행정소송법 제20조 제1항 본문의 적용 여부

(1) 문제점

 법률관계의 획일적인 처리를 위하여 공고 또는 고시가 효력을 발생하는 날 알았다고 보아 제소기간을 산정할 것인지(앎의 간주), 당사자의 권리구제의 기회를 보장하기 위하여 현실적으로 안 날로부터 90일의 기간을 적용할 것인지에 대해 견해가 대립된다.

(2) 학설

 이에 대해 학설은 ❶ 앎을 간주하여 [공고 또는 고시가 효력을 발생하는 날로부터 90일]을 적용해야 한다는 견해와, ❷ 상대방이 [현실적으로 안 날로부터 90일]을 적용해야 한다는 견해가 대립된다.

(3) 판례

 대법원은 "통상 고시 또는 공고에 의하여 행정처분을 하는 경우에는 그 처분의 상대방이 불특정 다수인이고 그 처분의 효력이 불특정 다수인에게 일률적으로 적용되는 것이므로, 그 행정처분에 이해관계를 갖는 자가 고시 또는 공고가 있었다는 사실을 현실적으로 알았는지 여부에 관계없이 고시가 효력을 발생하는 날 행정처분이 있음을 알았다고 보아야 한다(대판 2004두619)"고 판시하여 앎을 간주하고 있다.

(4) 검토

 불특정 다수인에 대한 공고 또는 고시에 의한 처분은 공법관계의 획일성이 강하게 요구된다는 점에서 특별한 사정이 없는 한 앎을 간주하는 판례의 태도가 타당하다고 생각된다.

2.	처분이 "있은 날"의 의미
	(1) 문제점
	처분이 '있은 날'이란 처분의 효력이 발생하는 날을 의미한다. 문제는 설문과 같은 공고·고시 처분의 경우 이러한 처분의 효력이 언제부터 발생하는지에 대해서는 견해가 대립된다.
	(2) 학설
	이에 대해 학설은 ❶ 행정절차법 제14조를 적용하여 [고시가 있은 날로부터 14일이라는 견해], ❷ 사무관리규정을 적용하여 [고시가 있은 날로부터 5일이라는 견해], ❸ 공고·고시일이 바로 효력을 발생하는 날이라는 견해인 [공고·고시일설]이 대립된다.
	(3) 판례
	대법원은 "사업시행인가처분은 사무관리규정 제8조 제2항에 의하여 인가 및 고시가 있은 후 5일이 경과한 날부터 효력이 발생한다고 할 것이고, 따라서 위 법리에 의하면 이해관계인은 특별한 사정이 없는 한 그 때 처분이 있음을 알았다고 할 것이므로, 그 취소를 구하는 소의 제소기간은 그 때부터 기산된다"고 판시하여 고시일로부터 5일이 지나야 효력을 발생한다고 본다(대판 2010.12.9. 2009두4913).
	(4) 검토
	사무관리규정은 행정절차법의 특별법적 성격을 가지므로 사무관리규정을 우선적용하여 공고일로부터 5일이 경과한 시점을 제소기간의 기산점으로 봄이 타당하다.

Ⅳ.	**사안의 해결**
	이상의 검토에 따라 설문의 경우에는 고시일인 2018.9.23.에 고시가 있은 날로부터 94일째인 2018.12.26. 이 사건 고시에 대한 취소소송을 제기한 것은 취소소송의 제소기간을 준수한 적법한 제소이다.

08 항고소송의 소송참가

20××년 제×회 공인노무사 시험

P광역시 K구에 위치하는 토지를 소유한 甲은 자신 토지상에 주택을 신축하기 위하여 허가권자인 K구청장 乙에게 건축허가를 신청하였다. 이에 구청장 乙은 甲의 신청을 인용하여 건축허가를 하려 하였으나, P광역시장 丙으로부터 甲의 소유 토지를 포함한 K구 일대의 지역을 조만간 개발제한구역으로 지정할 예정이니 甲의 건축허가를 반려하여 줄 것을 요청받자 그 뜻에 따라 甲의 신청를 반려하였다. 甲이 이에 대하여 乙을 상대로 취소소송을 제기한 경우, 乙은 P광역시 또는 시장 丙을 소송에 참가시켜 이들로 하여금 실질적인 소송수행을 하게 할 수 있는가(※ 甲이 제기한 취소소송은 적법한 것임을 전제로 할 것)? (25점)

Ⅰ.	사안의 쟁점
	행정소송법 제16조에 따라 P광역시를 제3자의 소송참가로, 동법 제17조에 따라
	시장 丙을 행정청의 소송참가로 각각 소송참가시킬 수 있는지 여부가 문제되고,
	만약 가능한 경우 참가인이 피고인 구청장 乙을 대신하여 사실상 소송수행을 대신
	할 수 있는지 여부가 참가인의 법적 지위와 관련하여 문제된다.
Ⅱ.	P광역시를 소송참가시킬 수 있는지 여부
1.	제3자 소송참가의 의의
	법원은 소송의 결과에 따라 권리 또는 이익의 침해를 받을 제3자가 있는 경우에
	는, 당사자 또는 제3자의 신청 또는 직권에 의하여 결정으로써 제3자를 소송에 참
	가시킬 수 있다(행정소송법 제16조 제1항).
2.	소송참가의 요건
	(1) 타인 간의 소송이 계속 중일 것
	적법한 소송이 계속 중인 경우이면 족하고, 소송이 어느 심급에 있는가는 불문한다.
	(2) 소송의 결과에 따라 권익침해를 받을 제3자일 것
	1) 제3자의 의미
	제3자란 당해 소송당사자 이외의 자를 말하는 것으로, 국가 및 공공단체는 이에
	포함되나 행정청은 이에 해당되지 않는다.
	2) 소송의 결과에 따른 권리 또는 이익의 침해
	여기에서 말한 "소송의 결과"란 판결주문에 있어서의 소송물 자체에 대한 판단
	을 말하며, "권리 또는 이익"이란 그 문언에도 불구하고 행정소송법 제12조의 취지에

		비추어 "법률상 이익"을 의미한다고 본다.
3.		소송참가의 절차
		(1) 소송당사자 및 제3자의 참가신청
		참가신청이 있으면 법원은 결정으로써 허가 또는 각하의 재판을 하고, 법원이 제3자의 참가를 허가하기 전에 미리 당사자 및 제3자의 의견을 들어야 한다.
		(2) 직권에 의하는 경우
		직권소송참가의 경우에는 법원은 결정으로써 제3자에게 참가를 명한다. 법원은 참가를 명하는 결정을 하고자 할 때에는 미리 당사자 및 제3자의 의견을 들어야 한다.
4.		사안의 경우
		타인 간의 적법한 행정소송이 계속 중이며, P광역시는 제3자에 포함된다. 또한 P광역시의 권한행사나 그 이익과 관련은 있으나 건축허가거부처분의 취소판결이 내려진다 하여도 건축허가처분이 반드시 발령되는 것은 아니며, 부작위상태가 될 뿐이고 이로 인해 P광역시의 법률상 이익의 침해가 근거법률인 건축법에서 보호되는 이익으로 보기도 어렵다. 따라서 P광역시의 소송참가는 허용될 수 없다.
Ⅲ.		시장 丙을 소송참가시킬 수 있는지 여부
1.		행정청 소송참가의 의의
		법원은 다른 행정청을 소송에 참가시킬 필요가 있다고 인정할 때에는 당사자 또는 당해 행정청의 신청 또는 직권에 의하여 결정으로써 그 행정청을 소송에 참가

시킬 수 있다(동법 제17조 제1항).

2. 소송참가의 요건

행정청의 소송참가가 인정되기 위해서는 ① 타인 간의 취소소송이 계속되어야 하고, ② 행정청은 피고행정청 이외의 다른 행정청으로서 처분이나 재결에 관계있는 행정청에 해당되어야 하며, ③ 법원이 참가시킬 필요가 있다고 인정할 때 법원의 결정으로써 하게 된다.

3. 소송참가의 절차

소송당사자나 당해 행정청의 신청 또는 직권에 의한다. 소송참가의 인정을 결정하기 전에는 미리 당사자 및 당해 행정청의 의견을 들어야 한다.

4. 사안의 경우

시장 丙은 K구청장의 상급행정청으로서 P광역시의 사무처리를 이유로 실질적으로 거부를 행사를 지시하였으므로, 건축허가불허가처분의 관계된 행정청에 해당한다. 또한 참가의 필요성도 인정된다고 보인다. 따라서 피고인 구청장 乙은 신청을 통해 시장 丙을 소송에 참가시킬 수 있다.

Ⅳ. 참가인의 실질적 소송수행의 가능성

행정청의 소송참가로 소송에 참가한 행정청은 보조참가인에 준하는 지위에서 소송을 하게 된다. 이때 민사소송법 제76조의 규정이 준용됨에 따라 참가행정청은 소송정도에 따라서 공격·방어, 이의, 상소 기타 모든 소송행위를 할 수 있으나,

이러한 소송행위가 피참가인의 소송행위와 저촉되는 때에는 효력을 상실하게 된다(행정소송법 제17조 제3항).

V. 사안의 검토

이상의 검토에 따라 피고인 구청장 乙은 행정소송법 제17조에 근거하여 신청을 통해 광역시장 丙만을 위 취소소송에 참가시킬 수 있고, 이 경우 시장 丙은 乙을 대신하여 실질적인 소송수행을 할 수는 있으나 피참가인의 소송상 행위와 저촉되는 부분은 그 효력을 상실하므로 그러한 한도 내의 소송상 행위는 제한된다고 볼 것이다.

09 집행정지의 요건과 파견법상 시정지시의 처분성

20××년 제×회 공인노무사 시험

P주식회사 甲은 제과 제조 및 판매업 등을 사업목적으로 하는 법인으로서 개인사업자들(이하 '가맹점사업자'라 한다)과 가맹계약을 체결하여 '○○바케드'라는 상호로 가맹사업을 영위하고 있다. 그런데 가맹점사업자들은 甲과 맺은 업무협정서에 따라 甲의 협력업체들로부터 제빵기사와 카페기사의 노무를 제공받고 있었으나, 가맹사업자들이 이들 제빵기사와 카페기사들과 도급계약을 체결하여 가맹점을 운영하고 있었다. 고용노동부는 2017.9.11.부터 2017.9.13.까지 甲에 대한 근로감독을 실시하면서 위와 같은 사실을 적발하고, 이는 「파견근로자보호 등에 관한 법률」(이하 '파견법'이라 한다) 제6조의2의 사업자의 고용의무를 위반하였다고 보아 가맹점사업자들과 도급계약이 체결된 114명의 제빵기사와 카페기사를 2017.11.19.까지 직접고용할 것을 지시하는 내용의 시정지시를 하면서 만약 이 시기까지 직접고용을 하지 않는 경우 '파견법' 제46조 제2항에 따라 530억 상당의 과태료를 부과·징수할 수 있음을 2017.9.28.에 통지하였다. 이에 甲은 이 같은 내용의 시정지시에 따라 위 114명의 제빵기사와 카페기사를 직접고용할 경우 본안소송에서 승소한다 할지라도 이미 체결된 근로계약을 종전으로 돌리는 것은 불가능하고, 이에 따르지 아니하여 위 530억의 과태료를 납부하게 되면 경영상 중대한 위기에 처할 위험이 있다고 주장하면서 관할법원에 위 시정지시에 대한 취소소송을 제기함과 동시에 1심판결선고시까지 그 집행의 정지를 구하는 내용의 집행정지신청을 하였다. 수소법원은 甲의 집행정지신청에 대하여 어떠한 결정을 할 것으로 예상되는가? (25점)

목차

Ⅰ.	쟁점의 정리
	설문에서는 ① 우선 甲의 집행정지신청이 인용될지와 관련하여 행정소송법 제
	23조 제2항 및 제3항에 따른 집행정지의 요건을 충족하는지 여부를 검토하여야
	한다. ② 이와 관련하여 특히 위 고용노동부장관의 시정지시가 취소소송의 대상인
	처분으로 볼 수 있을지가 문제되는바, 이하에서 자세히 검토한다.
Ⅱ.	甲의 집행정지신청의 요건충족 여부
1.	집행정지의 의의 및 성질
	(1) 집행정지의 의의
	집행정지란 "취소소송이 제기된 처분 등이나 그 집행 또는 절차의 속행으로 인
	하여 생길 회복하기 어려운 손해를 예방하기 위하여 긴급한 필요가 있다고 인정할
	때 법원이 당사자의 신청 또는 직권에 의해 그 집행을 잠정적으로 정지하도록 결
	정하는 것"을 말한다(행정소송법 제23조 제2항·제3항).
	(2) 집행정지결정의 법적 성질
	집행정지는 사법작용에 해당하며 소극적인 가구제제도에 해당한다.
2.	집행정지결정의 인용요건
	(1) 적극적 요건
	집행정지결정의 적극적 요건으로서 ① 집행정지의 대상인 처분등이 존재하여야
	하고, ② 적법한 본안소송이 수소법원에 계속중이어야 하며, ③ 회복하기 어려운
	손해발생의 가능성이 있어야 하며, ④ 본안판결을 기다릴 시간적 여유가 없어야
	하며, ⑤ 원고의 신청의 이익이 있어야 한다.

(2) 소극적 요건

집행정지는 ① 행정소송법 제23조 제3항에 따라 집행정지결정이 공공복리에 대한 중대한 영향을 미칠 우려가 없어야 하며, ② 학설과 판례상 견해가 대립되기는 하나 원고의 청구가 이유 없음이 명백하지 아니하여야 한다.

3. 사안의 검토

(가) 사안의 경우 적극적 요건과 관련하여 위 시정지시로 인해 甲이 받는 손해인 위 기사들을 직접고용하거나 이에 따르지 않아 받게 될 경영상 위기는 "금전보상이 불가능하거나 가능하다 할지라도 사회통념상 참고 견디기가 어려운 유·무형손해"에 해당한다고 보이므로 회복하기 어려운 손해는 인정된다. 또한 시정기한이 몇일 남지 않은 사정상 긴급한 필요도 존재하며, 집행정지가 인용될 경우 甲의 권리구제에 보탬이 되니 신청의 이익도 인정된다.

(나) 또한 소극적 요건으로서 집행정지결정이 이루어질 경우 공공복리에 중대한 영향을 미칠 우려나 원고의 청구가 이유 없이 명백한 사정도 보이지 않는다.

(다) 문제는 위 시정지시가 집행정지의 대상인 처분인지와 본안소송의 계속 여부와 관련하여 위 시정지시가 항고소송의 대상인 처분에 해당하는지 여부가 문제된다. 이하에서 검토한다.

Ⅲ. 시정지시가 항고소송의 대상인 처분인지 여부

1. 처분의 의의

처분이란 "행정청이 구체적 사실에 관한 법집행으로서의 공권력의 행사 및 그 거부 그 밖에 이에 준하는 행정작용"을 말한다(행정소송법 제2조 제1항 제1호).

2.	**처분과 행정행위와의 관계**
	(1) 문제점
	처분의 개념적 징표로서 행정행위와 마찬가지로 "직접적 · 대외적 법적 규율성"을 요구할 것인지와 관련하여 처분과 행정행위의 관계가 문제된다.
	(2) 학설
	이에 대해 학설은 ❶ 처분의 개념적 징표로서 "법집행"이란 행정행위와 마찬가지로 "국민의 권리 · 의무에 직접적 변동을 일으키는 행위"로서 직접적 · 대외적 법적 규율성이 요구된다는 [일원설(실체법상 처분개념설)]과, ❷ 행정소송법 제2조 제1항에서는 "그 밖에 이에 준하는 행정작용"이라는 포괄적 개념규정을 둔 입법취지상 행정행위와 마찬가지로 직접적 · 대외적 법적 규율성을 요구할 수 없다는 [이원설(쟁송법상 처분개념설)]이 대립된다.
	(3) 판례
	대법원은 "행정청이 공권력행사의 발동으로서 국민의 권리 및 의무에 직접적으로 어떠한 변동을 초래할 것"을 기본적으로 요구하고 있어 원칙적으로 실체법상 처분개념설을 취하고 있다. 그러나 최근 대법원은 처분개념의 확대화 경향에 따라 국민의 권리 · 의무에 관계를 갖거나 법적 불안을 초래하는 경우까지도 처분에 해당함을 인정하고 있다.
	(4) 검토
	항고소송의 대상인 처분은 반드시 행정행위와 같은 개념으로 볼 수는 없으나, 순수한 사실행위는 법적 판단의 대상이 될 수 없고 당사자소송으로 다툴 수 있다는 점에서 기본적으로 "국민의 권리 및 의무에 직접 영향이 있는 행위"에 한정하는 판례의 입장이 타당하다.

3.	처분이 되기 위한 요건

이상의 검토에 따라 어떠한 행정작용이 처분이 되기 위해서는 ① 행정청의 행위여야 하고, ② 구체적 사실에 관한 행위이어야 하며, ③ 국민의 권리·의무에 직접 변동을 초래하거나 또는 영향을 미치는 등의 법집행행위로서 ④ 고권적 지위에서 국민에게 명령·강제하는 공권력행사에 해당하여야 한다.

4.	사안의 경우

(1) 문제점

위 시정지시는 근거법률인 '파견법'에 법적 근거가 없고, 甲의 직접고용의무는 '파견법' 제6조의2에 의해 직접 발생하는 것으로 甲에 대한 권고 내지는 지도 및 알선하는 내용의 행정지도에 해당한다고 보이는바, 이러한 행정지도가 국민의 권리·의무에 직접 변동을 초래하거나 영향을 미칠 수 있는 행위로서 처분인지 여부가 문제된다.

(2) 학설

이에 대해 학설은 ❶ 행정지도는 상대방의 임의적 협력을 구할 뿐 아무런 법적 구속력이 없으므로 처분이 아니라는 [처분성부인설], ❷ 행정지도는 상대방에게 사실상 구속력을 미치므로 '그 밖의 이에 준하는 행정작용'으로서 처분에 해당한다는 [처분성긍정설], ❸ 행정지도는 본래 처분에 해당하지 않으나 상대방에게 사실상 강한 강제력이 미치는 규제적 행정지도의 경우에는 처분에 해당한다는 [제한적 긍정설]이 대립된다.

(3) 판례

1) 대법원판례의 입장

대법원은 과거 행정지도에 대해 처분성을 부인하였으나, 최근 일정한 경우 처분성을 인정하는 판례가 보이고 있다.

2) 헌법재판소의 입장

헌법재판소는 행정지도가 본래 공권력행사에 해당하지 않는다고 보면서도 "행정지도가 행정지도로서의 한계를 넘어 구속적 및 규제적 성격을 상당히 강하게 갖는 경우에는 헌법소원의 대상인 공권력행사에 해당한다"고 판시하여 [제한적 긍정설]의 입장이다.

(4) 검토

생각건대 행정지도의 본질상 제한적 긍정설의 입장이 타당하다고 생각된다. 그러나 설문의 시정지시는 근거법률인 '파견법'에 법적 근거가 없고, 甲이 시정지시에 따르지 아니할 경우 과태료부과 등을 고지하고 있으나 이는 고용노동부가 행정지도에 따르지 아니한 경우 불이익조치를 취하는 것이 아니라 '파견법' 제6조의2에 의해 직접 발생하는 직접고용의무를 위반한 것에 대한 동법 제46조 제2항에 따른 제재이므로 위 시정지시는 규제적 또는 구속적 성격을 강하게 갖는 행정지도로 보기 어렵다. 따라서 甲의 권리의무에 어떠한 변동 및 법적 불안을 초래할 우려가 없으므로 처분으로 볼 수 없다. 최근 판시된 서울행정법원의 판결도 마찬가지의 취지이다(서울행법 2017.11.28. 2017아12787).

Ⅳ.	**사안의 해결**
	이상의 검토에 따라 위 시정지시는 취소소송의 대상인 처분에 해당하지 아니하므로 집행정지의 대상인 처분과 적법한 본안청구소송에 제기되지 않았으므로 甲의 집행정지신청은 기각될 것으로 예상된다.

> 20××년 제×회 공인노무사 시험

『공인노무사법』에 따라 적법하게 설립된 ○○노무법인(이하 "甲"이라 한다)은 고용노동부장관 乙의 자료제출명령에 응하지 아니하였음을 이유로 2015.6.2.에 3월의 업무정지명령을 받자 이에 대한 취소소송을 제기함과 동시에 집행정지를 신청하여, 수소법원으로부터 제1심 판결선고시까지 그 효력을 정지한다는 내용의 결정을 2015.7.2.에 받았다. 이에 甲은 2015.7.3.부터 업무를 재개하였고, 동년 7.25. 업무정지기간 도중 업무를 하였음을 이유로 고용노동부장관 乙로부터 설립인가취소처분을 받았다(※ 『공인노무사법』 제7조의6 제1항 단서에 따라 업무정지명령을 위반한 노무법인에 대해 설립인가취소처분을 하여야 한다). 그 뒤 2015.9.20. 위 취소소송의 제1심 판결이 기각판결로 선고되어 동 판결은 확정되었다. 甲이 위 설립인가취소처분에 대하여 취소소송을 제기한 경우 수소법원은 甲의 청구를 인용하지 아니할 수 있는가? (25점)

목차

Ⅰ. 쟁점의 정리

　　우선 설문의 설립인가취소처분에 대한 취소소송이 무효선언적 의미의 취소소송인지와 관련하여 위 설립인가취소처분이 집행정지결정에 위반한 처분으로서 위법·무효인지 여부가 문제된다. 만약 무효인 처분이라면 이러한 무효선언적 의미의 취소소송의 제소요건과 본안의 인용가능성을 검토하여 수소법원이 각하 또는 기각판결을 할 수 있는지 여부를 검토한다.

Ⅱ. 위 취소소송이 무효선언적 의미의 취소소송인지 여부

1. 집행정지의 의의

　　집행정지란 "취소소송이 제기된 처분 등이나 그 집행 또는 절차의 속행으로 인하여 생길 회복하기 어려운 손해를 예방하기 위하여 긴급한 필요가 있다고 인정할 때 법원이 당사자의 신청 또는 직권에 의해 그 집행을 잠정적으로 정지하도록 결정하는 것"을 말한다(행정소송법 제23조 제2항).

2. 효력정지결정의 효력

(1) 효력정지의 의의

　　효력정지라 함은 "처분의 효력을 잠정적으로 존재하지 않는 상태에 놓이게 하는 결정"을 말한다.

(2) 효력정지결정의 효력

1) 형성력

　　처분청의 별도의 의사표시 없이 처분의 효력을 잠정적으로 상실시키는 효력을 말한다. 효력정지는 장래에 행하여 효력을 정지시키는 것이며, 소급효가 없다.

2) 기속력

효력정지결정은 행정소송법 제23조 제6항에 따라 동법 제30조 제1항이 준용됨에 따라 당해 사건에 관하여 당사자인 행정청과 관계행정청을 기속한다.

3) 시간적 효력

효력정지결정은 주문에 정한 시기까지 그 효력이 정지된다.

3. 효력정지결정에 반하는 처분의 효력

통설과 판례는 기속력에 위반한 행정처분으로서 위법·당연무효라는 입장이다. 대법원도 "집행정지결정은 당해 사건에 관하여 당사자인 행정청과 그 밖의 관계행정청을 기속하므로, 행정청은 동일한 내용으로 다시 새로운 행정처분을 하거나 또는 그에 관련된 처분을 할 수 없으며, 이에 위반되는 행정처분은 당연무효이다"라고 판시한 바 있다.

4. 사안의 경우

이 사건 甲이 제기한 취소소송은 무효선언적 의미의 취소소송을 제기한 것이다.

III. 무효선언적 의미의 취소소송의 제소요건

1. 문제점

설문의 취소소송은 설립인가취소처분이 처분에 해당함에 의문의 여지가 없고, 甲도 처분의 직접 상대방으로서 법률상 이익을 가지므로 원고적격도 인정된다. 문제는 무효선언적 의미의 취소소송에서도 제소기간 및 필수적 전심절차의 준수와 같은 취소소송의 제소요건이 적용되는지 문제된다.

2.	**학설 및 판례**
	이에 대해 학설은 ❶ 제소요건으로 요구된다는 [긍정설]과, ❷ [부정설]이 대립된다. 그러나 판례는 "처분의 당연무효를 선언하는 의미에서의 취소를 구하는 행정소송을 제기한 경우에도 제소기간의 준수 등 제소요건을 갖추어야 한다"고 판시하여 [긍정설]의 입장이다.
3.	**검토**
	무효선언적 의미의 취소소송의 경우에도 제소기간의 준수 등 취소소송의 요건을 갖추어야 함이 타당하다. 설문의 경우 甲의 취소소송이 제소기간을 준수하였는지가 명확하지 아니하므로 이하에서는 나누어 검토한다.
IV.	**수소법원이 각하 또는 기각판결을 할 수 있는지 여부**
1.	**제소기간을 도과하여 취소소송이 제기된 경우**
	이 경우 학설은 일치하여 수소법원은 제소기간의 도과를 이유로 부적법각하할 것이 아니라 법원은 석명권을 행사하여 무효확인소송으로 소를 변경한 연후에 인용판결을 하여야 한다고 한다.
2.	**제소기간을 준수하여 취소소송을 제기한 경우**
	(1) 원칙
	이 경우 통설과 판례는 원고의 명시적인 반대의 의사표시가 없는 한 취소청구에는 무효확인청구도 내포되어 있으므로, 무효선언적 의미의 취소판결을 하여야 한다고 본다.

(2) 사정판결의 사유가 존재하는 경우

1) 문제점

문제는 사정판결의 사유가 존재한다면 무효인 처분에 대해서도 행정소송법 제28조에 따라 사정판결을 할 수 있는지가 문제된다.

2) 학설

이에 대해 학설은 ❶ 무효인 처분은 존치시킬 처분의 효력이 없으므로 사정판결을 할 수 없다는 [부정설]과, ❷ 무효인 처분으로 형성된 법률관계를 원상회복할 수 없는 경우에는 사정판결을 할 수 있다는 [긍정설]이 대립한다.

3) 판례

대법원은 "존속시킬 행정행위의 효력이 없으므로 사정판결을 할 수 없다"고 하여 무효인 처분에 대해 사정판결을 할 수 없다는 입장이다.

4) 검토

법치주의의 원칙상 무효인 하자의 효력유지는 부정되어야 하므로 [부정설]이 타당하다.

V. 사안의 검토

이상의 검토결과에 따라 甲이 제기한 취소소송은 무효선언적 의미의 취소소송으로 제소기간을 도과하여 제기되었는지 여부와 관계없이 수소법원은 원고의 청구를 인용하여야 하며 부적법 각하하거나 또는 기각할 수 없다.

11 행정소송의 심리와 입증책임

20××년 제×회 공인노무사 시험

근로복지공단은 『고용보험 및 산업재해보상보험의 보험료징수 등에 관한 법률』(이하 "보험료징수법"이라 한다)에 근거하여 P주식회사(이하 "甲"이라 한다)에 대하여 산재보험료부과처분을 하였고, 甲은 자신의 사업장에서 근무하는 모든 근로자에게 지급한 임금 총액에 기초하여 산정한 확정보험료가 부과된 산재보험료의 임금총액보다 훨씬 낮은 금액이라고 주장하면서 위 처분에 대한 취소소송을 적법한 제소요건을 갖추어 제1심 수소법원에 제기하였다. 수소법원은 원·피고가 제출한 관련증거자료가 모두 불충분하여 이 사건 산재보험료의 산정근거인 임금총액을 산출할 수 없다는 이유로 원고패소(기각)판결을 하였다. 甲은 이 사건 재판부가 자신의 사업장에 속한 근로자의 국민건강보험료를 조사하여 임금총액을 산출할 수 있음에도 이에 나아가지 않은 심리미진이 있고, 자신에게 불리한 사실관계를 전제로 기각판결을 한 것은 위법하다고 주장하며 항소하려 한다. 甲의 주장은 타당한 것인가? (30점)

목차

I.	**사안의 쟁점**
	설문에서 ① 우선 수소법원이 당사자가 주장하지 아니한 사실에 관해서도 직권으로 증거를 조사하여야 하는지와 관련하여 항고소송의 심리원칙과 관련하여 행정소송법 제26조의 해석이 문제되며, ② 산재보험료부과처분에 관한 취소소송에서 확정보험료의 입증책임이 누구에게 인정되는지 여부가 문제된다.
II.	**수소법원이 직권으로 증거조사를 하여야 하는지 여부**
1.	**취소소송의 심리원칙**
	행정소송사건의 심리절차에 관하여 행정소송법 제8조 제2항은 행정소송법의 특별한 규정이 없는 경우 민사소송법을 준용함에 따라 항고소송에서도 변론주의가 적용된다. [변론주의]란 "법원의 판결의 기초가 되는 소송자료의 수집·제출의 책임을 당사자에게 일임하고, 당사자가 수집·제출한 소송자료만을 재판의 기초로 삼는 원칙"을 말한다. 다만, 행정소송법 제26조는 행정소송의 공익관련성을 고려하여 직권탐지주의도 일정한 범위 내에서 적용되는바, 직권탐지주의의 적용범위 및 그 의무의 성질에 대해 견해가 대립된다. 이하에서 검토한다.
2.	**직권탐지의 범위**
	(1) 의의
	직권탐지주의란 "법원의 판결의 기초가 되는 소송자료의 수집·제출을 법원이 직권으로 조사할 수 있는 원칙"을 말한다.

(2) 적용범위

1) 문제점

행정소송법 제26조에서는 "법원은 필요하다고 인정할 때에는" 직권탐지를 할 수 있음을 규정하고 있어, 행정소송법이 변론주의를 원칙으로 하는 것인지, 직권탐지주의를 원칙으로 하는지에 대해 견해가 대립되어 있다.

2) 학설

이에 대해 학설은 ❶ 행정소송법 제26조의 취지를 당사자의 주장이나 주장하는 사실에 대한 입증활동이 충분하지 않는 경우로 한정하여 법관이 직권으로 증거조사를 할 수 있다고 새기는 [변론주의보충설]과, ❷ 행정소송법 제26조를 아무런 제한 없이 직권탐지주의를 허용하는 규정으로 보아 행정소송에서는 직권탐지주의가 원칙적으로 적용된다는 [직권탐지주의설]이 대립한다.

3) 판례

대법원은 "행정소송법 제26조의 규정이 변론주의의 일부 예외를 인정하고 있으므로, 행정소송에서는 법원이 필요하다고 인정할 때에는 당사자가 명백하게 주장하지 않는 사실이라 할지라도 기록에 나타난 자료를 기초로 하여 직권으로 심리조사하고 이를 토대로 판단할 수 있다(대판 1995.2.14. 94누5062)"라고 판시하여 [변론주의보충설]을 취하고 있다.

4) 검토

생각건대 당사자주의와 처분권주의를 그 원칙으로 하는 행정소송에 있어 행정소송법 제26조는 공익성을 고려한 보충규정으로 이해함이 타당하다. 따라서 [변론주의보충설]이 타당하다고 본다.

3.	**직권탐지의무의 성질**
	현행 행정소송법 제26조는 "… 할 수 있다"고 규정하여 법원의 직권탐지는 재량에 속하는 것이나, 예외적으로 적정한 재판을 위하여 직권탐지가 크게 요청되는 경우에는 직권탐지의무가 있다고 본다.
4.	**사안의 해결**
	행정소송법 제26조에 근거하여 인정되는 법원의 직권탐지는 변론주의에 보충하여 인정되는 것으로서 전적으로 법원의 재량에 속하는 것이다. 따라서 직권으로 증거조사를 하지 않음을 이유로 심리미진의 위법이 있다고 할 수 없다.
Ⅲ.	**원고에게 불리한 사실관계를 전제한 것이 위법한 것인지 여부**
1.	**입증책임의 의의**
	입증책임이란 "소송상 일정한 사실의 존부가 확정되지 않은 경우에 불리한 법적 판단을 받게 되는 일방당사자의 부담"을 말한다.
2.	**항고소송에서 입증책임의 분배기준**
	(1) 문제점
	행정소송의 입증책임을 어떻게 배분할 것인가에 대해 견해가 대립된다.
	(2) 학설
	이에 대해 학설은 ❶ 행정행위에는 공정력이 있어서 처분의 적법성이 추정되므로 입증책임은 원고에게 있다는 [원고책임설], ❷ 법치행정의 원리상 피고인 행정청에게 입증책임이 있다는 [피고책임설], ❸ 당사자는 각각 자기에게 유리한 요건

사실의 존재에 대하여 입증책임을 부담한다는 민사소송상의 입증책임분배에 따라야 한다는 [법률요건분배설], ❹ 행정소송과 민사소송은 성질상 차이가 있으므로 민사소송과 달리 의무제한은 행정청이, 권리·이익확장은 원고가 부담한다는 [행정소송법독자분배설] 등의 견해가 대립된다.

(3) 판례

판례는 "민사소송법의 규정이 준용되는 행정소송에 있어서 입증책임은 원칙적으로 민사소송의 일반원칙에 따라 당사자 간에 분배되고 항고소송의 경우에는 그 특성에 따라 당해 처분의 적법을 주장하는 피고에게 그 적법사유에 대한 입증책임이 있다"고 판시하여 기본적으로 [법률요건분배설]을 따르는 것으로 보인다.

(4) 검토

행정소송법독자분배설은 그 내용에 있어 입증책임분배설과 실질적인 면에서 차이가 없으므로 별도로 논의할 필요가 없다. 따라서 행정소송에 관한 입증책임분배에 대하여는 [법률요건분배설]에 따르는 것이 타당하다.

3. 산재보험료부과처분 취소소송에서 확정보험료에 대한 입증책임

(1) 본안판단에 관한 사항의 입증책임

확정보험료의 금액은 산재보험료부과처분의 ① 권한근거규정의 요건사실에 관한 사항은 적극적 처분에 있어서는 피고가 입증책임을 지며, 소극적 처분(거부처분)에 있어서는 원고가 권한근거규정의 요건사실의 입증책임을 진다. ② 권한장애규정에 관한 요건사실은 적극적 처분에 있어서는 원고가 권한장애규정의 요건사실의 입증책임을 지며, 소극적 처분에 있어서는 피고가 권한장애규정의 요건사실의 입증책임을 진다.

(2) 판례의 태도

대법원은 "노동부장관은 보험가입자가 위 보고를 하지 아니하거나 그 보고가 사실과 다른 때에는 그 사실을 조사하여 확정보험료를 산정하도록 규정하고 있으므로, 확정보험료의 산정근거인 임금 총액에 대한 입증책임은 그 처분청에게 있다(대판 1997.4.8. 96누18762)"고 판시한 바 있다.

(3) 소결

산재보험료부과처분의 확정보험료의 금액은 동 부과처분의 권한근거규정에 관한 요건사실이므로 피고인 근로복지공단에게 입증책임이 있다고 할 것이다. 따라서 설문의 경우 이에 관한 입증이 되지 않은 경우에는 피고인 근로복지공단의 부담이 되므로 수소법원은 甲의 청구를 인용하여야 한다.

IV. 설문의 해결

검토하건대 이 사건 제1심 재판부가 직권으로 증거조사를 하지 아니하여 심리미진이라는 주장은 타당하지 않으나, 확정보험료의 산정근거는 피고인 근로복지공단에게 있음에도 원고인 甲에게 불리한 사실관계를 전제로 기각판결을 한 것은 위법하다는 주장은 일응 타당하다.

12 취소판결의 기판력과 국가배상청구소송

20××년 제×회 공인노무사 시험

근로복지공단은 보험가입자인 甲주식회사(이하 "甲"이라 한다)에 대하여 『고용보험 및 산업재해보상보험의 보험료징수 등에 관한 법률』(이하 "보험료징수법"이라 한다)에 따라 1,000만 원의 산재보험료부과처분을 하였다. 이에 甲은 산재보험료를 납부하였으나 위 산재보험료부과처분에 하자가 있다고 판단하고 관할 행정법원에 위 처분에 대한 취소소송을 제기하여 청구기각판결을 받아 그 판결은 확정되었다. 그러나 甲은 후소로 국가배상청구소송을 다시 제기한 경우 이 소송에서 위 산재보험료부과처분의 위법을 주장할 수 있는가? (25점)

목차

Ⅰ. 쟁점의 정리

설문에서 甲이 국가배상청구소송에서 산재보험료부과처분의 위법함을 주장할 수 있는지와 관련하여 전소인 이에 대한 취소소송의 기각판결의 기판력이 후소인 동일한 처분에 대한 국가배상청구소송에 미치는지 여부가 ① 취소소송의 기판력의 인정범위와 ② 취소소송의 위법성과 국가배상청구소송의 위법성과 관련하여 문제된다.

Ⅱ. 취소판결의 기판력과 그 인정범위

1. 기판력의 의의

취소판결의 기판력이란 "형식적 확정력이 발생된 법원의 판결에 대해서 법원은 동일한 소송물 범위 내에서 종전의 판단과 모순 저촉된 판단을 할 수 없으며, 소송 당사자도 그에 반하는 주장을 할 수 없는 소송상 구속력"을 말한다.

2. 인정근거

행정소송법 제8조 제2항에 따라 민사소송법 제216조와 제218조가 준용되는 결과이며, 법적 안정성 및 분쟁의 일회적 해결을 위해 인정되는 효력이다.

3. 인정범위

취소판결의 기판력은 기속력과 달리 인용판결과 기각판결에 가리지 않고 인정된다.

4.	인정범위
	(1) 주관적 범위
	(가) 취소판결의 기판력은 소송당사자 및 그 승계인 및 소송의 보조참가인에게 만 미친다.
	(나) 사안의 경우, 원고는 동일하나 피고는 전소는 근로복지공단, 후소는 대한 민국으로 다르지만 동일한 행정청이 소속된 행정주체에까지 기판력은 미 치므로 동요건은 충족하였다고 볼 것이다.
	(2) 시간적 범위
	취소판결의 기판력은 사실심 변론종결시 이전의 사실에까지 미친다. 사안의 경 우 동요건은 충족되는 것으로 보인다.
	(3) 객관적 범위
	취소판결의 기판력은 판결주문에 표시된 처분의 위법성 및 적법성 일반에 대해 미친다. 사안의 경우 이에 해당하는지 여부는 이하에서 검토한다.
Ⅲ.	**전소인 취소소송의 기각판결의 기판력이 후소인 국가배상청구소송에 미치는 지 여부**
1.	**문제점**
	처분의 취소를 구하는 취소소송이 전소로서 제기되어 판결이 확정된 후에 동일 처분에 대한 국가배상청구소송이 후소로서 제기된 경우, 취소소송판결의 기판력 이 후소인 국가배상청구소송에 미치는가의 문제가 국가배상의 위법개념과 취소소 송의 위법개념과 일치하는 것인지로 논의된다.

2.	**학설**
	(1) 전부기판력부정설(상대적 위법성설 · 결과불법설)
	국가배상법상의 법령위반과 항고소송의 위법개념은 그 본질과 판단기준을 달리 하는 것이므로, 전소인 취소소송판결의 기판력은 후소인 국가배상청구소송에 미 치지 않는다고 보는 견해이다.
	(2) 제한적 기판력긍정설(광의의 행위불법설)
	국가배상법상의 법령위반이 취소소송의 소송물로서 위법개념을 포함하므로, 전 소인 취소소송이 청구인용판결이라면 그 기판력이 후소인 국가배상청구소송에 미 치게 되나 청구기각판결의 경우에는 후소인 국가배상청구소송에 그 기판력이 미 치지 않는다고 보는 견해이다.
	(3) 전부기판력긍정설(협의의 행위불법설)
	분쟁의 일회적 해결을 위해 전소인 취소소송판결의 기판력이 후소인 국가배상 청구소송에 미친다고 보는 견해이다.
3.	**판례**
	대법원은 상대적 위법성설의 입장에서 "어떠한 행정처분이 후에 항고소송에서 취소되었다고 할지라도 그 기판력에 의하여 당해 행정처분이 곧바로 공무원의 고 의 또는 과실로 인한 것으로서 불법행위를 구성한다고 단정할 수는 없다"고 하여 [전부기판력부정설]의 입장이다.

4.	**검토**
	분쟁의 일회적 해결이라는 이념을 따르면서도 국민의 권익구제에 만전을 기할 수 있는 [제한적 기판력긍정설]이 타당하다.
IV.	**설문의 해결**
	이상의 검토에 따라 취소소송의 기각판결의 기판력은 후소인 국가배상청구소송에 그 객관적 범위가 일치하지 않아 미치지 않는다고 봄이 타당하므로, 전소인 취소소송의 기각판결에도 불구하고 甲은 국가배상청구소송에서 산재보험료부과처분의 위법함을 주장할 수 있다.

13 재처분의무와 간접강제

A주식회사의 근로자 甲은 업무상 재해를 입었음을 이유로 『산업재해보상보험법』(이하 "산재법"이라 한다)에 따라 근로복지공단에게 장해급여를 청구하여, 근로복지공단으로 부터 보상급여결정을 통지받았다. 그러나 A주식회사는 이에 대해 아무런 통지도 받지 못하자, A주식회사의 대표이사 乙은 "산재법" 시행규칙에 근거하여 자신들에게 보상급여결정의 내용을 통지하지 아니한 위법을 들어 이에 대해 취소소송을 제기한 결과, "처분통지를 결여한 절차상 하자를 이유로 위 보상급여결정을 취소한다"는 취지의 인용판결을 받았고 동 판결은 확정되었다. 상당기간이 경과하도록 근로복지공단이 아무런 조치를 취하지 않는 경우 甲은 행정소송법상 어떠한 권리구제수단를 강구할 수 있는가? (25점)

목차

I.	**사안의 쟁점**
	행정소송법 제30조 제3항에 따라 신청에 따른 처분이 절차상 위법을 이유로 취소되는 경우에는 동법 제30조 제2항에 따른 재처분의무가 인정됨에도 불구하고 처분청인 근로복지공단이 이러한 재처분의무를 다하지 아니하는 경우 ① 행정소송법 제34조의 간접강제를 청구할 수 있는지, ② 근로복지공단의 부작위에 대한 항고소송이 가능한지, ③ 재처분의무의 해태에 대한 국가배상청구소송을 당사자소송으로 청구할 수 있는지 여부가 문제된다.
II.	**행정소송법 제34조의 간접강제의 청구가능성**
1.	**간접강제의 의의**
	간접강제란 행정소송법 제30조 제2항의 규정에 의한 재처분의무를 행정청이 다하지 아니하는 때에 당사자의 신청에 의해 제1심수소법원이 상당한 기간을 정하여 행정청에게 그 기간 내에 재처분의무를 명하고, 이를 이행하지 아니하는 때에는 그 지연기간에 따라 일정한 배상을 할 것을 명하는 것을 말한다(행정소송법 제34조 제1항).
2.	**인정취지**
	간접강제는 거부처분 또는 부작위처분에 인용판결의 기속력으로서 재처분의무의 실효성을 담보하기 위한 제도이다.

3.	**행정소송법 제30조 제3항의 재처분의무에 준용되는지 여부**
	(1) 문제점
	행정소송법 제30조 제3항에 따른 재처분의무가 인정됨에도 불구하고 처분청이
	이를 이행하지 아니한 경우 동법 제34조의 명문의 규정에도 불구하고 간접강제가
	허용되는지에 대해 견해가 대립된다.
	(2) 학설
	이에 대해 ❶ 명문의 규정이 없으므로 허용될 수 없다는 [부정설]과, ❷ 불필요
	한 부작위위법확인소송의 반복을 피하고 명백한 입법적 미비에 해당하는 만큼 제
	34조의 간접강제가 허용된다는 [긍정설]이 대립된다.
	(3) 검토
	행정소송법 제34조의 명문의 규정에도 불구하고 동법 제30조 제3항의 재처분의
	무의 불이행에까지 간접강제를 인정함은 법문언의 가능한 해석범위를 넘어서는
	것으로서 [부정설]의 입장이 타당하다.
4.	**사안의 검토**
	이상의 검토에 따라 甲은 행정소송법 제34조에 따라 제1심 수소법원에 간접강제
	를 청구하여 구제를 받을 수 없다.
Ⅲ.	**재처분의무의 불이행에 대한 항고소송의 가능성**
1.	**항고소송의 대상인 부작위에 해당하는지 여부**
	(1) 부작위의 의의
	항고소송의 대상인 부작위란 "행정청이 당사자의 신청에 대하여 상당한 기간

내에 일정한 처분을 하여야 할 법률상 의무가 있음에도 불구하고 이를 하지 아니

하는 것"을 말한다(행정소송법 제2조 제1항 제2호).

(2) 부작위의 성립요건

부작위가 성립하기 위해서는 ① 당사자의 신청이 있어야 하고, ② 상당한 기간

이 경과하여야 하며, ③ 처분을 할 법률상 의무의 존재하고, ④ 어떠한 처분도 존

재하지 아니하여야 한다. 이 경우 당사자의 신청과 관련하여 신청인에게 법규상

혹은 조리상 신청권이 있어야 하는지에 대해 견해가 대립되나, 다수견해와 판례는

법규상 혹은 조리상 신청권이 있어야 한다는 [긍정설]의 입장이다.

(3) 설문의 경우

사안의 경우 근로자 甲의 장해급여청구가 있었고, 甲은 산재법에 근거하여 보상

급여를 청구할 법규상 혹은 조리상 신청권이 인정되며, 행정소송법 제30조 제3항

에 근거하여 재처분을 하여야 할 법률상 의무도 인정된다. 상당기간이 경과하고

보상급여결정이 법원의 판결로 취소되어 아무런 처분도 존재하지 아니하므로 항

고소송의 대상인 부작위에 해당한다.

2. 의무이행소송의 인정 여부

(1) 의무이행소송의 의의

의무이행소송이란 "당사자의 행정행위의 신청에 대하여 행정청이 거부하거나

부작위로 대응하는 경우에, 법원의 판결에 의하여 행정청으로 하여금 일정한 행위

를 하도록 청구하는 소송"을 말한다.

(2) 학설

의무이행소송은 현행 행정소송법상 규정하고 있지 않음에도 불구하고 이를

	인정할 수 있을지에 대해 ❶ 권력분립의 원칙상 의무이행소송을 인정할 수 없다는 [부정설], ❷ 국민의 권리구제를 위해 인정해야 한다는 [긍정설], ❸ 의무이행소송을 원칙적으로 부정하면서도, 일정한 요건하에서 인정해야 한다는 [제한적 긍정설]이 대립된다.
	(3) 판례
	대법원은 "행정청의 부작위에 대하여 일정한 처분을 하도록 하는 의무이행소송으로 현행 행정소송법상 허용되지 않는다(대판 94누14018)"라고 판시하여 일관되게 의무이행소송을 부정하고 있다.
	(4) 검토
	검토하건대 행정소송의 유형은 입법정책의 문제이다. 따라서 행정소송법의 입법자의 의사에 따라 판단해야 하는바, 현행 행정소송법상 의무이행소송은 인정된다고 볼 수 없다.
3.	**甲이 부작위위법확인소송을 제기할 수 있는지 여부**
	부작위위법확인소송이란 "행정청의 부작위가 위법임을 확인하는 소송유형"을 말한다(행정소송법 제4조 제3호). 설문의 경우에는 이미 행정소송법 제30조 제3항에 따른 재처분의무가 인정되므로 부작위위법확인소송을 제기할 소의 이익이 있다고 볼 수 없다. 부작위위법확인소송에서 인용판결을 받는다 하여도 행정소송법상 재처분의무가 인정됨에 불과하기 때문이다.

Ⅳ.	재처분의무의 해태에 따른 국가배상청구소송
	甲은 재처분의무의 해태에 따른 손해가 발생한 경우 국가배상법 제2조 제1항에 따라 국가배상을 청구할 수 있다. 문제는 국가배상청구소송이 행정소송법상 당사자소송에 해당되는지에 대해 ❶ [민사소송설(사권설)], ❷ [공법상 당사자소송설(공권설)]이 대립한다. 판례는 민사소송설의 입장이다. 생각건대 공무상 직무집행에 대한 손해배상청구이므로 [공법상 당사자소송]에 의함이 타당하다.
Ⅴ.	사안의 해결
	이상의 검토에 따라 행정소송법 제30조 제3항에 따른 재처분의무를 이행하지 아니하는 경우에는 행정소송법 제3조 제2호에 따른 공법상 당사자소송으로 국가배상청구소송을 제기하여 권리구제를 받을 수밖에 없다.

20××년 제×회 공인노무사 시험

서울시는 금천구일대에 공원을 조성하기 위하여 甲이 소유하고 있는 X토지를 수용하려고 한다. 한편 Y토지는 표준지로 선정되어 표준지공시지가가 공시되었는데, X토지는 그 인근에 접한 토지로서 甲이 이곳에서 대형음식점을 운영하고 있으나 교통로가 제대로 확보되지 않아 영업상 많은 어려움을 겪자 X토지와 그 지상의 음식점시설물을 매각하려 하고 있다. 그러나 서울시가 공원조성을 위한 수용계획을 발표하자, 甲은 Y토지에 대한 표준지공시지가에 기초하여 토지와 영업에 대한 보상금을 받을 것을 예상하여 매각을 포기하고 보상금을 받기로 결정하였다. 그런데, Y토지의 소유자 乙이 표준지공시지가가 지나치게 높게 산정되었다고 주장하며 관할 법원에 취소소송을 제기하여 승소판결을 받아 확정되었다면 甲은 이러한 판결에 대하여 재심을 청구할 수 있는지를 검토하시오. (25점)

목차

Ⅰ.	사안의 쟁점
	설문의 경우 확정된 종국판결에 대하여 소송당사자 이외의 제3자인 甲이 행정
	소송법 제31조에 근거하여 재심을 청구할 수 있는지 여부가 문제된다.
Ⅱ.	**행정소송법상 제3자의 재심청구의 허용 여부**
1.	**제3자 재심청구의 의의**
	행정소송법 제31조의 재심청구란 "항고소송의 인용판결에 의하여 권익의 침해
	를 받은 제3자가 자기에게 책임 없는 사유로 소송에 참가하지 못한 때에 확정된
	종국판결에 대하여 재심을 청구"하는 것을 말한다.
2.	**인정취지**
	항고소송의 인용판결로 인해 불측의 손해를 입게 되는 제3자의 권익을 보호하
	기 위하여 인정된 제도이다.
3.	**재심청구의 요건**
	(1) 인용판결이 확정되었을 것
	재심청구는 처분 등을 취소하는 종국판결이 확정된 경우에만 가능하다.
	(2) 재심청구의 당사자
	1) 원고(권리 또는 이익의 침해를 받는 제3자)
	재심청구의 원고는 처분등을 취소하는 판결에 의하여 권리 또는 이익의 침해를
	받은 제3자이다. 여기서 '권리 또는 이익의 침해를 받은 제3자'의 의미에 대해
	❶ 행정소송법 제16조와 동일한 목적을 갖는 재심청구이므로 행정소송법 제12조의

법률상 이익으로 파악하는 견해와, ❷ 확정된 종국판결의 형성력(제3자효)을 직접 받는 제3자에 한정해야 한다는 견해가 대립된다. 법적 안정성의 요청상 ❷설의 입장이 타당하다.

2) 피고

재심청구의 피고는 확정판결에 나타난 원고와 피고를 공동으로 하여야 한다.

(3) 재심사유

1) 자신의 책임 없는 사유로 소송에 참가하지 못한 경우

'자기에게 책임 없는 사유로 소송에 참가하지 못한 경우'란 당해 항고소송의 계속을 알지 못하였거나, 알았다 하더라도 특별한 사정이 있어서 소송에 참가할 수 없었다고 일반통념으로 인정되는 경우를 말한다(대판 95누6762).

2) 판결의 결과에 영향을 미칠 공격 또는 방어방법을 제출하지 못하였을 것

종전의 소송에서 제출하였다면 제3자에게 유리하게 판결의 결과가 변경되었을 것이라고 인정될 만한 공격 또는 방어방법을 제출할 기회를 얻지 못하였어야 한다.

(4) 재심청구기간

제3자의 재심청구는 확정판결이 있음을 안 날로부터 30일 이내, 판결이 확정된 날로부터 1년 이내에 제기하여야 한다. 이들 기간은 불변기간이다.

4. 사안의 검토

설문의 경우 ① 인용판결이 확정되었고, ② 甲은 乙의 취소소송의 제기를 알 수 있었던 특별한 사정이 보이지 아니하므로 재심사유도 인정된다고 보인다. 문제는 甲은 재심청구를 할 수 있는 당사자적격이 인정되는지 여부이다. 이하에서 검토한다.

Ⅲ.	甲이 재심청구를 할 수 있는 제3자인지 여부
1.	법률상 이익을 침해받는 제3자로 보는 경우

　　표준지공시지가의 영향권 범위 내에 있는 개별토지소유자가 행정소송법 제12조의 "법률상 이익"을 갖는지에 대해 견해가 대립되나, 최근 중앙행정심판위원회(2013.3.9.자 재결)는 "부감법상 개별공시지가는 표준지공시지가를 기준으로 산정하도록 하고 있는다는 점, 표준지공시지가의 하자를 개별공시지가의 결정단계에서 다툴 수 없으므로 표준지공시지가에 대한 실질적인 권리구제를 가능하게 해야 한다는 점을 근거로 표준지공시지가의 영향권범위 내에 있는 개별토지소유자도 개별·직접·구체적 법률상 이익을 받는 이해관계인에 해당한다"고 결정하였다. 이러한 재결례에 따라 甲은 "법률상 이익을 침해 받은 제3자"로서 당사자적격이 인정된다.

2.	제3자효를 받는 제3자로 보는 경우
	(1) 취소판결의 제3자효의 의의

　　행정소송법 제29조 제1항의 취소판결의 제3자효란 "취소소송의 인용판결이 소송에 관여하지 않은 제3자에 대하여도 미치는 효력"을 말한다.

(2) 제3자효의 성질

1) 문제점

　　취소판결의 제3자효의 성질에 대해 명문의 규정이 없으므로 이러한 효력이 형성력을 의미하는지에 대해 견해가 대립된다.

2) 학설

　　이에 대해 학설은 ❶ 취소소송의 형성소송임을 전제로 형성력을 의미한다는

[형성력설]과, ❷ 기판력을 기본으로 하는 취소판결의 효력전체를 의미한다는 [기판력설]이 대립된다.

3) 검토

현행 행정소송법상 취소소송의 주관소송성을 감안하여 행정소송법에 의해 승소자의 권리를 보호하기 위해 형성력을 제3자에게 확대한 규정으로 이해함이 타당하다.

(3) 丙에게 제3자효가 미치는지 여부

1) 문제점

사안과 같이 일반처분(이 사건 고시)에 대한 공동의 이해관계인 중 甲이 소를 제기한 경우, 이러한 소송에 참여하지 않은 나머지 이해관계인들에 대해 취소판결의 효력이 미치는지 여부에 대해 견해가 대립된다.

2) 학설

이에 대해 학설은 ❶ 일반처분은 공법관계의 획일성이 강하게 요청된다는 점 소송에 참여하지 않은 다른 일반처분의 상대방에게도 판결의 효력이 미친다고 보는 [긍정설]과, ❷ 취소소송의 주관소송성을 감안하여 제3자가 판결의 효력을 적극 향수할 수 없다는 [부정설], ❸ 소급효와 장래효를 구별하여 소급효는 미치지 않으나 장래효에 미친다는 [절충설]이 대립된다.

3) 검토

제3자의 범위를 한정하는 명문의 규정이 없고, 분쟁의 획일적인 처리를 위해 적어도 일반처분의 경우에는 취소판결의 효력을 제3자도 적극 향수할 수 있다고 봄이 타당하다.

(4) 소결

이상의 검토에 따라 위 취소판결의 효력은 공동의 이해관계인 甲에게도 미친다고 볼 것이다. 따라서 이 경우에도 甲은 재심청구의 당사자적격이 인정된다.

IV. 사안의 해결

이상의 검토에 따라 甲은 乙의 취소판결이 확정된 사실을 안 날로부터 30일 이내에 있은 날로부터 1년 내에 행정소송법 제31조에 근거하여 재심을 청구할 수 있다.

근로복지공단은 사업자등록을 필하고 건설기계를 임대사업을 영위하는 甲에 대하여 『고용보험 및 산업재해보상보험의 보험료징수 등에 관한 법률』(이하 "보험료징수법"이라 한다)및 동법 시행규칙에 따라 2014.2.1. 산재보험료부과처분을 하였다(※ 동처분 통지서는 甲에게 동년 2.3.에 송달되었음). 甲은 관할 행정심판위원회에 위 산재보험료부과처분에 대한 취소심판을 2014.3.10.에 청구하였으나 동 위원회는 아무런 재결을 하지 아니하다가, 2014.5.5.에 위 행정심판위원회의 위원장이 재결기간을 30일 연장한다는 내용의 결정을 하였으며, 甲은 2014.5.8.에 이를 통지받았다. 그러나 위 행정심판위원회가 동년 6.10.이 되도록 아무런 재결을 하지 아니하자 甲은 취소소송을 제기하고자 하였으나 제소기간이 도과되었다고 판단하고 관할 법원에 위 산재보험료부과처분에 관한 무효확인소송을 2014.6.26.에 제기하였다. 수소법원은 어떠한 판결을 할 것으로 예상되는가(※ 위 산재보험료부과처분의 하자는 취소사유에 해당한다고 볼 것)? (25점)

목차

Ⅰ. 사안의 쟁점

설문에서 甲이 제기하는 무효확인소송은 취소판결을 구하는 의미에서의 무효확인소송에 해당하는바, ① 이러한 무효확인소송의 제소가 적법한지와 관련하여 제소기간의 준수 여부가 문제되며, ② 만약 이러한 무효확인소송의 제기가 적법하다면 수소법원은 甲의 청구를 인용하여 취소판결의 의미에서 무효확인판결을 할 수 있는지 여부가 문제된다.

Ⅱ. 취소판결을 구하는 의미에서의 무효확인소송의 제소요건의 충족 여부

1. 무효확인소송의 의의

무효확인소송이란 처분이 효력이 없음을 확인하는 소송을 말한다(행정소송법 제4조 제2호).

2. 무효확인소송의 제소요건

무효확인소송의 제기가 적법하기 위해서는 ① 소송의 대상이 처분 등에 해당하여야 하고, ② "법률상 이익" 있는 자가 소를 제기하여야 하며(행정소송법 제35조), ③ 협의의 소익 등을 갖추어 제기하여야 한다(행정소송법 제38조 제1항).

3. 취소사유인 처분에 대한 무효확인소송의 제소요건

(1) 문제점

무효확인소송에서는 행정소송법 제38조 제1항에서 동법 제20조와 제18조가 준용되지 않아 제소기간의 준수와 필수적 전심절차를 거칠 것은 제소요건이 아니다. 그러나 취소사유에 대한 무효확인소송의 경우에는 제소기간 등의 잠탈을 고려하여 제소요건으로 하여야 하는지에 대해 견해가 대립된다.

(2) 학설

이에 대해 학설은 ❶ [긍정설]과, ❷ [부정설]이 대립되어 있다.

(3) 판례

대법원은 "행정처분의 취소를 구하는 의미에서 당연무효확인을 구하는 행정소송을 제기하는 경우에는 전치절차와 그 제소기간의 준수 등 취소소송의 제소요건을 갖추어야 한다"고 하여 [긍정설]의 입장이다.

(4) 검토

다수설과 판례의 입장에 따라 [긍정설]의 입장이 타당하다.

4. 제소기간의 준수 여부

(1) 문제점

행정소송법 제20조에서는 처분등이 있음을 안 날로부터 90일 이내에, 행정심판을 제기한 경우에는 재결서의 정본을 송달받은 날로부터 90일이 제소기간이 된다. 사안의 경우에는 행정심판위원회가 甲의 행정심판청구에 대하여 재결기간을 도과하였음에도 불구하고 아무런 재결을 하지 않은 경우 취소소송의 제소기간이 문제된다.

(2) 학설

이에 대해 학설은 ❶ 행정심판의 재결서정본을 송달받지 아니하였으므로 행정소송법 제20조 제1항 단서를 적용할 수 없으므로 동조의 본문을 적용하여 [처분이 있음을 안 날로부터 90일 이내에 제기해야 한다는 견해]와, ❷ 이 경우에도 행정소송법 제20조 제1항상 제소기간에 관한 규정이 적용되므로 [제소기간이 진행되지 않는다는

		견해]가 대립된다.
	(3) 판례	
		대법원은 "행정심판위원회의 재결기간 내의 재결연기결정은 유효하고, 그때로 부터는 제소기간에 관하여 행정소송법 제20조 제1항 단서가 적용되므로, 재결이 없는 한 위 조문상의 제소기간은 진행되지 않는다"고 판시하고 있다(대판 1993.2.23. 92누7122).
	(4) 검토	
		행정심판을 청구한 경우에는 행정소송법 제20조 제1항 단서규정이 적용되므로 재결이 내려지지 않는 한 제소기간은 진행하지 않는다고 보는 견해가 당사자의 권 익구제의 기회를 충분히 보장해야 한다는 관점에서 타당하다.
5.	**소결**	
		이상의 검토에 따라 위 무효확인소송은 비록 취소판결을 구하는 의미에서 무효 확인소송이나 행정소송법 제20조 제1항 단서규정에 따라 재결서정본을 송달을 받 기 이전에는 제소기간이 진행하지 않는다고 보이므로 甲의 무효확인소송의 제소 는 적법하다.
Ⅲ.	**수소법원이 내려야 할 본안판결의 형태**	
1.	**문제점**	
		계쟁처분의 유·무효 여부를 소송물로 하는 무효확인소송에서 계쟁처분의 취소 사유를 심리하여 본안판결로서 취소판결 의미에서 인용판결을 할 수 있는지 여부 가 문제된다.

2.	**학설**
	이에 대해 학설은 ❶ 무효확인청구에 취소청구가 당연히 포함되어 있다고 볼 수 없음을 이유로 원고의 청구는 기각되어야 한다는 [기각설], ❷ 수소법원은 석명권을 행사하여 무효확인소송을 취소소송으로 변경한 연후에 취소판결을 하여야 한다는 [소변경설], ❸ 무효확인청구에는 원고의 명시적인 반대의사표시가 없는 한 취소청구도 당연히 포함되어 있다고 보아 법원은 취소판결을 할 수 있다는 [인용판결설]이 대립된다.
3.	**판례의 태도**
	대법원은 "행정처분의 무효확인을 구하는 소에는 원고가 그 처분의 취소를 구하지 아니한다고 밝히지 아니한 이상 그 처분이 만약 당연무효가 아니라면 그 취소를 구하는 취지도 포함되어 있는 것으로 보아야 한다"고 보아 [인용판결설]의 입장이다.
4.	**검토**
	소송경제와 무효사유와 취소사유에 대한 상대성을 감안하여 이 경우에도 인용판결을 할 수 있다는 견해가 타당하다.
IV.	**설문의 해결**
	이상의 검토에 따라 수소법원의 甲의 청구를 인용하여 취소판결의 의미에서 무효확인판결을 하여야 할 것이다.

16 법외노조통보에 대한 행정심판

20××년 제×회 공인노무사 시험

S시 ○○택시노동조합(이하 "甲"이라 한다)은 『노동조합 및 노동관계조정법』(이하 "노조법"이라 한다)에 따라 적법하게 노동조합설립신고를 필하고 약 2만 여 명의 조합원을 보유하고 있는 S시 최대규모의 택시 노동조합이다. 그런데 고용노동부장관 乙은 甲의 "부당해고된 택시운전기사도 조합원이 될 수 있다"는 등 의 일부규약이 노동관련 법령을 위반하였음을 이유로 "노조법 시행령" 제9조 제2항에 근거하여 30일 이내 에 위 일부규약을 시정할 것을 명하였으나 택시운전기사의 단결권을 지나치게 제약하는 것으로서 위헌·위법한 조치라고 강력히 반발하며 위 시정명령에 응하지 아니하였다. 고용노동부장관 乙은 甲이 시정명령 에 따르지 아니하였음을 이유로 甲에게 법외조합통보를 하였고, 이에 甲은 위 법외조합통보의 근거인 "노 조법 시행령" 제9조 제2항은 법률의 근거 또는 위임이 없는 것으로서 위헌·무효이고 이에 근거한 법외조 합통보도 위법하다고 주장하며 관할 행정심판위원회에 취소심판을 청구하였다. 관할 행정심판위원회는 어 떠한 재결을 하여야 하는가? (25점)

목차

Ⅰ.	사안의 쟁점
	(가) 설문에서 관할 행정심판위원회가 우선 각하재결을 하여야 하는지와 관련하여
	甲의 취소심판의 청구요건의 충족 여부, 특히 위 법외노조통보가 처분인지가
	문제된다.
	(나) 본안에서 인용재결을 할 수 있는지와 관련하여 위 취소심판의 관할 행정심판
	위원회가 청구인 甲의 주장대로 처분의 근거가 된 시행령을 위헌 · 위법 여부
	를 심사하여 처분의 위법임을 판단할 수 있는지 여부가 문제된다.
Ⅱ.	**행정심판위원회가 각하재결을 내려야 하는지 여부**
1.	**문제점**
	취소심판청구가 적법하기 위해서는 ① 법외노조통보가 처분에 해당하여야 하고
	(행정심판법 제3조), ② 청구인이 법률상 이익을 가져야 하며(행정심판법 제13조), ③ 관할
	행정심판위원회(행정심판법 제6조)에 ④ 처분청을 상대로(행정심판법 제17조), ⑤ 처분
	이 있었던 날로부터 180일, 안 날로부터 90일 이내(행정심판법 제27조)에 청구되어야
	한다. 사안의 경우 甲노동조합은 노조법상 법인으로서 청구인능력 및 청구인적격
	이 인정되므로 법외노조통보가 처분인지 여부가 문제된다.
2.	**처분의 의의**
	처분이란 "행정청이 구체적 사실에 관한 법집행으로서 공권력행사와 그 거부 및
	그 밖에 이에 준하는 행정작용"을 말한다(행정심판법 제2조 제1호).

3.	**처분과 행정행위와의 관계**
	(1) 문제점
	처분의 개념적 징표로서 행정행위와 마찬가지로 "직접적 · 대외적 법적 규율성"을 요구할 것인지와 관련하여 처분과 행정행위의 관계가 문제된다.
	(2) 학설
	이에 대해 학설은 ❶ 처분의 개념적 징표로서 "법집행"이란 행정행위와 마찬가지로 "국민의 권리 · 의무에 직접적 변동을 일으키는 행위"로서 직접적 · 대외적 법적 규율성이 요구된다는 [일원설(실체법상 처분개념설)]과 ❷ 행정소송법 제2조 제1항에서는 "그 밖에 이에 준하는 행정작용"이라는 포괄적 개념규정을 둔 입법취지상 행정행위와 마찬가지로 직접적 · 대외적 법적 규율성을 요구할 수 없다는 [이원설(쟁송법상 처분개념설)]이 대립된다.
	(3) 판례
	대법원은 "행정청이 공권력행사의 발동으로서 국민의 권리 및 의무에 직접적으로 어떠한 변동을 초래할 것"을 기본적으로 요구하고 있어 원칙적으로 ❶설(일원설)을 취하고 있으나 꾸준히 처분개념을 점차 확대하면서 국민의 권리 · 의무에 변동을 초래하지 않는다 할지라도 이에 대한 영향을 미치거나 권리행사에 중대한 지장을 초래하는 행위들까지 처분으로 파악하고 있다.
	(4) 검토
	항고소송의 대상인 처분은 반드시 행정행위와 같은 개념으로 볼 수는 없으나, 기본적으로 "국민의 권리 및 의무에 변동 및 어떠한 영향이 있는 행위"에 한정하는 판례의 입장이 타당하다.

4.	**처분이 되기 위한 요건**
	따라서 어떠한 행정작용이 처분이 되기 위해서는 ① 행정청의 행위여야 하고, ② 구체적 사실에 관한 행위여야 하며, ③ 국민의 권리·의무에 직접 변동을 초래하거나 또는 영향을 미치는 등의 법집행행위로서 ④ 고권적 지위에서 국민에게 명령·강제하는 공권력행사에 해당하여야 한다.
5.	**사안의 경우**
	(1) 문제점
	노조법상 노동조합설립신고가 수리된 노동조합을 법외조합으로 보는 법외노조통지가 국민의 권리·의무에 어떠한 변동을 일으키는 행위로서 처분에 해당하는지에 대해 견해가 대립된다.
	(2) 학설
	이에 대해 학설은 ❶ 노조법상 법외노조통지는 노조법상 노동조합으로 보지 아니하는 효과가 발생하였음을 단순히 알려 주는 사실 또는 관념의 통지로서 처분이 아니라는 [처분성부인설(관념통지로서 사실행위설)]과, ❷ 법외노조통지는 노조법상 적법하게 설립된 노동조합의 지위를 상실시키는 조치로서 일종의 노동조합설립신고수리의 철회 및 종래의 노동조합해산명령에 준하는 것으로 처분성을 인정하는 [처분성긍정설]이 대립된다.
	(3) 판례
	서울행정법원은 "법외노조통보는 원고가 노동조합의 지위에서 가지는 권리·의무에 직접 영향을 미치는 행위로서 행정처분에 해당한다고 봄이 타당하다"고 하여 처분성을 긍정한 바 있다.

(4) 검토

법외조합통보는 노동조합의 지위 및 권한행사에 있어서 법적 또는 사실상으로라도 중대한 지장을 초래하는 행위임이 분명하므로 국민의 실질적 권리구제의 차원에서 처분성을 긍정함이 타당하다. 따라서 甲의 취소심판청구는 적법하다.

Ⅲ. 관할 행정심판위원회의 인용재결의 가능성

1. 위 취소심판의 관할 위원회

행정심판법 제6조에 따라 국가행정기관의 장 또는 그 소속 행정청의 처분 또는 부작위에 대한 심판청구에 대하여는 국민권익위원회에 두는 중앙행정심판위원회에서 심리·재결한다. 따라서 사안의 법외조합통보는 고용노동부장관의 처분이므로 중앙행정심판위원회가 관할한다.

2. 중앙행정심판위원회가 처분의 근거법령을 심사할 수 있는지 여부

중앙행정심판위원회는 심판청구의 심리 도중 불합리한 명령 등(시행령 및 시행규칙을 포함함)에 대하여 관계기관에게 시정조치를 요청할 수 있는 권한이 인정된다(행정심판법 제59조). 그러나 행정소송의 법원과 같이 재판의 전제가 되는 경우 명령 또는 규칙의 위헌·위법 여부를 심사하여 무효화할 권한, 이른바 구체적 규범통제권을 갖지 못한다.

3. 사안의 검토

따라서 관할 행정심판위원회는 노조법 시행령 제9조 제2항의 위헌 및 위법 여부를 심사할 수 없으므로 甲의 취소청구를 인용할 수 없을 것이다. 따라서 관할 행정

	심판위원회는 기각재결을 하여야 한다.
IV.	**설문의 해결**
	甲의 법외조합통보에 대한 취소심판의 청구는 적법하나, 관할 행정심판위원회는 노조법 시행령 제9조 제2항의 위헌 및 위법 여부를 심사할 수 없으므로 甲의 취소청구를 인용할 수 없을 것이다. 따라서 관할 행정심판위원회는 기각재결을 하여야 한다.

17 의무이행심판의 대상인 부작위

> 20××년 제×회 공인노무사 시험

지역균형발전과 지역경제활성화를 위하여 정부는 「지방자치단체의 지방이전기업유치에 대한 국가의 재정자금지원기준」을 마련하고 수도권지역에 소재하는 기업이 지방으로 이전하는 경우 관할 지방자치단체장에게 보조금지급신청청구를 하면 지방자치단체장이 지식경제부장관에게 보조금지급신청을 하여 해당 기업에게 보조금을 지급하도록 하고 있다. 서울특별시에 본사와 공장이 소재하는 甲기업은 P광역시로 본사와 공장을 모두 이전하는 계획안을 제출하고 P광역시장 乙에게 보조금지급신청청구를 하였다. 그러나 P광역시장 乙은 상당기간이 경과하도록 아무런 조치를 취하지 아니하고 있다. 이는 의무이행심판의 대상인 부작위에 해당하는가? (25점)

Ⅰ. 사안의 쟁점

설문에서 지식경제부장관의 보조금지급결정의 신청을 구하는 청구에 대한 부작위가 의무이행심판의 대상인 행정심판법상 부작위에 해당하는지 여부가 문제된다.

Ⅱ. 의무이행심판의 대상인 부작위

1. 부작위의 의의

항고소송의 대상인 부작위란 "행정청이 당사자의 신청에 대하여 상당한 기간 내에 일정한 처분을 하여야 할 법률상 의무가 있음에도 불구하고 이를 하지 아니하는 것"을 말한다(행정심판법 제2조 제2호).

2. 부작위의 성립요건

(1) 당사자의 신청이 있을 것

1) **문제점**: 부작위가 성립하기 위해서는 당사자의 신청이 있어야 한다. 이 경우 당사자의 신청과 관련하여 신청인에게 일정한 법규상 혹은 조리상 신청권이 있어야 하는지에 대해서 학설상 견해가 대립된다.

2) **학설**: 이에 대해 학설은 ❶ 신청인에게는 법규상 또는 조리상의 응답신청권이 인정되어야 한다는 [적극설]과, ❷ 신청권의 존부는 원고적격 또는 본안판단의 요소이므로 행정청의 부작위가 처분에 해당하기 위한 요건은 아니라고 보는 [소극설]이 대립된다.

3) **판례**: 판례는 일관되게 "부작위위법확인소송의 대상이 되는 부작위처분이 되기 위해서는 법규상·조리상의 신청권이 존재해야 하고 단지 행정청의 직권발동을 촉구하는 데 불과한 신청에 대한 무응답은 이에 해당하지 않는

다"고 판시하여(대판 1999.12.7. 97누17568), 적극설의 입장이다.

　　4) 검토: 부작위위법확인소송의 목적은 신청권을 가진 자의 불이익을 구제하기 위한 것이라는 점을 고려할 때 법규상 또는 조리상의 신청권이 있어야 한다는 적극설의 입장이 타당하다고 본다.

(2) 일정한 처분을 하여야 할 법률상 의무가 있을 것

　"처분"에 관한 "법률상 의무"가 인정되어야 한다. 이러한 법률상 의무에는 명문의 규정에 의해 인정되는 경우뿐만 아니라 법령의 해석상 인정되는 경우도 포함된다.

(3) 상당한 기간의 경과

　당사자의 신청이 있은 후 상당한 기간의 경과 후에도, 행정청이 아무런 처분을 하지 않아야 한다. 「상당한 기간」이란 사회통념상 당해 신청에 대한 처분을 하는 데 필요한 것으로 인정되는 기간을 말한다.

(4) 처분의 부존재

　부작위가 성립하려면 행정청이 전혀 아무런 처분도 하지 않아야 한다.

(5) 소결

　사안의 경우 甲기업은 「지방자치단체의 지방이전기업유치에 대한 국가의 재정자금지원기준」에 따라 지식경제부장관에게 보조금지급신청권은 인정하고 있지 않으나, 지방자치단체의 장에게 보조금지급의 신청청구를 할 수 있으므로 甲기업은 법규상 또는 조리상 신청권이 있다고 볼 수 있다.[주1] 또한 상당기간의 경과 및 처분의 부존재도 인정된다. 문제는 보조금지급결정이 아닌 보조금지급의 신청이 처분을 하여야 할 법률상 의무의 "처분"에 해당하는지 여부가 문제된다.

3.	보조금지급신청이 처분에 해당하는지 여부
	(1) 문제점
	어떠한 조치가 처분이 되기 위해서는 ① 행정청이 ② 구체적 사실에 관한 ③ 국민의 권리의무에 어떠한 변동을 일으키는 법집행행위로서 ④ 공권력행사에 해당해야 한다. 보조금지급신청이 처분인지 여부가 처분의 개념요소로서 공권력행사와 관련하여 문제된다.
	(2) 학설
	이에 대해 학설은 ❶ 신청은 어떠한 처분을 청구하는 것으로서 공권력행사로 볼 수 없어 처분이 아니라는 [부정설]과 ❷ 신청은 그에 대한 보조금지급결정(처분)과 일체를 이루는 행위이므로 공권력행사에 해당한다고 보아 긍정하는 [긍정설]이 대립된다.
	(3) 재결례
	대법원은 명확한 입장이 없으나, 최근 행정심판재결례에서 "청구인들의 재결신청청구에 응할 경우 하는 사업시행자의 재결신청은 사업시행자가 재결신청청구인과 동등한 관계에서 준사법적 기관인 관할 토지수용위원회에 적법한 보상금액의 결정을 구하는, 법률절차에 의한 분쟁해결을 청구하는 것에 불과하므로 이를 법집행으로서의 '공권력의 행사' 그 밖에 이에 준하는 행정작용이라고는 볼 수 없고 이를 의무이행심판의 대상이 되는 처분이라고 볼 수 없다"고 판시하여 처분이 아니라고 보고 있다(서울특별시장소속 행정심판위원회 2013.10.7. 2013-492).
	(4) 검토
	생각건대 지방자치단체장의 보조금지급신청은 처분(보조금지급결정)의 청구를 구하는 의사표시로서 공권력행사로 보기 어렵다고 보인다. 따라서 위 설문의 보조금

지급의 신청청구의 부작위는 의무이행심판의 대상인 부작위로 볼 수 없다.

Ⅲ. 설문의 해결

　보조금지급의 신청청구의 부작위는 보조금지급신청이 공권력행사에 해당하지

않아 처분으로 볼 수 없으므로 의무이행심판의 대상이 될 수 없다.

각주

주1) [대판 2011.9.29. 2010두26339]

　[1] 위와 같은 관련 규정들의 형식 및 내용에 의하면, 피고 지식경제부장관에 대한 국가보조금 지급신청권은 해당 지방자치단체의 장에게 있다고 할 것이고, 지방이전기업은 해당 지방자치단체의 장에게 국가보조금의 지급신청을 할 수 있을 뿐 피고 지식경제부장관에 대하여 국가보조금의 지급을 요구할 법규상 또는 조리상 신청권이 있다고 볼 수 없으므로, 피고 지식경제부장관의 반려회신은 항고소송의 대상이 되는 행정처분에 해당되지 않는다고 할 것이다.

　[2] 위 법리에 비추어 보면, 원고는 앞서 제1항에서 든 관련 규정 및 구 광주광역시 투자유치 촉진 조례 (2010.1.1. 조례 제3761호로 개정되기 전의 것, 이하 '조례'라고 한다) 제18조 제1항 제3호, 제19조, 제20조, 제21조 및 구 광주광역시 투자유치 촉진 조례 시행규칙(2010.5.3. 규칙 제2783호로 개정되기 전의 것, 이하 '조례 시행규칙'이라고 한다) 제8조, 제9조, 제10조에 따라 피고 광주광역시장에 대하여 보조금 지급신청권을 가진다고 할 것이어서 피고 광주광역시장의 반려처분은 항고소송의 대상이 되는 처분에 해당하므로, 같은 취지의 원심의 판단은 정당하다.

18 경정처분과 청구인능력

준사례 | 해커스노무사 조한 행정쟁송법 사례연습

20××년 제×회 공인노무사 시험

대전지방국토관리청(이하 "甲"이라 한다)은 국토교통부장관으로부터 충청남도의 일반국도 및 교량, 터널, 하천 공사 및 유지관리 업무를 위임받아 수행하는 기관으로서 『고용보험 및 산업재해보상보험의 보험료징수 등에 관한 법률』(이하 "보험료징수법"이라 한다)상 산업재해보상보험에 가입하고 보험료를 납부하여 온 자이다. 이에 따라 관할 근로복지공단은 甲에 대하여 2013.7.1.에 1,000만 원의 2013년도 산재보험료부과처분을 하였다(※ 동 처분통지서는 甲에게 동년 7.5.에 송달되었다). 그런데 위 근로복지공단은 2013.8.2.에 2013년도 甲에 대한 산재보험료를 1,500만 원으로 증액하는 내용의 처분을 2013.8.16.에 하였다(※ 동 처분통지서는 甲에게 2013.8.18.에 송달되었다). 甲은 2013년 산재보험료부과처분을 원래대로 1,000만 원으로 조정해줄 것을 명하는 내용의 행정심판을 2013.11.4.에 관할 행정심판위원회에 청구하였다. 甲이 제기해야 할 행정심판의 대상이 무엇이며 이를 대상으로 한 위 행정심판의 청구가 적법한지를 검토하시오(※ 학설과 판례의 입장을 모두 검토하고 견해가 대립되는 경우 판례의 입장에 따라 사안을 해결할 것). (25점)

II. 甲이 청구해야 할 행정심판의 대상
III. 甲이 제기해야 할 행정심판의 종류와 그 청구요건
3. 甲의 청구인능력 및 청구인적격

Ⅰ.	**사안의 쟁점**
	설문에서 ① 甲이 행정심판의 청구대상으로 삼아야 할 처분과 관련하여 경정처
	분의 경우 행정심판의 대상이 문제되며, ② 甲의 행정심판청구가 적법한지와 관련
	하여 우선 행정심판의 종류를 살펴보고, 甲이 청구인능력과 청구인적격을 갖추었
	는지 여부와 행정심판의 청구기간을 준수하였는지 여부가 문제된다.
Ⅱ.	**甲이 청구해야 할 행정심판의 대상**
1.	**문제점**
	경정처분이란 "당초의 처분에 오류가 있어 당초처분을 시정하기 위하여 행하는
	행정처분"을 말한다. 당초 1,000만 원의 산재보험료부과처분 이후 이에 대한 증액
	경정처분(1,500만 원)을 한 경우 상대방이 이 중 무엇을 취소심판의 대상으로 삼아
	야 하는지 여부가 문제된다.
2.	**학설**
	이에 대해 학설은 ❶ 원처분과 경정처분은 서로 독립하여 존재하고 양자가 별개
	로 쟁송의 대상이 된다는 [병존설], ❷ 원처분이 경정처분에 흡수되어 소멸하므로,
	경정처분만이 쟁송의 대상이 된다는 [흡수설], ❸ 경정처분은 원처분에 역흡수되어
	소멸하게 되므로, 원처분만이 쟁송의 대상이 된다는 [역흡수설]이 대립한다.
3.	**판례**
	(1) 증액경정처분의 경우
	대법원은 당초 원과세처분의 세액을 증액하는 증액경정처분의 경우, "증액경정

	처분은 당초 한 신고나 결정은 증액경정처분에 흡수됨으로써 독립된 존재가치를 잃고 그 효력이 소멸되어, 납세의무자는 그 증액경정처분만을 쟁송의 대상으로 삼아야 한다(대판 1992.5.26. 91누9596)"라고 판시하여 [흡수설]의 입장을 따르는 것으로 보인다.
	(2) 감액경정처분의 경우
	대법원은 감액경정처분의 경우 "처음의 과세표준에서 결정된 과세표준과 세액의 일부를 취소하는데 지나지 아니하는 것이므로 처음의 과세처분이 감액된 범위 내에서 존속하게 되고 이 처분만이 쟁송의 대상이 되고 이 경우 전심절차의 적법 여부는 당초처분을 기준으로 하여 판단하여야 한다"(대판 1987.12.22. 85누599)고 하여 [역흡수설]의 입장이다.
4.	**검토**
	사안의 경우는 증액경정처분에 해당하므로, ① 판례의 입장에 따라보면 [흡수설]에 따라 2013.8.16.일자 증액경정처분만이 행정심판의 대상이 된다. 그러나 ② 생각건대 [병존설]의 입장이 타당하다고 생각된다. 이와 관련된 국세기본법 제22조의2에서는 병존설에 입각한 규정을 두고 있고 당사자의 권리구제와 관련하여서도 병존설의 입장이 타당하기 때문이다.
Ⅲ.	**甲이 제기해야 할 행정심판의 종류와 그 청구요건**
1.	**취소심판의 의의**
	취소심판이란 "행정청의 위법 또는 부당한 처분을 취소하거나 변경하는 행정심판"을 말한다(행정심판법 제5조 제1호). 여기서의 "변경"이란 처분의 소극적 변경뿐만

	아니라 적극적 변경을 모두 포함하고 명령재결도 포함되므로 사안의 경우 甲이 청구한 행정심판은 취소심판에 해당한다.
2.	**취소심판의 청구요건**
	취소심판의 청구가 적법하기 위해서는 ① 행정심판법상 처분에 해당해야 하고 (행정심판법 제2조 제1호), ② 청구인에게 처분을 구할 법률상 이익을 가져야 하며(동법 제13조 제1항), ③ 제출기관(동법 제23조)에게 ④ 처분청을 상대로(동법 제14조) 청구하여야 한다. 사안의 경우에는 ① "처분"에 해당하는지 여부는 살펴보았으므로, ② 甲이 청구인능력과 청구인적격을 갖는지 여부와 ③ 취소심판의 청구기간을 준수하였는지가 문제된다.
3.	**甲의 청구인능력 및 청구인적격**
	(1) 문제점
	사안의 경우 甲은 불이익처분인 산재보험료부과처분의 직접 상대방으로서 행정심판법 제13조의 법률상 이익을 갖는 자로서 청구인적격을 가짐에 의문의 여지가 없다. 문제는 국가의 사무를 위임받아 처리하는 행정청이 행정심판의 청구인능력이 인정되는지 여부가 문제된다.
	(2) 청구인능력의 의의
	청구인이 행정심판을 제기하여 이를 수행할 수 있는 능력을 청구인능력이라고 하는바, 청구인은 원칙적으로 자연인 또는 법인이어야 한다. 그러나 법인격 없는 사단 또는 재단으로서 대표자나 관리인이 있을 때에는 그 이름으로 청구인이 될 수 있다(행정심판법 제14조).

(3) 대전지방국토관리청의 청구인능력
1) 문제점
행정주체의 기관이 행정심판을 제기할 수 있는 청구인능력이 인정되는지 여부
가 문제된다.
2) 학설
이에 대해 학설은 ❶ 행정심판법 제14조의 규정상 [청구인능력이 인정될 수 없다는
견해]와, ❷ 행정기관이 법령상 민간의 지위와 같이 독립된 사업수행을 하는 경우
에만 [예외적으로 청구인능력을 인정하는 견해]가 대립된다.
3) 재결례
행정심판위원회는 대전지방국토관리청에게 근로복지공단이 산재보험료부과처
분을 한 사안에서 "청구인이 비록 행정청이라 하더라도 국가에서 직접 행하는 사
업을 관장하여 수행하는 경우에는 당해 사업에 관하여 독자적인 권리와 의무의 주
체가 될 수 있다 할 것이고, 당해 사업에 관하여 독자적인 권리의무의 주체가 되는
청구인은 그 사업에 관하여 근로복지공단의 승인을 얻어 산재보험에 가입하였으
며, 산재보험에 가입한 청구인은 사업주의 지위에서 보험료부과처분의 위법·부당
여부를 다툴 수 있다"고 판시하여 청구인능력과 청구인적격을 모두 인정하여 ❷설
의 입장이다.
4) 검토
행정심판법 제14조와 재결례를 고려하여 ❷설의 입장이 타당하다고 보여진다.
(4) 소결
대전지방국토관리청은 국가의 사무를 위임받아 독립적으로 사무를 처리하는 기
관이므로 행정심판법상 청구인능력이 긍정된다.

4.	**취소심판의 청구기간**
	(1) 취소심판의 청구기간
	행정심판법 제27조에서는 처분등이 있음을 안 날로부터 90일 이내에, 처분등이 있은 날로부터 180일 내에 행정심판을 제기하도록 규정하고 있다.
	(2) 사안의 경우
	판례에 따라 설문의 경우 2013.8.16.자 증액경정처분이 행정심판의 대상이므로 이를 기준으로 동년 11.4.은 2013.8.18.로부터 90일의 기간을 준수하였다. 따라서 행정심판의 청구기간은 준수한 것으로 甲의 행정심판은 적법하다.
IV.	**사안의 해결**
	이상의 검토에 따라 甲은 판례에 따라 증액경정처분에 대한 취소심판만이 가능하며, 이러한 취소심판의 청구는 청구요건을 모두 갖춘 것으로서 적법하다.

19 직접처분

20××년 제×회 공인노무사 시험

甲은 서울특별시 강남구 일대에 ○○상호의 모텔을 짓기 위하여 강남구청장 乙에게 『건축법』에 따른 건축허가를 신청하였으나, 乙은 상당기간이 경과하도록 아무런 조치를 취하지 않아 의무이행심판을 청구하였는데, 2016.8.25.에 건축허가를 명하는 내용의 인용재결이 이루어졌고, 이러한 내용의 재결서정본이 2016.8.27.에 甲에게 송달되었음에도 불구하고 강남구청장 乙이 아무런 조치를 취하지 않는 경우, 2016.12.5. 현재 甲이 취할 수 있는 불복방법은 무엇인가(※ 설문의 의무이행심판의 인용재결에는 아무런 하자가 없음)? (25점)

Ⅰ.	**사안의 쟁점**
	설문의 경우 행정심판위원회의 처분명령재결(인용재결)을 있었음에도 이에 따른
	조치를 취하지 않는 경우 불복방법과 관련하여 ① 행정심판법상 직접강제의 가능
	성과 의무이행심판의 청구가능성을 검토하고, ② 행정소송법상 의무이행소송과
	부작위위법확인소송의 제소가 가능한지 여부가 문제된다.
Ⅱ.	**행정심판법상 불복방법**
1.	**행정심판법상 직접처분청구의 가능성**
	(1) 직접처분의 의의
	행정심판법 제50조는 "위원회는 행정심판법 제49조 제2항의 재처분의무가 있음
	에도 불구하고 당사자가 신청하면 기간을 정하여 서면으로 시정을 명하고 그 기간
	에 이행하지 아니한 경우 직접처분을 할 수 있는바", 이를 직접강제라고 한다.
	(2) 제도의 취지
	직접처분제도는 행정심판법상 재처분의무의 실효성을 담보하기 위해서 마련된
	제도이다.
	(3) 직접처분의 인정요건
	직접강제신청이 인용되기 위해서는 ① 행정심판법 제49조 제2항상의 재처분의
	무가 인정되어야 하고, ② 인용재결의 청구인이 행정심판위원회에 직접강제의 신
	청이 있어야 하고, ③ 당해 행정청이 아무런 처분을 하지 아니하여야 하고, ④ 직
	접강제를 할 수 없는 경우에 해당하지 아니하여야 한다.
	(4) 사안의 경우
	사안의 경우 행정심판위원회가 부작위에 대하여 처분명령재결이 내려졌고,

행정청이 아무런 처분을 하지 아니하는 사정도 모두 인정된다. 甲은 행정심판위원회에 직접강제를 신청하여 불복할 수 있다.

2. 행정심판법상 간접강제청구의 가능성

(1) 간접강제의 의의

행정심판위원회는 피청구인이 행정심판법상 재처분의무에도 불구하고 이를 하지 아니하면 청구인의 신청에 의하여 결정으로 상당한 기간을 정하고 피청구인이 그 기간 내에 이행하지 아니하는 경우에는 그 지연기간에 따라 일정한 배상을 하도록 명하거나 즉시 배상을 할 것을 명할 수 있다(동법 제50조의2).

(2) 제도의 취지

간접강제제도는 ① 직접처분제도의 한계를 보완하고, ② 거부처분취소 및 무효확인재결 등의 재처분의무를 담보하기 위한 제도로서 궁극적으로 청구권자의 권익보호를 위한 제도로 평가된다.

(3) 청구요건

간접강제청구가 인용되기 위해서는 ① 행정심판법 제49조 제2항 내지 제4항에 따른 재처분의무가 인정될 것, ② 행정심판법 제50조에 따른 직접처분이 없을 것, ③ 처분청(피청구인)이 재처분의무를 하지 않을 것, ④ 청구인의 신청이 있어야 한다.

(4) 소결

설문의 경우 직접처분이 행해질 경우 간접강제를 청구할 수 없으나, 직접처분이 행해지지 않는 경우에 간접강제를 청구할 수 있다.

3.	행정심판법상 의무이행심판청구의 가능성
	강남구청장 乙이 인용재결에도 불구하고 아무런 조치를 취하지 않은 부작위에
	대해 의무이행심판을 청구함은 행정심판법 제51조에 기해 재심판청구가 금지되므
	로 甲은 의무이행심판으로는 불복할 수 없다.
Ⅲ.	**행정소송법상 불복방법**
1.	**의무이행소송의 제기가능성**
	(1) 문제점
	현행 행정소송법상 명문의 규정이 없음에도 불구하고 의무이행소송을 인정할
	수 있는지 여부가 ① 국민의 권리구제와, ② 권력분립원칙상 문제된다.
	(2) 의무이행소송의 의의
	의무이행소송이란 "당사자의 행정행위의 신청에 대하여 행정청이 거부하거나
	부작위로 대응하는 경우에, 법원의 판결에 의하여 행정청으로 하여금 일정한 행위
	를 하도록 청구하는 소송"을 말한다.
	(3) 인정 여부
	1) 학설
	이에 대해 학설은 ❶ 권력분립의 원칙과 행정청의 제1차적 법령판단권을 존중하
	여 의무이행소송을 인정할 수 없다는 [소극설], ❷ 국민의 포괄적 권리구제를 위하
	여 의무이행소송을 인정해야 한다는 [적극설], ❸ 의무이행소송은 원칙적으로 인
	정될 수 없으나, ⅰ) 처분요건이 일의적이고, ⅱ) 사전에 구제하지 않으면 회복할
	수 없는 손해가 존재하며, ⅲ) 다른 권리구제방법이 없는 경우에 예외적으로 인정
	될 수 있다는 [절충설(제한적 긍정설)]이 대립된다.

2) 판례

판례는 "행정청의 부작위에 대하여 일정한 처분을 하도록 하는 의무이행소송으로 현행 행정소송법상 허용되지 않는다(대판 94누14018)."라고 판시하여 일관되게 의무이행소송을 부정하고 있다.

3) 검토

검토하건대, 행정소송의 유형은 입법정책의 문제이다. 따라서 부작위의 경우 부작위위법확인소송을 거부처분의 경우 거부처분에 대한 항고소송을 인정하고 있는 현행 행정소송법의 태도상 의무이행소송은 인정된다고 보기 어렵다고 볼 것이다.

2. 부작위위법확인소송의 제기가능성

(1) 부작위위법확인소송의 의의

부작위위법확인소송이란 "행정청의 부작위가 위법임을 확인하는 소송유형"을 말한다(행정소송법 제4조 제3호).

(2) 부작위위법확인소송의 제기요건

(가) 부작위위법확인소송은 ① 부작위가 존재하여야 하고(행정소송법 제2조 제1항 제2호), ② 원고가 법률상 이익을 가져야 하며(행정소송법 제36조), ③ 협의의 소익을 갖추어 ④ 부작위청을 상대로(행정소송법 제13조) 청구하여야 한다.

(나) 사안의 경우 ① 의무이행심판의 인용재결에 아무런 하자가 없으므로 부작위에 해당하고, ② 甲이 법규상·조리상 신청권도 인정됨은 의문의 여지가 없다.

(3) 부작위위법확인소송의 제소기간

부작위위법확인소송은 부작위의 상태가 존재하는 한 제소기간의 제한을 받지 아니한다. 그러나 행정소송법 제38조 제2항에 따라 행정심판위원회의 재결을 거쳐 부작위위법확인소송을 제기하는 경우 행정소송법 제20조 제1항 단서가 준용되므로 동조에 따라 甲은 재결서 정본을 송달받은 2016.8.27.을 기산점으로 하여 90일 내에 부작위위법확인소송을 제기하여야 한다. 사안의 경우 2016.12.5. 현재 이러한 제소기간을 도과하였음은 분명하므로 사안의 경우 甲은 부작위위법확인소송을 제기할 수 없다.

IV. 사안의 검토

이상의 검토에 따라 甲은 행정심판위원회에 직접강제신청을 하거나 간접강제신청을 통해서만 불복할 수 있다.

20 행정심판법상 직접처분과 간접강제

20××년 제×회 공인노무사 시험

甲이 대표이사로 있는 A주식회사는 2017년 10월 28일 근로자 乙 등을 비롯한 200여명의 근로자를 기업의 경쟁력강화를 위한 구조조정의 일환으로 정리해고하였다. 이에 乙 등은 관할 지방노동위원회에 부당해고구제신청을 거쳐 중앙노동위원회에 재심판정을 신청하였으나, 모두 기각하는 내용의 판정을 받았다. 이에 위 A주식회사의 乙 등이 가입되어 있는 丙노동조합은 甲이 관할 지방노동위원회에 제출한 A주식회사의 2017년도 구조조정을 위한 인사관리계획서가 실제와 다르게 허위로 날조되었다고 주장하며 관할 지방노동위원회에 甲이 제출한 위 인사관리계획서를 공개하여 줄 것을 『공공기관의 정보공개에 관한 법률』(이하 '정보공개법'이라 한다)에 따라 청구하였으나, 동 위원회는 위 정보가 공개될 경우 인사 관련정보로서 개인의 사생활을 침해할 우려가 있음을 이유로 이에 대해 비공개결정을 하였다. 丙노동조합은 위 비공개결정에 대한 의무이행심판을 청구하여 정보공개명령재결을 받았음에도 지방노동위원회가 아무런 조치를 취하지 않는 경우 丙노동조합은 행정심판법상 어떠한 구제를 받을 수 있는가(※ 임시의 구제수단은 논외로 할 것)? (25점)

목차

I.	**사안의 쟁점**(1/25)

설문의 경우 행정심판위원회의 정보공개명령재결에도 불구하고 처분청인 지방

노동위원회가 재처분의무를 이행하지 않는 경우 ① 丙노동조합이 행정심판법 제

50조의 직접처분을 신청할 수 있는지 여부와, ② 만약 이것이 불가능한 경우 동법

제50조의2에 따라 간접강제를 신청할 수 있는지 여부가 문제된다.

II.	**직접처분청구의 가능성**(10/25)
1.	**행정심판법상 직접처분의 의의**

행정심판법 제50조는 "위원회는 행정심판법 제49조 제3항의 재처분의무가 있음

에도 불구하고 당사자가 신청하면 기간을 정하여 서면으로 시정을 명하고 그 기간에

이행하지 아니한 경우 직접처분을 할 수 있는바", 이를 직접처분(직접강제)라고 한다.

2.	**제도의 취지**

직접강제제도는 행정심판법상 재처분의무의 실효성을 담보하기 위해서 마련된

제도이다.

3.	**직접강제의 인정요건**
	(1) 적극적 요건

직접강제신청이 인용되기 위해서는 ① 행정심판법 제49조 제3항상의 재처분의

무가 인정되어야 하고, ② 인용재결의 청구인이 행정심판위원회에 직접처분의 신

청이 있어야 하고, ③ 당해 행정청이 아무런 처분을 하지 아니하여야 한다(동법 제

50조 제1항 본문).

(2) 소극적 요건(한계)

직접처분을 할 수 없는 경우에는 위원회는 직접처분을 할 수 없다(동법 제50조 제1항 단서).

4. 직접처분의 효과

행정심판위원회가 직접처분을 한 때에는 그 사실을 당해 행정청에 통보하여야 하며, 그 통보를 받은 행정청은 재결청이 행한 처분을 당해 행정청이 행한 처분으로 보아 관계법령에 따라 관리·감독 등 필요한 조치를 하여야 한다.

5. 사안의 경우

설문의 경우 행정심판법 제49조 제3항에 따른 처분명령재결이 있으나 행정심판위원회는 현실적으로 정보를 보유·관리하는 공공기관이 아니므로 직접처분을 할 수 없는 경우에 해당한다. 따라서 丙노동조합은 직접처분을 관할 행정심판위원회에 청구할 수 없다.

Ⅲ. 간접강제청구의 가능성(12/25)

1. 의의

행정심판위원회는 피청구인이 행정심판법상 재처분의무에도 불구하고 이를 하지 아니하면 청구인의 신청에 의하여 결정으로 상당한 기간을 정하고 피청구인이 그 기간 내에 이행하지 아니하는 경우에는 그 지연기간에 따라 일정한 배상을 하도록 명하거나 즉시 배상을 할 것을 명할 수 있다(동법 제50조의2).

2.	**제도의 취지**
	간접강제제도는 ① 직접처분제도의 한계를 보완하고, ② 거부처분취소 및 무효
	확인재결 등의 재처분의무를 담보하기 위한 제도로서 궁극적으로 청구권자의 권
	익보호를 위한 제도로 평가된다.
3.	**청구요건**
	(1) 행정심판법 제49조 제2항 내지 제4항에 따른 재처분의무가 인정될 것
	행정심판위원회가 간접강제결정을 하려면 ① 거부처분취소(무효확인 및 부존재확
	인)재결, ② 의무이행심판의 처분명령재결, ③ 절차상 하자를 이유로 신청에 따른
	처분이 취소재결된 경우로서 재처분의무가 인정되어야 한다.
	(2) 행정심판법 제50조에 따른 직접처분이 없을 것
	행정심판위원회가 행정심판법 제50조에 따른 직접처분을 한 경우에는 처분청의
	재처분의무가 소멸된다고 보아야 하므로 간접강제를 청구할 수 없다.
	(3) 처분청(피청구인)이 재처분의무를 하지 않을 것
	처분청이 재처분의무를 전혀 이행하지 않는 경우는 이에 해당함에 의문의 여지
	가 없다.
	(4) 청구인의 신청이 있을 것
	행정심판위원회의 간접강제는 청구인의 신청을 요한다.
4.	**소결**
	설문의 경우 직접처분이 행해질 수 없으며, 행정심판법 제49조 제3항에 따른 재
	처분의무도 인정되므로 丙노동조합은 행정심판위원회에 간접강제를 청구할 수는

있다.

Ⅳ. 행정심판법상 의무이행심판청구의 가능성(1/25)

행정심판법 제51조에 따라 재심판청구가 금지되므로 甲은 국토교통부장관의 재처분의무의 불이행에 대해 의무이행심판을 청구할 수는 없다.

Ⅴ. 사안의 해결(1/25)

이상의 검토에 따라 丙노동조합은 행정심판법 제50조에 따라 직접처분을 청구할 수는 없으나 동법 제50조의2에 따라 간접강제를 청구할 수 있을 것으로 보인다.

제3편

사례

20××년 제×회 공인노무사 시험

甲은 인천광역시 ○○구에 위치한 자신의 토지 위에 근린생활시설 및 다세대주택을 신축하기 위하여 건축사 乙에게 건축설계에서 시공까지 전과정 모두 도급을 주었다. 그런데 건축사 乙은 『고용보험 및 산업재해보상보험의 보험료징수 등에 관한 법률』(이하 '보험료징수법'이라고 한다) 제11조에 따라 위 사업에 관한 사업주를 甲으로 기재한 고용보험·산재보험관계성립신고서를 근로복지공단에 작성·제출하였고, 근로복지공단은 이를 수리한 뒤, 甲에게 고용보험·산재보험관계성립통지를 하였다. 이를 송달받은 甲은 이상하게 여겨 조사한 결과, 乙이 고용한 인부들의 고용보험 및 산재보험료를 면탈하기 위하여 자신의 명의로 위조된 보험관계성립신고서를 제출한 사실을 알게 되었다. 이에 甲은 이 사업에 관한 사업주를 乙로 변경하여 줄 것을 내용으로 하는 보험관계변경신고서를 근로복지공단에게 제출하였으나, 공단은 이런저런 이유를 들어 이를 반려하였다. 다음 물음에 대하여 검토하시오.

물음 1) 甲은 자신의 명의로 된 고용보험·산재보험관계를 항고소송을 통해 바로 잡고자 한다. 이를 위해 甲이 제기해야 할 항고소송의 대상은 무엇인가(※ 견해가 대립되는 경우 판례의 입장에 따라 사안을 해결할 것)? (30점)

물음 2) 甲은 이러한 고용보험·산재보험관계에 기초 하에 근로복지공단으로 부터 고용보험료와 산재보험료부과처분의 사전 예고통지를 받았다. 이 경우 甲이 고용·산재보험료 납부의무를 부담하지 않기 위해 제기할 수 있는 행정소송의 유형과 그 허용 여부를 검토하시오(※ 설문(1)의 논점과 동일한 논점은 생략할 것). (20점)

목차

Ⅰ.	설문(1)의 해결 - 甲이 제기해야 할 항고소송의 대상(30/50)
1.	문제점(1/30)

설문(1)의 경우 ① 甲이 제기해야 할 항고소송의 대상과 관련하여 근로복지공단

의 보험관계성립신고수리 및 성립통지가 항고소송의 대상인 처분인지 여부가 문제

되며, 또한 ② 보험관계변경신고수리의 반려가 거부처분에 여부가 우선 문제된다.

2.	보험관계성립신고수리 및 성립통지가 처분인지 여부(15/30)

(1) 처분의 의의

처분이란 "행정청이 구체적 사실에 관한 법집행으로서의 공권력의 행사 및 그

거부 그 밖에 이에 준하는 행정작용"을 말한다(행정소송법 제2조 제1항 제1호).

(2) 처분과 행정행위와의 관계

1) 문제점

처분의 개념적 징표로서 행정행위와 마찬가지로 "직접적 · 대외적 법적 규율성"

을 요구할 것인지와 관련하여 처분과 행정행위의 관계가 문제된다.

2) 학설

이에 대해 학설은 ❶ 처분의 개념적 징표로서 행정행위와 마찬가지로 대외적 ·

직접적 법적 규율성이 요구된다는 [일원설(실체법상 처분개념설)]과, ❷ "그 밖에 이

에 준하는 행정작용"이라는 포괄적 개념규정을 둔 입법취지상 대외적 · 직접적 법

적 규율성을 요구할 수 없다는 [이원설(쟁송법상 처분개념설)]이 대립된다.

3) 판례

대법원은 과거 원칙적으로 실체법상 처분개념설을 취하였으나, 최근 대법원은

처분개념의 확대화 경향에 따라 국민의 권리 · 의무에 관계를 갖거나 법적 불안을

초래하는 경우까지도 처분에 해당함을 인정하고 있다.

4) 검토

국민의 권익구제를 위하여 "국민의 권리 및 의무의 변동"에 해당하지 않고 이를 최대한 넓게 파악하는 판례의 입장이 타당하다.

(3) 처분이 되기 위한 요건

이상의 검토에 따라 어떠한 행정작용이 처분이 되기 위해서는 ① 행정청의 행위여야 하고, ② 구체적 사실에 관한 행위이어야 하며, ③ 국민의 권리·의무에 직접 변동을 초래하거나 또는 영향을 미치는 등의 법집행행위로서 ④ 고권적 지위에서 국민에게 명령·강제하는 공권력행사에 해당하여야 한다.

(4) 설문의 경우

1) 보험관계성립신고수리의 경우

(가) 신고의 의의: 신고란 "사인이 일정한 특정한 사실 및 법률관계를 행정청에게 알리는 사인의 공법행위"를 말한다.

(나) 신고의 종류와 처분성: ❶ [자기완결적(수리를 요하지 않는) 신고]란 신고의 요건을 갖춘 신고만 하면 신고의무를 이행한 것이 되는 신고를 말하며 이에 대한 수리는 사실행위로서 처분에 해당하지 않고, ❷ [행위적 요건(수리를 요하는) 신고]란 신고가 수리되어야 신고의 대상이 되는 행위에 대한 금지가 해제되는 신고로서 이에 대한 수리는 준법률행위적 행정행위로서 처분에 해당한다.

(다) 자기완결적 신고와 행위요건적 신고의 구별기준: 양자의 구별기준에 대한 견해가 대립되나 대법원은 관계법규의 문언과 형식 또는 문언 등을 종합적으로 검토하여 개별·구체적으로 판단해야 한다고 본다.

	(라) 사안의 검토: 보험료징수법 제11조 및 제12조의 보험관계성립 및 변경신고는 관계법상 신고대상행위가 허용되는 사후적 신고라는 점, 관련법상 형식적 요건만을 규정하고 있는 점에 미루어 자기완결적 신고로 봄이 옳다. 따라서 위 신고의 수리는 사실행위로서 처분으로 볼 수 없다.
	2) 보험관계성립통지의 경우
	판례는 "보험관계성립 또는 변경통지는 보험가입자의 개산보험료 납부의무를 확정시키기 위한 예비적 조치 내지 선행적 절차로서 사실상의 통지행위에 불과하다"고 판시하여 처분이 아니라고 본다. 근로복지공단의 보험관계성립통지는 신고로 인해 이미 성립된 보험관계의 성립을 알리는 관념의 통지로서 사실행위이므로 처분성을 부인함이 옳다.
3.	**보험관계변경신고수리의 반려가 처분인지 여부**(12/30)
	(1) 거부처분의 의의
	거부처분이란 "행정청이 국민으로부터 공권력의 행사의 신청을 받았음에도 신청된 내용의 행위를 발급하지 않겠다는 행정청의 소극적 의사표시"를 말한다.
	(2) 거부처분이 되기 위한 요건
	1) 공권력행사에 관한 거부일 것
	행정청의 거부가 작위인 처분과 동일시 할 수 있기 위해서는 그 거부가 공권력행사의 거부이어야 한다.
	2) 공권력행사의 거부로 신청인의 법적 지위에 어떠한 변동을 초래할 것
	그 거부가 국민의 권리의무에 직접적으로 영향을 미치는 것이어야 한다.

3) 법규상·조리상 신청권이 긍정될 것

(가) 의의: 판례는 일관되게 항고소송의 대상이 되는 거부처분이 되기 위해서는 법규상·조리상의 신청권이 존재해야 한다고 판시하고 있다.

(나) 인정 여부 및 법적 성질: 법규상·조리상 신청권의 거부처분이 되기 위한 성립요건인지에 대해 ❶ 신청권은 본안판단의 요소 또는 소송요건 중 원고적격의 요소로 보아 거부처분의 요건은 아니라는 [부정설(본안판단설 및 원고적격설)]과, ❷ 거부처분의 성립요건으로서 요구하는 [인정긍정설(대상적격설)]이 대립된다.

(다) 신청권존부의 판단기준: 신청권의 존부는 구체적 사건에서 신청인이 누구인가를 고려치 않고 관계법규의 해석에 의하여 일반 국민에게 그러한 신청권을 인정하고 있는가를 살펴 추상적으로 결정된다.

(3) 자기완결적 신고의 수리거부가 신청인의 법적 지위에 변동을 일으키는 행위인지 여부

1) 문제점

보험료징수법상 보험관계변경신고가 자기완결적 신고임에도 불구하고 그 수리거부가 신청인의 법적 지위에 어떠한 변동을 일으키는 행위인지가 문제된다.

2) 학설

이에 대해 학설은 ❶ 자기완결적 신고면 사실행위로서 "신청인의 법적 지위의 변동"을 초래할 수 없으므로 거부처분이 될 수 없다는 [부정설(신고의 법적 성질 여하에 따라 구분하는 견해)]와, ❷ 신고의 법적 성질 여하와 관계없이 수리거부가 반려될 경우 신고인이 불이익을 받을 위험 등 법적 지위가 불안정하게 될 수 있는지 여부로 판단하자는 [개별검토설]이 대립된다.

3) 판례의 태도

대법원은 종래 건축법상 신고와 관련하여 ❶설(부정설)의 입장을 취하였으나, 최근 대법원전원합의체 판결을 통해 "건축신고가 자기완결적 신고라도 장차 있을지도 모르는 위험에서 미리 벗어날 수 있도록 길을 열어 주고, 분쟁을 조기에 근본적으로 해결할 수 있게 하는 것이 법치행정의 원리에 부합하므로 착공신고 반려행위는 항고소송의 대상이 된다고 보는 것이 옳다"고 판시하여 ❷설(개별검토설)의 입장이다.

4) 검토

생각건대 국민의 실질적인 권익구제를 위하여 변경된 판례의 입장에 따라 판단함이 타당하다고 여겨진다.

(4) 법규상·조리상 신청권의 인정 여부

대법원은 ① 사업종류변경에 관한 신고의 경우에는 "보험가입자인 사업주에게 보험료율의 산정의 기초가 되는 사업종류의 변경에 대한 조리상 신청권이 있다고 봄이 상당하다주1)"고 판시하여 신청권을 긍정하나 ② 사업주변경신고의 경우에는 "산재법은 이에 관한 규정을 두고 있지 않으므로 법규상으로 신청권이 인정된다고 볼 수 없고, 사업주 변경신청과 같은 내용의 조리상 신청권이 인정된다고 볼 수도 없다주2)"고 판시하여 사안의 경우 법규상·조리상 신청권을 모두 부정한다. 그러나 현행 보험료징수법시행령 제9조에 이에 관한 규정을 두고 있는 만큼 신청권을 긍정함이 타당하다.

(5) 사안의 경우

이상의 검토에 따라 판례에 따르면 신청권의 결여로 거부처분으로 볼 수 없으나 보험료징수법시행령에 규정이 있는 만큼 거부처분에 해당한다고 봄이 타당하다.

4.	**사안의 해결**(2/30)
	판례에 따라 사안의 경우 모든 조치가 처분에 해당하지 아니하므로 甲은 항고소
	송을 통해 보험관계를 바로 잡을 수 없다.
Ⅱ.	**설문(2)의 해결 - 甲이 고용 · 산재보험료 납부의무를 부담하지 않기 위해 제**
	기할 수 있는 행정소송의 유형(18/50)
1.	**문제점**(1/18)
	설문(2)의 경우 甲이 고용 · 산재보험료 납부의무를 부담하지 않기 위해서는 ①
	고용보험료 및 산재보험료부과처분이 곧 발령될 예정이므로 이를 막기 위해 예방
	적 금지소송을 제기할 수 있는지 여부와, ② 공법상 당사자소송으로 고용 · 산재보
	험료 납부의무 부존재확인의 소를 제기할 수 있는지 여부가 문제된다.
2.	**고용 · 산재보험료부과처분에 대한 예방적 금지소송의 허용 여부**(10/18)
	(1) 예방적 금지소송의 의의
	예방적 금지소송이란 "행정청이 특정한 행정행위 또는 처분을 하지 않을 것을
	구하는 내용의 행정소송"을 말한다. 이러한 예방적 금지소송이 현행 행정소송법상
	인정될 수 있는지 여부가 문제된다.
	(2) 인정 여부에 관한 학설
	이에 대해 학설은 ❶ 이러한 부작위명령을 내리는 판결은 권리분립원칙상 허용
	되지 않는다고 보아 동 소송을 부정하는 [소극설], ❷ 국민의 포괄적 권리구제를
	위하여 무명소송으로서 인정하여야 한다는 [적극설], ❸ 원칙적으로 인정될 수 없
	으나, ⅰ) 처분이 이루어질 개연성이 있고, ⅱ) 그 내용이 요건의 일의적이며,

iii) 회복할 수 없는 손해가 발생할 우려가 있고, iv) 이에 대한 다른 구제방법이 없는 경우에만 인정해야 한다는 [절충설(제한적 긍정설)]이 대립된다.

(3) 판례

판례는 "일정한 부작위의 의무를 명하는 판결을 구하는 소송은 현행 행정소송법상 인정될 수 없다"고 하여 예방적 금지소송을 인정하지 아니한다.

(4) 검토

현행 행정소송법상 예방적 금지소송을 인정할 경우 행정권한을 지나치게 위축시킬 우려가 있으므로 부정함이 타당하다.

3. 실질적 당사자소송의 제기가능성(7/18)

(1) 의의

실질적 당사자소송이란 본래 의미의 당사자소송으로서 대등한 당사자 사이의 공법상의 법률관계 또는 권리관계에 관한 소송을 말한다. 여기에는 ① 처분 등을 원인으로 하는 법률관계에 관한 소송과, ② 그 밖에 공법상 법률관계에 관한 소송이 있다.

(2) 실질적 당사자소송의 대상

1) 처분 등을 원인으로 하는 법률관계에 관한 소송

행정청의 처분 등을 원인으로 하는 법률관계라 함은 처분 등에 의하여 발생·변경·소멸된 법률관계를 말한다.

2) 그 밖에 공법상 법률관계에 관한 소송

그 밖에 공법상의 법률관계란 처분 등을 원인으로 하지 않는 공법상의 법률관계를 말한다. 여기에는 ① 공법상 계약의 불이행시에 제기하는 소송, ② 공법상 금전지급청구를 위한 소송, ③ 공법상 지위·신분의 확인을 구하는 소송 등이 있다.

(3) 사안의 검토

고용·산재보험료 납부의무 부존재확인은 공법상 법률관계에 관한 다툼에 해당하고 처분 등을 원인으로 하는 법률관계도 아니므로 실질적 당사자소송의 대상이 된다. 따라서 甲은 근로복지공단을 상대로 공법상 당사자소송으로 고용·산재보험료 납부의무 부존재확인소송을 제기하여 자신의 고용·산재보험료 납부의무를 면할 수 있다.[주3]

Ⅲ. 사안의 해결(2/50)

1. 설문(1)의 경우 甲은 고용보험·산재보험관계를 바로 잡기 위하여 다툴 수 있는 처분이 존재하지 아니하므로 항고소송을 통해 고용보험·산재보험관계를 바로 잡을 수 없다.

2. 설문(2)의 경우 甲은 자신의 고용·산재보험료 납부의무를 면하기 위하여 근로복지공단을 상대로 공법상 당사자소송으로 고용·산재보험료 납부의무 부존재확인소송을 제기하여야 한다. 판례의 입장도 마찬가지이다.

주1) **[대판 2008.5.8. 2007두10488]**

보험가입자인 사업주가 사업종류의 변경을 통하여 보험료율의 시정을 구하고자 하는 경우, 사업주는 피고가 통지한 사업종류에 따른 개산보험료나 확정보험료를 신고납부하지 아니한 후 피고가 소정 절차에 따라 산정한 보험료 또는 차액의 납부를 명하는 징수통지를 받을 때까지 기다렸다가 비로소 그 징수처분에 불복하여 그 절차에서 사업종류의 변경 여부를 다툴 수 있다고 하면 앞서 본 바와 같은 불이익을 입을 수 있는 등 산재보험관계상의 불안정한 법률상 지위에 놓이게 되는데 이는 사업주의 권리보호에 미흡하며, 사업종류는 보험가입자인 사업주가 매 보험연도마다 계속 납부하여야 하는 산재보험료 산정에 있어 필수불가결한 기초가 되는 것이므로 사업종류 변경신청에 대한 거부행위가 있을 경우 바로 사업주로 하여금 이를 다툴 수 있게 하는 것이 분쟁을 조기에 발본적으로 해결할 수 있는 방안이기도 하다. <u>이와 같은 사정을 모두 고려하여 보면, 보험가입자인 사업주에게 보험료율의 산정의 기초가 되는 사업종류의 변경에 대한 조리상 신청권이 있다고 봄이 상당하다.</u>

주2) **[대판 2016.7.14. 2014두47426]**

산업재해보상보험법, 고용보험 및 산업재해보상보험의 보험료징수 등에 관한 법률 등 관련 법령은 <u>사업주가 이미 발생한 업무상 재해와 관련하여 당시 재해근로자의 사용자가 자신이 아니라 제3자임을 근거로 사업주 변경신청을 할 수 있도록 하는 규정을 두고 있지 않으므로 법규상으로 신청권이 인정된다고 볼 수 없고,</u> 산업재해보상보험에서 보험가입자인 사업주와 보험급여를 받을 근로자에 해당하는지는 해당 사실의 실질에 의하여 결정되는 것일 뿐이고 근로복지지공단의 결정에 따라 보험가입자(당연가입자)지위가 발생하는 것은 아닌 점 등을 종합하면, <u>사업주 변경신청과 같은 내용의 조리상 신청권이 인정된다고 볼 수도 없으므로, 근로복지공단이 신청을 거부하였더라도 乙 회사의 권리나 법적 이익에 어떤 영향을 미치는 것은 아니어서, 위 통지는 항고소송의 대상이 되는 행정처분이 되지 않는다.</u>

주3) **[대판 2016.10.13. 2016다221658]**

고용보험 및 산업재해보상보험의 보험료징수 등에 관한 법률 제4조, 제16조의2, 제17조, 제19조, 제23조의 각 규정에 의하면, <u>사업주가 당연가입자가 되는 고용보험 및 산재보험에서 보험료 납부의무 부존재확인의 소는 공법상의 법률관계 자체를 다투는 소송으로서 공법상 당사자소송이다.</u>

02 경정처분과 재결취소소송

┌─────────────────────────────────┐
│   20××년 제×회 공인노무사 시험   │
└─────────────────────────────────┘

S주식회사에서 근무하던 근로자 甲은 분진사업장에서 작업하던 중 2013.10.8. 진폐증의 진단을 받게 되자, 관할 근로복지공단에게 『산업재해보상보험법』(이하 "산재법"이라 한다)에 따라 업무상 재해로 인한 산업재해 보험급여 청구를 하였다. 이에 관할 근로복지공단은 S주식회사의 평균임금을 기준으로 금 3,000만 원의 보험급여결정을 하였다. 그러나 근로자 甲은 최근 정기상여금 등을 통상임금에 해당함을 인정한 대법원 전원합의체 판결(대판 2013.12.18. 2012다89399 전합)에 따라 산정된 평균임금을 기초로 보험급여를 지급해 달라는 취지의 심사청구를 위 공단에게 하였고, 공단은 이러한 甲의 청구를 받아들여 금 4,000만 원의 보험급여조정결정을 하였다. 다음 물음에 대하여 검토하시오.

물음 1) S주식회사의 대표이사인 사업주 乙은 "甲은 근로기준법상 근로자에 해당하지 않는다"는 이유를 들어 위 공단의 심사결정에 대하여 불복하여 재심사를 청구하였으나, 기각당하자 관할 법원에 항고소송을 제기하고자 한다. 乙은 무엇에 대하여 항고소송을 제기하여야 하는가? 한편 甲이 위 공단의 당초 3,000만 원의 보험급여는 지급받았으나 위 공단의 보험급여조정결정에도 불구하고 공단이 그 차액인 1,000만 원을 지급하지 아니하자 위 공단에 그 차액분의 지급신청을 하였으나 반려된 경우, 甲은 이러한 반려조치에 대하여 항고소송을 제기할 수 있는가? (30점)

물음 2) 만약 위 4,000만 원의 보험급여조정결정이 산업재해보상보험재심사위원회(이하 "재심사위원회"라 한다)의 재심사결정에 의해 내려진 경우, 乙이 제기해야 할 소송의 대상에 대해 설명하시오. (20점)

┌──────────┐
│ 참조조문 │
└──────────┘

┌──┐
│ **산업재해보상보험법**   │
│ 제103조(심사청구의 제기) ① 다음 각 호의 어느 하나에 해당하는 공단의 결정 등(이하 "보험급여 결정등"이라 한 │
│   다)에 불복하는 자는 공단에 심사 청구를 할 수 있다.   │
│ 1. 제3장 및 제3장의2에 따른 보험급여에 관한 결정   │
│ 제106조(재심사 청구의 제기) ① 제105조 제1항에 따른 심사 청구에 대한 결정에 불복하는 자는 제107조에 따른 산 │
│   업재해보상보험재심사위원회에 재심사 청구를 할 수 있다. 다만, 판정위원회의 심의를 거친 보험급여에 관한 결 │
│   정에 불복하는 자는 제103조에 따른 심사 청구를 하지 아니하고 재심사 청구를 할 수 있다.   │
│ 제111조(다른 법률과의 관계) ② 제106조에 따른 재심사 청구에 대한 재결은 「행정소송법」 제18조를 적용할 때 행정 │
│   심판에 대한 재결로 본다.   │
│   ③ 제103조 및 제106조에 따른 심사 청구 및 재심사 청구에 관하여 이 법에서 정하고 있지 아니한 사항에 대하여 │
│   는 「행정심판법」에 따른다.   │
└──┘

목차

I.	**설문(1)의 해결 - 甲이 제기해야 할 항고소송의 대상과 반려조치의 처분성**
	(29/50)
1.	**문제점**(1/29)
	(가) 사업주 乙이 제기해야 할 항고소송의 대상과 관련하여 ① (원)처분인지 재심
	사위원회의 재결인 재심사결정인지가 문제되며, ② 만약 원처분이라면 당초
	의 보험급여결정인지 이를 변경시킨 보험급여조정결정인지와 관련하여 증액
	경정처분에 대한 소의 대상이 문제된다.
	(나) 한편 甲이 공단 보험금지급신청의 반려조치에 대해 항고소송을 제기할 수 있
	는지와 관련하여 위 반려조치가 거부처분에 해당하는지 여부가 문제된다.
2.	**甲이 제기해야 할 항고소송의 대상**(16/29)
	(1) 원처분과 재결이 동시에 존재하는 경우 항고소송의 대상
	1) 입법주의(원처분주의와 재결주의)
	이에 대해 ❶ [원처분주의]이란 원처분과 재결 모두 항고소송의 대상으로 하되
	원처분의 위법은 원처분에 대한 항고소송에서만 주장할 수 있고, 재결에 대한 항
	고소송에서는 재결 자체의 고유한 하자에 대해서만 주장할 수 있는 제도를 말한
	다. ❷ [재결주의]는 재결이 있는 경우에 원처분에 대해서는 제소가 불가능하고 재
	결에 대해서만 행정소송의 대상이 되며, 다만 원처분의 위법사유도 아울러 주장할
	수 있다는 원칙을 의미한다.
	2) 현행 행정소송법의 태도(원처분주의)
	현행 행정소송법 제19조는 [원처분주의]를 택하고 있다.

3) 원처분주의 하에서 재결이 항고소송의 대상이 되는 경우

(가) 원처분주의에서는 재결이 취소소송의 대상이 되는 경우는 재결자체에

고유한 위법이 있는 경우에 한 하는바(행정소송법 제19조 후단), 재결자체의

고유한 위법이란 "원처분에는 없고 재결에만 있는 주체·절차·형식·

내용상 위법"이 있는 것을 말한다.

(나) 사안의 경우 사업주 乙의 청구취지상 "재결자체의 고유한 위법"을 주장

하는 것은 아니므로 乙은 원처분에 대한 항고소송을 제기하여야 한다.

(2) 증액경정처분의 경우 소의 대상

1) 문제점

경정처분이란 당초의 처분에 오류가 있어 당초처분을 시정하기 위하여 행하는

행정처분을 말한다. 원래의 보험급여처분을 증액 또는 감액경정처분을 할 경우 그

소의 대상과 관련하여 견해가 대립된다.

2) 학설

이에 대해 학설은 ❶ 원과처분과 경정처분은 서로 독립하여 존재하고 양자가

별개로 소송의 대상이 된다는 [병존설], ❶ 원처분이 경정처분에 흡수되어 소멸하

므로, 경정처분만이 소송의 대상이 된다는 [흡수설], ❸ 경정처분은 원처분에 역흡

수되어 소멸하게 되므로, 원처분만이 소송의 대상이 된다는 [역흡수설]이 대립한다.

3) 판례

대법원은 ① [증액경정처분]의 경우, 「당초 한 결정은 증액경정처분에 흡수됨으

로써 독립된 존재가치를 잃고 그 효력이 소멸되어, 납세의무자는 그 증액갱정처분

만을 쟁송의 대상으로 삼아야 한다」(대판 1992.5.26. 91누9596)라고 판시하여 흡수설의

입장을 따르는 것으로 보이나, ② [감액경정처분]의 경우 "감액경정처분은 처음의

과세표준과 세액의 일부를 취소하는데 지나지 아니하는 것이므로 처음의 과세처분이 감액된 범위내에서 존속하게 되고 이 처분만이 쟁송의 대상이 되고 이 경우 전심절차의 적법 여부는 당초처분을 기준으로 하여 판단하여야 한다"(대판 1987.12.22. 85누599)고 하여 역흡수설의 입장이다.

4) 검토

판례에 따르면 사안의 경우 보험급여를 증액하는 보험급여조정결정이 항고소송의 대상이 된다. 그러나 생각건대, 국세기본법 제22조의3에서는 병존설에 입각한 규정을 두고 있고 당사자의 권리구제와 관련하여서도 [병존설]의 입장이 타당하다.

(3) 소결

이상의 검토에 따라 사업주 乙은 원처분에 대하여 항고소송을 제기하여야 하고, 원처분은 심사청구에 의해 증액결정되었으나 당초의 4,000만 원 보험급여결정과 보험급여조정결정 모두가 항고소송의 대상이 된다고 봄이 타당하다.

3. 공단의 보험금지급반려조치에 대한 항고소송의 제기가능성(12/29)

(1) 거부처분의 의의

거부처분이란 "행정청이 국민으로부터 공권력의 행사의 신청을 받았음에도 신청된 내용의 행위를 발급하지 않겠다는 행정청의 소극적 의사표시"를 말한다.

(2) 취소소송의 대상이 되기 위한 요건

1) 공권력행사에 관한 거부일 것

행정청의 거부가 작위인 처분과 동일시할 수 있기 위해서는 그 거부가 우선 공권력 행사의 거부이어야 한다.

2) 공권력행사의 거부로 신청인의 법적 지위에 어떠한 변동을 초래할 것

그 거부가 국민의 권리의무에 직접적으로 영향을 미치는 것이어야 한다.

3) 법규상·조리상 신청권이 긍정될 것

(가) 의의: 판례는 일관되게 항고소송의 대상이 되는 거부처분이 되기 위해서는 법규상·조리상의 신청권이 존재해야 한다고 판시하고 있다.

(나) 인정 여부 및 법적 성질: 법규상·조리상 신청권에 대하여 ❶ 신청권은 거부처분의 성립요건으로 요구될 수 없다는 [부정설(본안판단설과 원고적격설)]과 ❷ 거부처분의 성립요건으로 요구하는 [인정긍정설(대상적격설)]이 대립된다.

(다) 신청권존부의 판단기준: 신청권의 존부는 구체적 사건에서 신청인이 누구인가를 고려치 않고 관계법규의 해석에 의하여 일반 국민에게 그러한 신청권을 인정하고 있는가를 살펴 추상적으로 결정된다.

(3) 사안의 검토

사안의 경우 ① 산재법상 보험급여결정에 따른 그 지급은 공권력행사로 볼 수 있으나, ② 이미 보험급여결정이 이루어 진 단계에서 그에 대한 현실적인 지급행위는 사실행위로서 신청인의 법적 지위에 어떠한 영향을 미치는 행위로 볼 수 없으므로 위 반려조치는 거부처분에 해당하지 아니한다고 볼 것이다. 판례도 마찬가지 입장이다.[주1] 따라서 甲은 보험급여결정이 이루어 진 경우 그 현실적인 지급을 구하기 위해서는 행정소송법상 당사자소송을 통해 그 지급을 청구하여야 한다.

Ⅱ.	**설문(2)의 해결 – 변경재결의 경우 항고소송의 대상**(18/50)
1.	**문제점**(2/18)
	설문(2)의 경우 "산재법" 제111조 제2항 및 제3항에 따라 재심사위원회의 재심결
	정은 행정소송법상 재결(등)에 해당한다. 따라서 이 경우 재심사위원회의 변경재결
	에 의해 당초의 보험급여결정이 변경된 경우 앞서 살펴 본 원처분주의의 원칙상
	乙은 원처분에 대한 항고소송을 제기하여야 한다. 이 경우 원처분주의의 원칙상
	소의 대상에 대해서는 견해가 대립되는바, 이하에서 검토한다. 또한 사안상 乙이
	재결자체의 고유한 위법을 주장하는지 여부는 불투명하므로 이에 대한 소의 대상
	에서도 함께 검토하여 본다.
2.	**乙이 (원)처분에 대하여 항고소송을 제기하는 경우**("재결자체의 고유한 위법"을 주장
	하지 않는 경우)(14/18)
	(1) 문제점
	원처분이 행정심판의 재결에 의해 변경된 경우 원처분주의의 원칙상 어떠한 처
	분을 다투어야 하는지 여부가 문제된다.
	(2) 학설
	이에 대해 학설은 ❶ 원처분주의의 원칙상 재결에 의해 수정되고 남은 원처분
	에 대하여 원처분청을 상대로 소를 제기해야 한다는 [수정된 원처분설]과, ❷ 변경
	재결은 원처분을 취소하고 새로운 처분을 내리는 결정이므로 위원회를 상대로 변
	경재결을 대상으로 소를 제기해야 한다는 [변경재결설]가 대립한다.
	(3) 판례
	대법원은 변경재결의 경우 "수정된 원처분의 취소를 구하는 방식을 취해야지

	위원회를 피고로 수정재결의 취소를 구해서는 아니된다"고 판시하여 수정된 원처
	분설의 입장인 것으로 보인다.
	(4) 검토
	위원회를 상대로 변경재결을 대상으로 항고소송을 제기할 경우 행정소송법 제
	19조 단서상의 "재결의 고유한 위법을 다투는 항고소송"과 구별할 수 없으므로 원
	처분주의 원칙에 충실하는 [수정된 원처분설]의 입장이 타당하다고 보여진다.
3.	**乙이 재결에 대해 항고소송을 제기하는 경우**("재결자체의 고유한 위법"을 주장하는
	경우)(2/18)
	행정소송법 제19조 단서상 乙이 원처분에는 존재하지 아니하고 재결에만 존재
	하는 재결자체의 고유한 위법을 주장하는 경우에는 재심사위원회의 변경재결에
	대하여 항고소송을 제기하여야 함에는 의문의 여지가 없다.
Ⅲ.	**설문의 해결**(3/50)
1.	설문⑴의 경우 乙은 근로복지공단의 당초의 4,000만 원의 보험급여결정과 이를
	경정하는 증액보험급여조정결정 모두에 대해 항고소송을 제기할 수 있으나 판례
	의 입장에 따르면 보험급여조정결정에 대해서만 소를 제기하여야 한다. 한편 甲은
	위 반려조치는 거부처분에 해당하지 아니하므로 보험금지급을 구하는 당사자소송
	을 제기하여야 한다.
2.	설문⑵에서는 乙이 재심사위원회의 재심결정의 고유한 위법을 주장하는 경우
	가 아니라면 4,000만 원으로 변경된 당초의 3,000만 원 보험급여결정에 대하여 근
	로복지공단을 상대로 항고소송을 제기하여야 하고, 재심결정의 고유한 위법을

주장하는 경우라면 재심사위원회를 상대로 위 재심사결정에 대한 항고소송을 제

기하여야 한다.

주1) [대판 2011.12.8. 2010두10655]

산업재해보상보험법 제14조 제3호 및 제4호, 제88조 내지 제94조의 규정을 종합하여 보면, 같은 법이 규정한 보험급여지급의 요건에 해당하여 보험급여를 받을 권리가 있는 자라고 할지라도 그 요건에 해당하는 것만으로 바로 구체적인 청구권이 발생하는 것이 아니라 근로복지공단의 인용결정에 의하여 비로소 구체적인 청구권이 발생한다고 할 것이고, 이 경우 근로복지공단이 보험급여를 지급하기로 하는 결정이나 그 지급을 거부하는 결정은 신청인에게 급여청구권이 있는지의 여부를 공권적으로 확정하는 준법률행위적 행정행위로서의 확인에 해당하여 행정처분이라 할 것인데, 보험급여에 관한 지급결정이 있었음에도 그 후에 근로복지공단이 보험급여의 지급을 거절한다면 이는 이미 결정된 보험급여의 이행이라는 사실행위를 하지 아니하는 것으로서 이에 대한 법적 구제는 당사자소송을 통하여 직접적으로 근로복지공단을 상대로 사실행위로서의 급여의 지급을 구하여야 하고, 이러한 사실행위의 불이행을 또다시 지급거부결정으로서의 성질을 갖는 행정처분으로 파악하여 항고소송(취소소송)의 대상으로 삼을 수는 없다.

> 20××년 제×회 공인노무사 시험

S전자주식회사 반도체 공장에서 설비엔지니어로 약 10여 년 동안 근무하여 왔던 근로자 甲은 원인 모를 백혈병 진단을 받게 되자, 관할 근로복지공단에게 『산업재해보상보험법』(이하 "산재법"이라 한다)에 따라 업무상 재해로 인한 산업재해 보험급여 청구를 하였다. 이에 위 공단은 업무상 질병판정위원회 심의 결과 백혈병과 사업장에서의 근무와는 인과관계가 있는 것으로 볼 수 없다는 이유로 甲의 청구를 2013.5.5. 반려하였다. 甲은 2013.5.8.에 이러한 반려처분서를 송달받았고, 위 공단에게 심사청구를 하였으나 위 공단은 2013.8.1. 앞선 사유와 동일한 이유로 甲의 청구를 기각하였다.

물음 1) 2013.8.3.에 기각결정서를 송달받은 甲은 2013.9.20.에 관할 법원에 위 공단의 반려조치에 대하여 취소소송을 제기하였다. 甲이 제기한 취소소송의 제기는 적법한가? (25점)

물음 2) 甲은 산업재해보상보험재심사위원회(이하 "재심사위원회"라 한다)에 재심사를 청구하여 동 위원회로부터 산업재해 판정을 받아 보험급여를 승인하는 재심사결정을 2013.10.10.에 송달받았다. S전자주식회사의 사업주 乙은 위 재심사위원회의 재심사결정에 대하여 취소소송을 제기하고자 한다. 이러한 취소소송의 제기가 적법한지를 설명하라. (25점)

참조조문

산업재해보상보험법

제103조(심사청구의 제기) ① 다음 각 호의 어느 하나에 해당하는 공단의 결정 등(이하 "보험급여 결정등"이라 한다)에 불복하는 자는 공단에 심사 청구를 할 수 있다.
1. 제3장 및 제3장의2에 따른 보험급여에 관한 결정

제106조(재심사 청구의 제기) ① 제105조 제1항에 따른 심사 청구에 대한 결정에 불복하는 자는 제107조에 따른 산업재해보상보험재심사위원회에 재심사 청구를 할 수 있다. 다만, 판정위원회의 심의를 거친 보험급여에 관한 결정에 불복하는 자는 제103조에 따른 심사 청구를 하지 아니하고 재심사 청구를 할 수 있다.

제111조(다른 법률과의 관계) ② 제106조에 따른 재심사 청구에 대한 재결은 「행정소송법」 제18조를 적용할 때 행정심판에 대한 재결로 본다.
③ 제103조 및 제106조에 따른 심사 청구 및 재심사 청구에 관하여 이 법에서 정하고 있지 아니한 사항에 대하여는 「행정심판법」에 따른다.

목차

Ⅰ.	설문(1)의 해결 - 甲의 취소소송제기의 적법 여부(24/50)
1.	**문제점(1/24)**
	甲의 취소소송의 제기가 적법하기 위해서는 ① 취소소송의 대상인 처분등(행정소송법 제19조, 제2조 제1항 제1호)에 대하여 ② 원고적격("법률상 이익")을 갖은 자(행정소송법 제12조)가 ③ 정당한 피고(행정소송법 제13조)를 상대로 ④ 협의의 소익을 갖추어 ⑤ 제소기간 내(행정소송법 제20조)에 ⑥ 필수적인 경우 전심절차(행정소송법 제18조)를 거쳐 제기해야 한다. 사안의 경우에는 근로복지공단의 반려조치가 거부처분인지 여부와 제소기간의 준수 여부 및 전심절차의 준수 여부가 문제된다.
2.	**거부처분에 해당하는지 여부(10/24)**
	(1) 거부처분의 의의
	거부처분이란 "행정청이 국민으로부터 공권력의 행사의 신청을 받았음에도 신청된 내용의 행위를 발급하지 않겠다는 행정청의 소극적 의사표시"를 말한다.
	(2) 거부처분이 되기 위한 요건
	1) 공권력행사에 관한 거부일 것
	행정청의 거부가 작위인 처분과 동일시할 수 있기 위해서는 그 거부가 우선 공권력 행사의 거부이어야 한다.
	2) 공권력행사의 거부로 신청인의 법적 지위에 어떠한 변동을 초래할 것
	그 거부가 국민의 권리의무에 직접적으로 영향을 미치는 것이어야 한다.
	3) 법규상·조리상 신청권이 긍정될 것
	(가) 의의: 판례는 일관되게 항고소송의 대상이 되는 거부처분이 되기 위해서는 법규상·조리상의 신청권이 존재해야 한다고 판시하고 있다.

(나) 인정 여부 및 법적 성질: 법규상·조리상 신청권의 거부처분이 되기 위한 성립요건인지에 대해 ❶ 신청권은 본안판단의 요소라는 견해와 소송요건중 원고적격의 요소로 보아 거부처분의 요건은 아니라는 [부정설(본안판단설 및 원고적격설)]과, ❷ 거부처분의 요건으로서 요구하는 [인정긍정설(대상적격설)]이 대립된다.

(다) 신청권존부의 판단기준: 신청권의 존부는 구체적 사건에서 신청인이 누구인가를 고려치 않고 관계법규의 해석에 의하여 일반 국민에게 그러한 신청권을 인정하고 있는가를 살펴 추상적으로 결정된다.

(3) 사안의 검토

① 산재법상 보험급여결정은 공권력행사로 볼 수 있고, ② 급여결정의 거부행위로 인해 근로자는 산재법상 급여를 받을 수 없게 되는 재산권에 대한 침해가 인정되며, ③ 산재법 제40조에 따라 근로자 甲의 법규상 신청권도 인정되므로 거부처분에 해당한다고 보인다.

3. **예외적 필수적 전심절차의 준수 여부**(4/24)

(1) 재심사청구의 의의

재해자는 심사청구의 결정에 대해 불복이 있는 자는 관할 근로복지공단을 거쳐 산업재해보상보험재심사위원회에 심사청구의 결정이 있음을 안 날로부터 90일 이내에 재심사청구를 할 수 있다(산재법 106조).

(2) 법적 성질

산재법 제111조 제2항에서는 재심사청구의 재결은 행정심판의 재결로 간주하고 있으므로 재심사청구는 산재법상의 특수한 행정심판으로 보아야 할 것이다. 그러나 대법원은 "산재법상 보험급여에 관한 결정에 대하여 불복이 있는 사람으로서는 심사청구 및 재심사청구를 거치지 아니하고 바로 취소소송을 제기할 수 있다(대판 2002두6811)"고 판시하여 임의적 전치사항으로 보고 있다.

(3) 소결

따라서 재심사위원회의 재심사청구는 임의적 전치사항이므로 이를 거치지 아니하고 바로 취소소송을 제기한 것에는 아무런 하자가 없다.

4. 취소소송의 제소기간의 준수 여부(9/24)

(1) 문제점

행정소송법 제20조에서는 처분등이 있음을 안 날로부터 90일 이내에, 처분등이 있은 날로부터 1년 내에 취소소송을 제기하도록 규정하고 있고, 다만 동법 제20조 제1항에 따라 행정심판을 제기한 경우에는 재결서의 정본을 송달받은 날로부터 90일이 제소기간이 된다. 사안의 경우 공단에 대한 심사청구를 거쳐 취소소송을 제기하는 경우 우선 동법 제20조 제1항 단서의 제소기간이 적용되는지와 관련하여 산재법상 심사청구의 성질이 문제된다.

(2) 행정소송법 제20조 제1항 단서의 적용가능성

1) 동조의 "행정심판"의 의미

대법원은 이에 대한 행정심판에 대해 "행정심판법에 따른 일반행정심판과 이에 대한 특례로서 다른 법률에서 사안의 전문성과 특수성을 살리기 위하여 특히 필요하여 일반행정심판을 갈음하는 특별한 행정불복절차를 정한 경우의 특별행정심판(행정심판법 제4조)을 뜻한다"고 판시하고 있다. 따라서 위 공단의 심사청구가 일반행정심판을 갈음하는 특별행정심판인지 여부가 문제된다.

2) 산재법상 "심사청구"의 성질

심사청구는 처분청인 당해 근로복지공단에 대해 심사를 청구하는 것(산재법 제103조)으로서 특수한 행정심판이 아닌 본래적 이의신청으로 보인다. 대법원도 "산재법상 심사청구에 관한 절차는 보험급여 등에 관한 처분을 한 근로복지공단으로 하여금 스스로의 심사를 통하여 당해 처분의 적법성과 합목적성을 확보하도록 하는 근로복지공단 내부의 시정절차에 해당한다고 보아야 한다(대판 2012두3859)"고 판시하고 있다.[주1]

3) 소결

이상의 검토에 따라 산재법상 심사청구는 행정소송법 제20조 제1항 단서의 "행정심판"이 아니므로 동규정의 제소기간은 적용되지 않는다.

(3) 산재법 제106조 제3항이 취소소송의 경우에 준용되는지 여부

대법원은 이의신청을 하여 기각된 경우 이에 재차 행정심판을 거치지 않고 취소소송을 제기하는 경우에 근거법률에 이의신청 후 행정심판에 관한 청구기간을 둔 경우 "행정소송법 제18조 제1항 본문에 입법취지상 이의신청을 받아들이지 아니하는 결과를 통보받은 자는 통보받은 날부터 90일 이내에 행정심판법에 따른 행정심판 또는 행정소송법에 따른 취소소송을 제기할 수 있다(대판 2016.7.27. 2015두45953)"고 판시하여 산재법 제106조 제3항이 재심사청구 없이 취소소송을 제기하는 경우에도 준용된다고 보고 있다.

(4) 사안의 해결

이상의 검토에 따라 사안의 경우에는 행정소송법 제20조 제1항 단서가 적용되지 않으나 산재법 제106조 제3항이 준용되는 결과 심사청구의 기각결정서를 송달받은 2013.8.3.로부터 소제기시점인 동년 9.20.은 90일의 기간을 도과하지 아니하였으므로 甲의 취소소송제기는 적법하다고 볼 것이다.

Ⅱ. 설문(2)의 해결 – 乙이 제기한 취소소송의 적법 여부(24/50)

1. 문제점(1/24)

설문(2)에서는 "산재법" 제111조 제2항 및 제3항에 따라 재심사위원회의 재심결정은 행정소송법상 재결(등)에 해당한다. 따라서 ① 이 경우 재심사위원회의 인용재결(보험급여승인결정)을 다투는 취소소송이 행정소송법 제19조에 따라 가능한지 여부와, ② 사업주 乙이 재심사위원회의 인용재결(보험급여승인결정)을 다툴 원고적격이 인정되는지 여부가 행정소송법 제12조의 "법률상 이익"의 해석과 관련하여 문제된다.

2. 재심사위원회의 인용재결이 취소소송의 대상인지 여부(14/24)

(1) 입법주의

1) 원처분주의

원처분주의이란 "원처분의 위법은 원처분에 대한 항고소송에서만 주장할 수 있고, 재결에 대한 항고소송에서는 재결 자체의 고유한 하자에 대해서만 주장할 수 있는 제도"를 말한다.

2) 재결주의

재결주의란 "재결이 있는 경우에 원처분에 대해서는 제소가 불가능하고 재결에 대해서만 행정소송의 대상이 되며, 다만 원처분의 위법사유도 아울러 주장할 수 있다는 원칙"을 의미한다.

(2) 현행 행정소송법의 태도

현행 행정소송법 제19조는 "취소소송은 처분등을 대상으로 한다. 다만, 재결취소소송의 경우에는 재결 자체에 고유한 위법이 있음을 이유로 하는 경우에 한한다"고 규정하여 원처분주의를 채택하고 있다.

(3) "재결자체의 고유한 위법"의 의미

1) 의의

원처분주의 하에서는 재결이 취소소송의 대상이 되는 경우는 재결자체에 고유한 위법이 있는 경우에 한 하는바(행정소송법 제19조 후단), 재결자체의 고유한 위법이란 "원처분에는 없고 재결에만 있는 주체·절차·형식상 위법"이 있는 것을 말한다.

2) "재결자체의 고유한 위법"에 재결의 내용상 하자도 포함되는지 여부

재결의 내용상 위법이 "재결자체의 고유한 위법"에 해당하는 지에 대해 ❶ 포함된다는 견해와, ❷ 포함되지 않는다는 견해가 대립되나, 통설과 판례는 포함된다는 입장이다.

(4) 복효적 행정처분에 대한 인용재결의 경우

1) 문제점

재심사위원회의 인용재결에 의해 비로소 권익의 침해를 받는 제3자인 사업주 乙은 이로 인하여 불이익한 효과를 받게 되므로 인용재결을 다툴 수밖에 없다. 문제는 그 법적 성질이 재결자체의 고유한 위법을 다투는 것으로 보아 행정소송법 제19조 단서의 재결에 대한 취소소송인지 여부가 문제된다.

2) 학설

이에 대해 학설은 ❶ 인용재결에 의하여 원처분의 취소되어 제3자의 권익이 침해

되었으므로 [행정소송법 제19조 단서에 의한 재결에 대한 취소소송이라는 견해]와,

❷ 인용재결은 제3자의 관계에 대해서는 새로운 원처분의 성질을 가지므로 [행정

소송법 제19조 본문상의 원처분에 대한 취소소송으로 보는 견해]가 대립된다.

3) 판례

대법원은 "인용재결은 원처분과 내용을 달리하는 것이므로, 그 인용재결의 취소

를 구하는 것은 원처분에는 없는 재결의 고유한 하자를 주장하는 셈이어서 당연히

항고소송의 대상이 된다"고 판시하여 재결의 고유한 하자로 본다.

4) 검토

사안의 재심사결정(인용재결)에 의해 비로소 사업주 乙의 권익이 침해되었다고

보이므로 위 취소소송은 제19조 단서에 따라 재결자체의 고유한 위법을 다투는 재

결에 대한 취소소송으로 보아야 할 것이다. 그러나 어느 견해에 의하든 재심사위

원회의 인용재결이 항고소송의 대상이 된다는 것에 대해서는 견해 대립이 없다.

따라서 재심사결정을 항고소송의 대상으로 삼은 것은 적법하다.

3. 사업주 乙의 원고적격(8/24)

(1) 원고적격의 의의

원고적격이란 "취소소송을 제기할 법률상 자격 및 권한(소권)"을 말한다. 행정소

송법 제12조 1문은 "법률상 이익"으로 규정하고 있다.

(2) 원고적격의 인정범위

1) 학설

이에 대해 학설은 ❶ 권리를 침해당한 자만이 소를 제기할 수 있다는 [권리회복

설], ❷ "처분의 근거법규 및 관련법규의 목적론적 해석에 따라 보호되는 개별·직

접 · 구체적인 이익"을 갖는 자만이 소를 제기할 수 있다는 [법률상 보호이익구제설],

❸ 권리 내지 법률상 이익을 침해받은 자와 "실질적으로 보호할 가치가 있는 이익"을 갖는 자도 소를 제기할 수 있다는 [보호가치있는 이익구제설], ❹ "당해 처분을 다툼에 있어 가장 적합한 이해관계를 가진 자"에게 원고적격을 인정해야 한다는 [적법성보장설]이 대립된다.

2) 판례

대법원은 "당해처분의 근거법규(관련법규를 포함) 및 일련의 단계적인 근거법규에 의해 명시적으로 보호받는 이익 및 근거법규 및 관련법규의 합리적 해석상 보호되는 개별 · 직접 · 구체적 이익"으로 판단하여 "법률상 보호이익구제설"을 취하는 것으로 보인다.

3) 검토

취소소송의 주관소송성과 의회민주주의의 원칙상 [법률상 보호이익구제설]이 타당하다.

(3) 사안의 경우

대법원은 "사업주는 산재법상 보험료납부의무를 지는 직접적인 이해관계인으로서 보험급여징수처분의 위법성을 주장할 수 있다(대판 2008.7.24. 2006두20808)"고 판시하여 사업주의 원고적격을 인정한다. 산재법상 사업주는 보험급여결정에 대한 직접적 · 구체적 이해관계인으로서 법률상 이익이 인정된다고 봄이 타당하다.

4. 설문의 소결(1/24)

이상의 검토에 따라 사업주 乙이 재심사위원회의 인용재결에 대해 취소소송을 제기한 것은 적법하다고 볼 것이다.

III.	**사안의 해결**(2/50)
1.	설문(1)의 경우 甲의 취소소송은 반려조치는 거부처분에 해당하나, 행정소송법 제20조 제1항 본문의 제소기간을 도과한 것으로서 부적법한 소제기에 해당한다고 보인다.
2.	설문(2)의 경우 사업주 乙의 취소소송은 제19조 단서에 따른 재결자체의 고유한 위법을 다투는 재결에 대한 취소소송으로서 적법하다.

각주

주1) **[대판 2014.4.24. 2013두10809]**

[1] 행정소송법 제20조 제1항 에 따르면, 취소소송은 처분 등이 있음을 안 날부터 90일 이내에 제기하여야 하는데, 행정심판청구를 할 수 있는 경우에 행정심판청구가 있은 때의 기간은 재결서의 정본을 송달받은 날부터 기산한다. 이처럼 취소소송의 제소기간을 제한함으로써 처분 등을 둘러싼 법률관계의 안정과 신속한 확정을 도모하려는 입법 취지에 비추어 볼 때, 여기서 말하는 '행정심판'은 행정심판법에 따른 일반행정심판과 이에 대한 특례로서 다른 법률에서 사안의 전문성과 특수성을 살리기 위하여 특히 필요하여 일반행정심판을 갈음하는 특별한 행정불복절차를 정한 경우의 특별행정심판(행정심판법 제4조)을 뜻한다.

[2] 피고가 공공감사에 관한 법률(이하 '공공감사법'이라고 한다)과 그 시행에 필요한 사항을 규정하고 있는 구 광주광역시교육청 행정감사규정(2012.4.1. 광주광역시교육감 교육훈령 제113호로 개정되기 전의 것, 이하 '이 사건 감사규정'이라고 한다)에 따라 원고가 운영하는 ○○고등학교에 대한 특정감사를 실시한 후, 2011.9.7. 원고에 대하여 위 학교의 학교장과 직원에 대한 각 징계(해임)를 요구하는 등의 이 사건 처분을 한 사실, 원고는 2011.9.8. 이 사건 처분서를 송달받고 2011.10.6. 이에 불복하여 피고에게 이 사건 처분에 대한 이의신청을 하였는데, 피고가 2011.12.23. 이를 기각하자 그 후 2012.1.9. 이 사건 처분의 취소를 구하는 이 사건 소를 제기한 사실 등을 인정한 다음, 공공감사법상의 재심의신청 및 이 사건 감사규정상의 이의신청은 자체감사를 실시한 중앙행정기관 등의 장으로 하여금 감사결과나 그에 따른 요구사항의 적법·타당 여부를 스스로 다시 심사하도록 한 절차로서 행정심판을 거친 경우의 제소기간의 특례가 적용된다고 할 수 없다고 보고, 이의신청에 대한 결과통지일이 아니라 원고가 이 사건 처분이 있음을 알았다고 인정되는 2011.9.8.부터 제소기간을 기산하여 이 사건 소가 그 기간의 도과로 부적법하다고 판단하였다. 앞서 본 법리와 공공감사법상의 재심의신청과 이 사건 감사규정상의 이의신청에 관한 관련 규정에 비추어 보면, 이러한 원심판단은 정당하고, 거기에 상고이유로 주장한 것과 같은 법리를 오해한 위법이 없다.

> 20××년 제×회 공인노무사 시험

S시는 S시 청사 지하1층의 일부를 『공무원의 노동조합 설립 및 운영 등에 관한 법률』에 따라 적법하게 설립된 S시내의 공무원노동조합에게 사용허가를 내어 주기로 결정하고, "S시내의 노동조합설립신고를 필한 공무원노동조합 중 1개의 노동조합에게 사용허가를 한다"는 내용의 사용허가기준을 고시하였다. 이에 법외조합인 S시 여성공무원노동조합(이하 "甲노동조합"이라 한다)은 S시장에게 위 사용허가를 신청하였으나 S시장은 노동조합설립신고를 필하지 아니하였다 하여 이를 반려하였다. 한편 노동조합설립신고를 필한 S시 공무원노동조합(이하 "乙노동조합"이라 한다)은 위 사용허가를 신청하여 S시장으로부터 사용허가를 받았다. 이에 甲노동조합은 乙노동조합에 대한 사용허가와 자신에 대한 반려조치에 대한 취소소송을 제기하려 한다. 다음 물음에 대하여 검토하시오.

물음 1) 甲노동조합은 자신의 반려조치에 대하여 취소소송을 제기하였다. 이는 적법한가? (15점)

물음 2) 만약 甲노동조합이 乙노동조합에 대한 사용허가에 대한 취소소송을 제기하였고, 동 소송도중 설문(1)의 반려조치를 취소해달라는 내용의 청구를 함께 병합하였다면 수소법원은 두 청구에 대하여 어떠한 판결을 하여야 하는가? (35점)

참조조문

공유재산 및 물품관리법

제20조(사용 · 수익허가) ① 지방자치단체의 장은 행정재산에 대하여 그 목적 또는 용도에 장애가 되지 아니하는 범위에서 사용 또는 수익을 허가할 수 있다.

② 지방자치단체의 장은 제1항에 따라 사용 · 수익을 허가하려면 일반입찰로 하여야 한다. 다만, 다음 각 호의 어느 하나에 해당하는 경우에는 지명경쟁에 부치거나 수의계약으로 허가할 수 있다.

1. 허가의 목적 · 성질 등을 고려하여 필요하다고 인정되는 경우로서 대통령령으로 정하는 경우

2. 제7조 제2항 단서에 따른 기부자와 그 상속인 또는 그 밖의 포괄승계인에게 무상으로 사용 · 수익을 허가하는 경우

③ 제1항에 따라 사용 · 수익의 허가를 받은 자는 그 행정재산을 다른 자에게 사용 · 수익하게 하여서는 아니 된다. 다만, 제1항에 따라 사용 · 수익의 허가를 받은 자가 제7조 제2항 단서에 따른 기부자와 그 상속인 또는 그 밖의 포괄승계인인 경우에는 지방자치단체의 장의 승인을 받아 다른 자에게 사용 · 수익하게 할 수 있다.

④ 지방자치단체의 장은 제3항 단서에 따른 사용 · 수익이 그 목적 또는 용도에 장애가 되거나 행정재산의 원상회복에 어려움이 있다고 인정하는 경우에는 그 사용 · 수익을 승인하여서는 아니 된다.

목차

I.	**설문(1)의 해결 – 甲노동조합이 반려조치에 대해 취소소송을 제기할 수 있는**
	지 여부(15/50)
1.	**문제점**
	설문(1)에서는 甲노동조합이 S시 청사의 사용허가신청 반려조치에 대해 취소소
	송을 제기할 수 있는지와 관련하여 위 반려조치가 항고소송의 대상인 거부처분인
	지 여부가 문제된다.
2.	**거부처분의 의의**
	거부처분이란 "행정청이 국민으로부터 공권력의 행사의 신청을 받았음에도 신
	청된 내용의 행위를 발급하지 않겠다는 행정청의 소극적 의사표시"를 말한다.
3.	**반려조치가 취소소송의 대상이 되기 위한 요건**
	(1) 공권력행사에 관한 거부일 것
	행정청의 거부가 작위인 처분과 동일시 할 수 있기 위해서는 그 거부가 우선
	공권력 행사의 거부이어야 한다.
	(2) 공권력행사의 거부로 신청인의 법적 지위에 어떠한 변동을 초래할 것
	그 거부가 국민의 권리의무에 직접적으로 영향을 미치는 것이어야 한다.
	(3) 법규상·조리상 신청권이 긍정될 것
	1) 의의
	판례는 일관되게 항고소송의 대상이 되는 거부처분이 되기 위해서는 법규상·
	조리상의 신청권이 존재해야 한다고 판시하고 있다.

2) 인정 여부 및 법적 성질

법규상·조리상 신청권의 거부처분이 되기 위한 성립요건인지에 대해 ❶ 신청권은 본안판단의 요소라는 견해와 소송요건중 원고적격의 요소로 보아 거부처분의 요건은 아니라는 [부정설(본안판단설 및 원고적격설)]과, ❷ 거부처분의 요건으로서 요구하는 [인정긍정설(대상적격설)]이 대립된다.

3) 신청권존부의 판단기준

신청권의 존부는 구체적 사건에서 신청인이 누구인가를 고려치 않고 관계법규의 해석에 의하여 일반 국민에게 그러한 신청권을 인정하고 있는가를 살펴 추상적으로 결정된다.

(4) 사안의 검토

위 사용허가의 반려조치로 인해 甲노동조합은 S시 청사의 건물을 사용할 수 없게 되므로 신청인의 법적 지위의 변동이 있고, 공유재산 및 물품관리법 제20조에 근거하여 법규상 혹은 조리상 신청권도 인정된다고 보인다. 문제는 위 사용허가가 공권력행사에 해당하는지 여부이다. 이하에서 검토한다.

4. 위 반려조치가 공권력행사의 거부인지 여부

(1) 문제점

사안의 사용허가는 행정재산(공용재산, 강학상 공용물)인 S시 청사의 건물을 본래적 목적 또는 용도에 장애가 되지 않는 범위 내에서 그 본래의 목적과는 다른 甲노동조합의 사익을 위한 사용을 허가하는 행정재산의 목적 외 사용허가에 해당하는 바 이러한 사용허가가 공법상 행위로서 공권력행사인지 여부가 문제된다.

(2) 행정재산의 목적 외 사용허가의 법적 성질

1) 학설

이에 대해 학설은 ❶ 행정재산의 목적 외 사용허가는 수익자 의 사익을 도모하기 위한 목적으로 사권을 설정하는 것이라는 점에서 [사법상 계약(임대차 계약)설]과, ❷ 행정재산의 목적 외 사용허가는 관리청이 우월적 지위에서 일방적으로 명령·강제하는 행위로서 [공권력행사라는 견해]가 대립된다.

2) 판례

대법원은 "관리청이 행하는 행정재산의 사용·수익에 대한 허가는 공권력을 가진 우월적 지위에서 행하는 행정처분으로 특정인에게 행정재산을 사용할 수 있는 권리를 설정하여 주는 강학상 특허에 해당한다(대판 1998.2.27. 96누17325)"고 판시하여 강학상 행정행위로서 공권력행사로 본다.

3) 검토

공유재산 및 물품관리법상 행정재산의 목적 외 사용허가에 대해서 공법상 강제집행인 대집행을 적용하는 점, 사용수익허가취소처분에 관한 규정을 두는 점에 미루어 공권력행사에 해당한다고 봄이 타당하다.

(3) 소결

이상의 검토에 따라 위 사용허가에 대한 반려조치는 행정소송법상 거부처분에 해당한다고 봄이 타당하다. 따라서 甲노동조합이 위 반려조치에 대해서 제기한 취소소송은 적법하다.

Ⅱ.	**설문(2)의 경우 - 병합된 두 취소청구에 대한 수소법원이 내려야 할 판결의 형태**(33/50)
1.	**문제점**(2/33)
	설문(2)의 경우와 甲노동조합은 사용허가처분에 대한 취소소송을 전제로 하여 관련청구소송으로 거부처분취소소송을 병합한 것이므로 ① 우선 甲노동조합이 양 청구를 병합하여 제기할 수 있는지 여부를 검토하고, ② 관련청구소송의 병합이 허용되기 위해서는 기본인 취소소송의 제기가 적법해야 하는바, 甲노동조합이 사용허가처분에 대한 취소소송이 제소요건을 갖춘 적법한 소제기인지를 검토하고, ③ 이에 따라 병합청구된 거부처분취소소송에서 수소법원이 어떠한 판결을 해야 하는지를 검토한다.
2.	**양청구의 병합가능성**(6/33)
	(1) 관련청구병합의 의의
	관련청구의 병합이란 하나의 소송절차에서 ① 같은 원고가 같은 피고에 대하여 수개의 청구를 하는 경우(소의 객관적 병합)와, ② 소송의 당사자가 다수가 되는 경우(소의 주관적 병합)를 말한다.
	(2) 법적 근거
	행정소송법 제10조 제2항은 이러한 소의 주관적 병합과 소의 객관적 병합을 모두 인정하고 있다.
	(3) 관련청구소송의 병합요건을 충족하였는지 여부
	1) 관련청구병합의 요건
	행정소송법 제10조에 따라 ① 취소소송에 병합될 것, ② 병합되는 원고의 청구가

행정소송법 제10조 제1항에서 정하는 "당해 처분등과 관련되는 손해배상·부당이득반환·원상회복 등 청구소송" 내지 "당해 처분등과 관련되는 취소소송"에 해당하는 관련청구이어야 하고, ③ 기본인 취소소송이 적법하게 계류중이어야 하며, ④ 사실심 변론종결시 이전까지 원고의 병합청구가 있어야 할 것 등이 요건이 된다.

2) 사안의 검토

사안의 경우 경원자관계에서 사용허가처분와 반려조치는 행정소송법 제10조 제1항 제2호에 따라 관련청구에 해당하고, 사실심 변론종결시 이전에 원고의 병합청구도 있었으므로 기본인 사용허가에 대한 취소소송이 적법하게 제기된 것인지 여부가 문제된다. 이하에서 검토한다.

3. 甲노동조합의 사용허가의 취소소송제기가 적법한 것인지 여부(20/33)

(1) 취소소송제기의 적법요건 일반

행정소송법상 취소소송이 적법하게 제기되기 위해서는 ① 취소소송의 대상인 처분(행정소송법 제2조 제1항 제1호)에 대하여 ② 원고적격을 갖은 자(동법 제12조)가 ③ 정당한 피고(동법 제13조)를 상대로 ④ 협의의 소익을 갖추어 ⑤ 제소기간 내(동법 제20조)에 제기해야 하는바, 사안의 경우 앞서 살펴본 바에 따라 행정재산의 목적 외 사용허가는 처분에 해당하므로 甲노동조합의 원고적격과 취소소송의 협의의 소익이 인정되는지 여부가 문제된다.

(2) 甲노동조합의 원고적격의 인정 여부

1) 원고적격의 의의

원고적격이란 "취소소송을 제기할 법률상 자격 및 권한(소권)"을 말한다. 행정소송법 제12조 1문은 "법률상 이익"으로 규정하고 있다.

2) 원고적격의 인정범위

(가) 학설: 이에 대해 학설은 ❶ 권리를 침해당한 자만이 소를 제기할 수 있는 법률상 자격이 있다는 [권리회복설], ❷ "처분의 근거법규 및 관련법규의 목적론적 해석에 따라 보호되는 개별·직접·구체적인 이익"을 갖는 자만이 소를 제기할 수 있다는 [법률상 보호이익구제설], ❸ 권리 내지 법률상 이익을 침해받은 자와 "실질적으로 보호할 가치가 있는 이익"을 갖는 자도 소를 제기할 수 있다는 [보호가치 있는 이익구제설], ❹ "당해 처분을 다툼에 있어 가장 적합한 이해관계를 가진 자"에게 원고적격을 인정해야 한다는 [적법성보장설]이 대립된다.

(나) 판례: 대법원은 "당해 처분의 근거법규(관련법규를 포함) 및 일련의 단계적인 근거법규에 의해 명시적으로 보호받는 이익 및 근거법규 및 관련법규의 합리적 해석상 보호되는 개별·직접·구체적 이익"으로 판단하여 "법률상 보호이익구제설"을 취하는 것으로 보인다.

(다) 검토: 취소소송의 주관소송성과 의회민주주의의 원칙상 [법률상 보호이익구제설]이 타당하다.

3) 경원자소송의 원고적격

(가) 경원자소송의 의의: "법규상 또는 성질상 양립할 수 없는 인·허가의 경우 일방에 대한 허가가 타방에 대한 불허가로 귀결될 수 없는 관계"를 경원관계라고 하며 이러한 경원관계에서 수익적 처분을 받지 못한 제3자가 다른 사람의 수익적 처분을 다투는 소송을 말한다.

(나) 학설: 경원관계만 인정되면 원고적격이 긍정된다고 본다.

(다) 판례: 대법원도 "인·허가 등의 수익적 행정처분을 신청한 수인이 서로 경쟁관계에 있어서 일방에 대한 허가 등의 처분이 타방에 대한 불허가 등으로 귀결될 수밖에 없는 때 허가 등의 처분을 받지 못한 자는 비록 경원자에 대하여 이루어진 허가 등 처분의 상대방이 아니라 하더라도 당해 처분의 취소를 구할 원고적격이 있다"고 하여 원고적격을 긍정한다 (대판 2009.12.10. 2009두8359).

4) 소결

사안의 경우 사용허가는 수량이 한정된 경원관계에 해당하므로, 甲노동조합은 乙노동조합에 대한 사용허가처분에 대한 원고적격을 갖는다고 볼 것이다.

(3) 乙이 제기한 취소소송에서의 협의의 소익의 인정 여부

1) 협의의 소익의 의의

협의의 소익이란 "원고의 소송상 청구에 대하여 본안판결을 구하는 것을 정당화 시킬 수 있는 구체적 실익 내지 현실적 필요성"을 말한다.

2) 취소소송에서 협의의 소익의 인정 여부

(가) 원칙: 취소소송에서 처분이 기간의 경과 등으로 인하여 처분의 효력이 상실되지 않는 한 원칙적으로 협의의 소익이 인정된다.

(나) 예외: 그러나 ① 처분의 효력이 소멸된 경우, ② 취소판결로 인해 원상회 복이 불가능한 경우, ③ 처분 후의 사정변경에 의해 이익침해가 해소된 경우 등에는 협의의 소익이 부정된다.

3) 경원자소송의 협의의 소익

대법원은 이와 관련하여 "다만, 명백한 법적 장애로 인하여 원고 자신의 신청이 인용될 가능성이 처음부터 배제되어 있는 경우에는 당해 처분의 취소를 구할 정당한

이익이 없다"고 판시하여 원칙적으로 소의 이익을 인정하면서도 예외적으로 소의

이익을 부정하고 있다. 부당한 남소를 방지하고 법적 장애로 원고 자신의 신청이

인용될 가능성이 없는 경우에는 소의 이익을 부정하는 판례의 입장이 타당하다.

4) 사안의 경우

사안의 경우 甲노동조합은 법외조합으로서 사용허가를 받을 가능성이 처음부터

배제되어 있다고 보이므로 甲노동조합의 취소소송은 협의의 소익이 부정된다.

4. 부적법하게 제기된 취소소송에 병합된 청구에 대한 수소법원의 판결(3/33)

이에 대해 대법원은 "행정소송법 제10조에 의한 관련청구소송 병합은 본래의 취

소소송이 적법할 것을 요건으로 하는 것이어서, 본래의 취소소송이 부적법하여 각

하되면 그에 병합된 관련청구소송도 소송요건을 흠결하여 부적합하므로 각하되어

야 한다[주1]"고 판시하고 있다. 따라서 수소법원은 甲노동조합의 병합청구된 거부처

분 취소소송에 대해서도 각하판결을 하여야 한다.

5. 설문의 해결(2/33)

이상의 검토에 따라 甲노동조합의 사용허가처분에 대한 취소소송의 제기가 부

적법한 것이므로 관련청구된 거부처분취소소송도 병합의 요건을 갖추지 못한 것

으로서 甲의 두 가지 청구 모두에 대해 수소법원은 각하판결을 하여야 할 것이다.

Ⅲ. 사안의 해결(2/50)

1. 설문(1)의 경우 甲노동조합이 제기한 거부처분 취소소송의 제기는 적법하다.

2. 설문(2)의 경우 甲노동조합의 사용허가처분에 대한 취소소송의 제기가 부적법

한 것이므로 관련청구된 거부처분취소소송도 병합의 요건을 갖추지 못한 것으로

서 甲의 두 가지 청구 모두에 대해 수소법원은 각하판결을 하여야 할 것이다.

주1) **[대판 2011.9.29. 2009두10963]**

　[1] 행정소송법 제10조에 의하면, 취소소송에는 사실심의 변론종결시까지 관련청구소송, 즉 당해 처분 등과 관련되는 손해배상·부당이득반환·원상회복 등 청구소송 및 당해 처분과 관련되는 취소소송을 병합하여 제기할 수 있고, 같은 법 제44조는 위 제10조를 당사자소송에도 준용하고 있다.

　한편 행정소송법 제44조, 제10조에 의한 관련청구소송의 병합은 본래의 당사자소송이 적법할 것을 요건으로 하는 것이어서 본래의 당사자소송이 부적법하여 각하되면 그에 병합된 관련청구도 소송요건을 흠결한 부적합한 것으로 각하되어야 한다(대판 1980.4.22. 78누90 ; 대판 2001.11.27. 2000두697 등 참조). 원심은, 원고들이 원심 계속 중에 제출한 2008.11.4.자 청구취지 및 원인변경신청서에 의하여 주위적으로 '피고가 2008.10.20. 원고들에 대하여 한 각 생활대책용지 수급대상자 선정신청 거부처분을 각 취소한다', 제1예비적으로 '피고가 원고들을 성남시 분당구 삼평동에서 시행하는 택지개발사업의 생활대책대상자로 선정하지 않고 있는 것이 위법임을 확인한다', 제2예비적으로 '원고들은 피고가 성남시 분당구 삼평동에서 시행하는 택지개발사업의 생활대책대상자임을 확인한다'는 취지의 생활대책대상자 선정 관련 청구를 주된 청구인 영업손실보상금 청구에 관련청구소송으로서 병합하여 제기한 것으로 본 후, 본안판단에 나아가 원고들의 위 주위적 청구를 인용하였다. 그러나 위 법리에 따르면, 주된 청구인 영업손실보상금 청구의 소가 재결절차를 거치지 아니하여 부적법한 것으로 각하될 것인 이상, 이에 병합된 관련청구소송인 위 생활대책대상자 선정 관련청구 부분의 소 역시 소송요건을 흠결하여 부적합한 것으로서 각하를 면할 수 없다.

20××년 제×회 공인노무사 시험

국민건강보험공단에 입사하여 공단 노원지사에서 지사장으로 근무하던 甲은 위 공단의 이사장 乙의 최근 인사발령에 대해 불만을 품고 乙을 비방하는 내용의 글을 작성하여 위 공단 인터넷 홈페이지 게시판에 게재하였다. 이에 위 공단의 이사장 乙은 甲이 국민건강보험공단의 인사규정상 성실의무 및 품위유지의무를 위반하였음을 이유로 인사위원회의 의결을 거쳐 甲을 2010.5.1. 직위해제하였다. 이 후 위 공단의 이사장 乙은 같은 사유를 이유로 징계절차를 밟아 甲을 2010.10.10. 징계해고한 뒤, 丙을 2010.10.25.에 새로운 지사장으로 임용하였다. 이에 甲은 관할 지방노동위원회에 부당직위해제 · 부당해고 구제신청을 제기하였는데, 위 지방노동위원회는 2010.11.1. 甲의 신청을 인용하여 甲을 복직시키라는 내용의 구제명령을 하였다. 위 공단의 이사장 乙은 이에 불복하여 재차 2010.11.15. 중앙노동위원회에 부당직위해제 및 부당해고 구제 재심신청을 하였던 바, 중앙노동위원회는 2010.12.1. 위 구제명령 모두를 취소하는 내용의 재심판정을 하였다. 다음 물음에 대하여 검토하시오.

물음 1) 甲이 중앙노동위원회위원장 丁을 상대로 위 재심판정의 취소를 구하는 소송을 관할 행정법원에 제기하자, 피고인 丁은 본안전항변으로 징계해고로 인해 직위해제는 그 효력을 상실하였고 징계해고는 새로운 지사장 丙이 임용됨에 따라 소의 이익을 상실하였다고 주장한다. 피고인 丁의 주장의 타당성 여부를 중심으로 甲이 제기한 소제기의 적법 여부를 판단하시오(※ 위 공단의 인사규정에 따르면 직위해제 기간 동안 당해 직원에 대해서는 보수의 20%를 감액한 나머지 보수만을 지급하도록 되어 있다). (30점)

물음 2) 만약 甲이 위 설문(1)의 취소소송에서 징계해고에 대한 구제명령을 취소하는 재심판정에 대해 효력정지신청을 한 경우 관할 행정법원은 이에 대해 어떠한 판단을 할 것으로 예상되는가(※ 설문(1)과 동일한 논점은 생략할 것)? (20점)

목차

Ⅰ.	**설문(1)의 해결 – 甲이 제기한 재심판정에 대한 취소소송제기의 적법 여부**
	(28/50)
1.	**문제점**(1/28)
	설문(1)의 경우 甲의 취소소송제기가 적법하기 위해서는 ① 소의 대상이 취소소송의 대상인 처분등에 해당하여야 하고(행정소송법 제19조 및 제2조 제1항), ② 원고가 법률상 이익을 가져야 하며(동법 제12조 1문), ③ 협의의 소익을 갖추어(동법 제12조 2문), ④ 처분청을 상대로(동법 제13조), ⑤ 필수적 전심절차의 경우 그 전심절차(동법 제18조) 등을 거쳐 제기되어야 한다. 사안의 경우에는 ① 소의 대상이 적법한지, ④ 피고적격의 인정 여부가 우선 문제되며, ③ 무엇보다 피고인 丁의 주장에도 불구하고 협의의 소익이 인정되는지 여부가 특히 문제된다.
2.	**甲의 취소소송의 대상이 적합한 것인지 여부**(5/28)
	(1) 취소소송의 대상에 관한 입법주의
	❶ [원처분주의]이란 원처분과 재결 모두 항고소송의 대상이 되나 원처분의 위법은 원처분에 대한 항고소송에서만 주장할 수 있고, 재결에 대한 항고소송에서는 재결 자체의 고유한 하자에 대해서만 주장할 수 있는 제도를 말한다. ❷ [재결주의]는 재결이 있는 경우에 원처분에 대해서는 제소가 불가능하고 재결에 대해서만 행정소송의 대상이 되며, 다만 원처분의 위법사유도 아울러 주장할 수 있다는 원칙을 의미한다.
	(2) 현 행정소송법의 태도(원처분주의)
	현행 행정소송법 제19조는 원처분주의를 택하고 있다. 그러나 개별법률에 특별한 규정을 두고 있는 경우에는 원처분주의에도 불구하고 재결주의가 적용될 수 있다.

(3) 노동위원회의 구제명령의 경우

근로기준법 제31조 제2항에 따라 "중앙노동위원회의 재심판정에 대하여 사용자나 근로자는 재심판정서를 송달받은 날부터 15일 이내에 행정소송법의 규정에 따라 소를 제기할 수 있다"고 규정하고 있으므로 재결주의가 적용된다.

(4) 소결

원처분인 지방노동위원회의 구제명령과 중앙노동위원회의 재심판정이 모두 존재하는 경우, 원고는 원처분의 하자인지 재심판정의 하자인지와 관계없이 재심판정에 대한 취소소송을 제기하여야 한다. 따라서 소의 대상으로 재심판정을 삼은 것은 적법하다.

3. 협의의 소익의 인정 여부(18/28)

(1) 협의의 소익의 의의

협의의 소익이란 "원고의 소송상 청구에 대하여 본안판결을 구하는 것을 정당화시킬 수 있는 구체적 실익 내지 현실적 필요성"을 말한다.

(2) 인정취지

협의의 소익은 판결의 실효성을 확보하고 소송경제차원에서 요구되는 제소요건이다.

(3) 행정소송법 제12조 제2문의 성질

동규정에 대하여 ❶ [원고적격설(입법비과오설)]과 ❷ 협의의 소익을 규정한 것으로 보는 [협의 소익규정설(입법과오설)]이 대립한다. 후설이 다수의 견해이며 타당하다.

(4) "회복될 법률상 이익"의 인정범위

1) 문제점

행정소송법 제12조 2문에 따라 실효한 처분의 경우 협의의 소익을 인정할 수 있을 것인지와 관련하여 '회복되는 법률상 이익'의 범위가 문제된다.

2) 학설

행정소송법 제12조 2문의 '회복되는 법률상 이익'의 해석과 관련하여 ❶ 명예·신용 등은 법률상 이익에 포함되지 않는다는 [재산상 이익설; 소극설], ❷ 명예·신용 등의 인격적 이익도 포함될 수 있다는 [명예·신용상 이익설; 적극설], ❸ 처분의 위법확인에 대한 정당한 이익으로 보아 법률상 이익보다 넓은 것으로 보는 [정당한 이익설]이 주장되고 있다.

3) 판례

대법원 "처분으로 인하여 명예, 신용 등 인격적인 이익이 침해되어 그 침해상태가 자격정지기간 경과 후까지 잔존한다 하더라도 이와 같은 불이익은 동 처분의 직접적인 결과라고 할 수 없다"고 하여 기본적으로 ❶설(소극설)의 입장을 취하는 것으로 보인다.

4) 검토

행정소송법 제12조 2문에서 실효한 행정처분에 대한 취소소송은 처분의 효력을 제기하기 위한 형성소송으로 볼 수 없으므로, 처분의 위법성을 확인하는 계속적 확인소송으로 봄이 타당하다. 따라서 동법상의 법률상 이익은 처분의 위법확인에 대한 정당한 이익으로 보는 것이 논리적으로 타당하다.

(5) 사안의 경우

1) 부당직위해제에 대한 구제명령에 대한 재심판정의 경우

(가) 문제점: 대법원은 "근로자를 직위해제한 후 그 직위해제 사유와 동일한 사유를 이유로 징계해고를 하였다면 뒤에 이루어진 징계해고에 의하여 그 전에 있었던 직위해제는 장래에 향해 그 효력을 상실한다(대판 2010.7.29. 2007두18406)"는 입장이다. 따라서 사안의 경우 실효한 직위해제에 대한 구제명령의 재심판정을 다툴 소의 이익이 인정되는지 여부가 문제된다.

(나) 학설: 학설은 직위해제가 실효되었다 하더라도 승진·승급에 제한과 보수가 감액되는 등의 불이익은 그대로 존재하므로 "회복할 법률상 이익"을 인정해 이에 대한 구제명령의 재심판정을 구할 협의의 소익을 긍정한다.

(다) 판례: 대법원은 ① [직위해제에 따른 인사상 불이익에 관한 인사규정이 존재]하는 경우에는 "직위해제처분에 기하여 발생한 효과는 당해 직위해제처분이 실효되더라도 소급하여 소멸하는 것이 아니므로, 인사규정 등에서 직위해제처분에 따른 효과로 승진·승급에 제한을 가하는 등의 법률상 불이익을 규정하고 있는 경우에는 직위해제처분을 받은 근로자는 이러한 법률상 불이익을 제거하기 위하여 그 실효된 직위해제처분에 대한 구제를 신청할 이익이 있다"고 보아 협의의 소익을 긍정하나(대판 2010.7.29. 2007두18406), ② [직위해제에 따른 인사상 불이익에 관한 인사규정이 존재하지 않는 경우]에는 "실효한 직위해제처분은 인사규정 등에 의하여 승진승급에 대한 제한이 가하여지는 특별한 사정이 없는 한 그에 대한 구제를 구할 이익은 없다"고 보아 협의의 소익을 부정한다.

(라) 검토: 검토하건대, 승진·보수상의 제한이 가하여지지 않는 경우에까지 실효한 직위해제를 다툴 정당한 이익은 인정되기 어렵다 보이므로, 판례의 입장이 타당하다고 여겨진다. 그러나 사안의 경우에는 관련 인사규정에서 직위해제에 따른 승진 또는 보수상의 제한규정이 존재하므로 통설·판례상 협의의 소익을 인정함이 타당하다.

2) 징계해고에 대한 구제명령에 대한 재심판정의 경우

지사장 丙을 임용하였다 하더라도 중앙노동위원회의 재심판정을 취소하여 징계해고에 대한 구제명령에 따라 丙을 해임시키고, 甲이 다시 복직될 가능성이 존재한다고 보이므로 원상회복의 가능성은 존재한다고 보이므로 협의의 소익을 인정함이 타당하다.

4. 기타의 제소요건의 충족 여부(4/28)

(1) 원고적격의 인정 여부

근로기준법 제31조 제2항에 따라 "중앙노동위원회의 재심판정에 대하여 사용자나 근로자는 재심판정서를 송달받은 날부터 15일 이내에 행정소송법의 규정에 따라 소를 제기할 수 있다"고 규정하고 있으므로 당사자인 근로자 甲은 원고적격이 인정된다.

(2) 피고적격의 적법 여부

노동위원회법 제27조 제1항에 따라 재심판정에 대한 불복소송의 피고는 중앙노동위원회 위원장이 된다. 따라서 위원장 丁은 피고적격이 인정된다.

(3) 필수적 전심절차의 준수 여부

중앙노동위원회의 재심청구는 특별행정심판에 해당하고 행정소송법 제18조의

	임의적 전치주의에도 불구하고 근로기준법 제31조 제1항의 재심판정은 필수적 전심절차로 보는 것이 판례의 입장이다. 그러나 사안의 경우에는 이사장 乙에 의해 재심판청구을 청구하였으므로 행정소송법 제18조 제3항 제2호에 근거하여 甲은 별도의 재심판정을 청구할 필요없이 취소소송을 제기할 수 있다.
Ⅱ.	**설문(2)의 해결 – 甲의 효력정지신청의 인용가능성**(20/50)
1.	**문제점**(1/20)
	설문(2)의 경우 甲의 효력정지신청이 인용되기 위해서는 ① 우선 노동조합 및 노동관계조정법 제27조 제2항에도 불구하고 행정소송법상 제23조상의 집행정지가 허용되는지 여부가 문제되며, ② 가능한 경우 집행정지 중 효력정지신청의 요건을 구비하여 관할 행정법원이 이에 대한 인용결정을 할 수 있는지 여부가 문제된다.
2.	**집행정지의 의의 및 성질**(3/20)
	(1) 집행정지의 의의
	집행정지란 "취소소송이 제기된 처분 등이나 그 집행 또는 절차의 속행으로 인하여 생길 회복하기 어려운 손해를 예방하기 위하여 긴급한 필요가 있다고 인정할 때 법원이 당사자의 신청 또는 직권에 의해 그 집행을 잠정적으로 정지하도록 결정하는 것"을 말한다(행정소송법 제23조 제2항).
	(2) 집행정지결정의 법적 성질
	집행정지는 사법작용에 해당하며 소극적인 가구제제도에 해당한다.

3.	**재심판정에 대한 집행정지의 가능성**(3/20)
	(1) 문제점
	노동위원회법 제27조 제2항의 재심판정에 대한 집행부정지원칙에도 불구하고 행정소송법 제23조의 집행정지가 가능한지 여부가 문제된다.
	(2) 판례
	대법원은 "노동조합법 제44조 및 노동위원회법 제19조의2의 규정은 노동위원회의 구제명령이나 기각결정 또는 재심판정에 대하여 이른바 집행부정지의 원칙을 명시한 것이고, 행정소송법 제23조 제2항의 집행정지결정까지 불허한다는 취지는 아니므로 … 중앙노동위원회의 재심판정의 취소를 구하는 행정소송을 제기한 자는 행정소송법 제23조 제2항·제3항의 요건이 존재하는 한 위 구제명령 등의 집행정지를 구할 수 있다"고 판시하여 집행정지의 가능성을 긍정하고 있다(대결 1991.3.27. 90두24). 판례의 태도가 타당하다.
4.	**효력정지신청의 인용가능성**(10/20)
	(1) 적극적 요건
	집행정지결정의 적극적 요건으로서 ① 집행정지의 대상인 처분등이 존재하여야 하고, ② 적법한 본안소송이 수소법원에 계속중이어야 하며, ③ 회복하기 어려운 손해발생의 가능성이 있어야 하며, ④ 본안판결을 기다릴 시간적 여유가 없어야 하며, ⑤ 원고의 신청의 이익이 있어야 한다.
	(2) 소극적 요건
	① 행정소송법 제23조 제3항에 따라 집행정지결정이 공공복리에 대한 중대한 영향을 미칠 우려가 없어야 하며, ② 원고의 청구가 이유 없음이 명백하지 아니

하여야 한다. ③ 또한 사안의 경우에는 효력정지신청이므로 행정소송법 제23조 제2항의 단서규정에 따라 절차정지 및 집행정지로 그 목적달성이 곤란하여야 한다.

(3) 사안의 검토

(가) 사안의 경우 적극적 요건과 관련하여 ① 집행정지의 대상인 재심판정의 재결이 존재하고, ② 취소소송이 수소법원에 계속 중에 있으며, ④ 긴급한 필요 및 ⑤ 신청의 이익은 인정된다고 보인다. ③의 요건의 충족 여부는 이하에서 검토한다.

(나) 소극적 요건과 관련하여서는 ① 효력정지결정으로 인하여 공공복리에 대한 중대한 영향을 미칠 우려가 있는지 여부가 문제된다. 이하에서 검토한다.

5. "회복하기 어려운 손해발생의 가능성"의 인정 여부(1/20)

(1) 판단기준

회복하기 어려운 손해란 "① 금전배상이 불가능한 경우와, ② 사회통념상 원상회복이나 금전배상이 가능하더라도 금전배상만으로 수인하기 어려운 유·무형의 손해"를 의미한다고 본다.

(2) 사안의 경우

사안에서의 甲이 구제명령에 따라 지사장으로 복직되지 못함으로 받는 불이익은 금전배상이 불가능한 손해로 보여지므로 회복하기 어려운 손해에 해당한다고 보아야 한다. 따라서 甲의 손해는 "회복하기 어려운 손해"에 해당한다.

6.	"공공복리에 대한 중대한 영향이 있는지 여부(2/20)
	(1) 판단기준
	이는 신청인의 "회복하기 어려운 손해"와 "공공복리"를 비교교량하여 전자를 희생하더라도 후자를 옹호하여야 할 필요가 있는지로 구체적으로 판단하여야 한다.
	(2) 사안의 경우
	사안의 경우 징계해고에 대한 구제명령을 취소하는 재심판의 효력이 정지되면 새로 임명된 지사장 丙과 甲과의 관계에서 위원회의 대내·외적 법률관계가 불안정하게 되고, 지사의 업무수행에도 큰 혼란을 초래하므로 "집행정지결정으로 공공복리에 대한 중대한 영향"이 있다고 볼 것이다. 따라서 甲의 효력정지신청은 기각될 것이다.
III.	**설문의 해결(2/50)**
1.	설문(1)의 경우 甲이 제기한 중앙노동위원회의 재심판정에 대한 취소소송은 모든 제소요건을 갖추었다고 보이므로 적법하게 제기된 소로 보인다.
2.	설문(2)의 경우 甲의 효력정지신청은 집행정지결정으로 인해 공공복리에 대한 중대한 영향을 미칠 우려가 있다고 보이므로 기각될 것으로 보인다.

제3편

사례 | 해커스노무사 조현 행정쟁송법 **사례연습**

주1) [대판 2010.7.29. 2007두18406]

[1] 직위해제처분은 근로자로서의 지위를 그대로 존속시키면서 다만 그 직위만을 부여하지 아니하는 처분이므로 만일 어떤 사유에 기하여 근로자를 직위해제한 후 그 직위해제 사유와 동일한 사유를 이유로 징계처분을 하였다면 뒤에 이루어진 징계처분에 의하여 그 전에 있었던 직위해제처분은 그 효력을 상실한다. 여기서 직위해제처분이 효력을 상실한다는 것은 직위해제처분이 소급적으로 소멸하여 처음부터 직위해제처분이 없었던 것과 같은 상태로 되는 것이 아니라 사후적으로 그 효력이 소멸한다는 의미이다. 따라서 직위해제처분에 기하여 발생한 효과는 당해 직위해제처분이 실효되더라도 소급하여 소멸하는 것이 아니므로, 인사규정 등에서 직위해제처분에 따른 효과로 승진·승급에 제한을 가하는 등의 법률상 불이익을 규정하고 있는 경우에는 직위해제처분을 받은 근로자는 이러한 법률상 불이익을 제거하기 위하여 그 실효된 직위해제처분에 대한 구제를 신청할 이익이 있다.

[2] 노동조합 인터넷 게시판에 국민건강보험공단 이사장을 모욕하는 내용의 글을 게시한 근로자에 대하여 인사규정상 직원의 의무를 위반하고 품위를 손상하였다는 사유로 직위해제처분을 한 후 동일한 사유로 해임처분을 한 사안에서, 근로자는 위 직위해제처분으로 인하여 승진·승급에 제한을 받고 보수가 감액되는 등의 인사상·급여상 불이익을 입게 되었고, 위 해임처분의 효력을 둘러싸고 다툼이 있어 그 효력 여하가 확정되지 아니한 이상 근로자의 신분을 상실한다고 볼 수 없어 여전히 인사상 불이익을 받는 상태에 있으므로, 비록 직위해제처분이 해임처분에 의하여 효력을 상실하였다고 하더라도 근로자에게 위 직위해제처분에 대한 구제를 신청할 이익이 있음에도, 이와 다르게 본 원심판결에 법리오해의 위법이 있다고 한 사례

20××년 제×회 공인노무사 시험

서울특별시 동대문구에 소재하는 L마트를 운영하는 L쇼핑주식회사(이하 '甲'이라 한다)는 『소방법』상 소방관련시설의 미구비를 이유로 동대문구청장 乙로부터 2015.2.1. 30일의 영업정지처분을 받은 바 있다(※ 동 처분 통지서는 甲에게 동년 2.3.에 송달됨). 그 뒤 L마트의 영업이 정지되면 주민생활에 큰 불편을 초래한다는 주민들의 민원이 거세지자 구청장 乙은 2015.3.1. 위 영업정지처분을 갈음하여 영업제한 시간을 오전 0시부터 오전 8시까지로 정하고('영업시간 제한처분') 매월 둘째 주와 넷째 주 일요일을 의무휴업일로 지정('의무휴업일지정처분')하는 내용의 처분으로 변경(제1차 변경처분)하였다(※ 동 처분 통지서는 甲에게 동년 3.4.에 송달됨). 그 후 동대문구의회가 재래시장의 활성화를 위하여 관련 조례를 개정하여 대형마트의 영업제한시간을 10시간/1일로 규정하자 구청장 乙은 2015.9.16. 甲에 대한 영업시간 제한처분을 '오전 0시부터 오전 10시'까지로 변경(제2차 변경처분)하면서 의무휴업일 지정처분은 그대로 유지하였다(※ 동 처분 통지서는 甲에게 동년 9.18.에 송달됨). 다음 물음에 대하여 검토하시오.

물음 1)   甲은 뒤늦게 L마트가 『소방법』상 소방관련시설을 적법하게 구비하였고 담당 공무원의 착오로 인해 영업정지처분이 내려진 사실을 적발하고 위 처분에 대해 취소소송을 제기하고자 한다. 이 경우 취소소송의 대상과 제소기간의 기산점을 설명하시오. (25점)

물음 2)   만약 甲이 위 영업정지처분의 정지기간이 도과하기 이전에 이에 대한 취소소송을 제기하여, 이 소송의 계속중에 위 제1차 변경처분이 내려졌다면 수소법원은 어떠한 판결을 내려야 하는가(※ 설문(1)의 결론에 따라 사안을 해결할 것)? 또한 甲은 위 영업정지처분에 대한 취소소송을 제1차 변경처분에 대한 취소소송으로 변경할 수 있는 것인가? (25점)

목차

I.	**설문(1)의 해결 - 변경처분의 경우 취소소송의 대상과 제소기간의 기산점**
	(24/50)
1.	**문제점**
	설문과 같이 어떠한 처분이 후속처분에 의해 그 내용이 변경되는 경우, 당초처분과 변경처분과의 관계가 문제된다. 그 결과에 따라 甲이 제기해야 할 취소소송의 대상과 기산점이 모두 가려질 것이기 때문이다. 따라서 이하에서 변경처분과 당초처분과의 관계를 중심으로 취소소송의 대상과 제소기간을 살펴본다.
2.	**변경처분의 경우 소의 대상**
	(1) 문제점
	변경처분이 내려진 경우 소의 대상이 당초처분 혹은 변경처분 혹은 변경된 당초처분인지에 대해 견해가 대립된다.
	(2) 학설
	이에 대해 학설은 ❶ 당초처분은 변경처분에 흡수되어 소멸하므로 변경처분만 소의 대상이 된다는 [변경처분설], ❷ 변경처분은 당초처분에 흡수되어 변경된 당초처분만이 소의 대상이 된다는 [변경된 당초처분설], ❸ 당초처분과 변경처분은 서로 아무런 영향을 미치지 아니하므로 모두가 소의 대상이 된다는 [병존설], ❹ 변경처분이 당초처분에 흡수되어 소멸하므로 당초처분만이 소의 대상이 된다는 [당초처분설] 등이 대립된다.
	(3) 판례
	1) 선행처분의 주요 부분을 실질적으로 변경하는 내용으로 후행처분을 한 경우
	대법원은 최근 전원합의체 판결(대판 2015.11.19. 2015두295 전합)을 통하여 "기존의

행정처분을 변경하는 내용의 행정처분이 뒤따르는 경우, 후속처분이 종전처분을 완전히 대체하는 것이거나 그 주요 부분을 실질적으로 변경하는 내용인 경우에는 특별한 사정이 없는 한 종전처분은 그 효력을 상실하고 후속처분만이 항고소송의 대상이 된다"고 판시한다. 동 판결이 변경된 당초처분설인지 변경처분설인지는 분명하지 않다. 이는 제소기간의 기산점과 관련하여 중요한 의미를 가지므로 제소기간에서 상세히 검토한다. 결과론적으로 당사자의 권리보호차원에서 변경처분설의 태도로 봄이 타당하다.

2) 종전처분의 유효를 전제로 그 내용 중 일부만을 추가 · 철회 · 변경하는 경우

이 경우 대법원은 "종전처분의 유효를 전제로 그 내용 중 일부만을 추가 · 철회 · 변경하는 경우 그 추가 · 철회 · 변경된 부분이 그 내용과 성질상 나머지 부분과 불가분적인 것이 아닌 경우에는 후속처분에도 불구하고 종전처분이 여전히 항고소송의 대상이 된다고 보아야 한다"고 판시하여 병존설의 입장인 것으로 보인다.

(4) 검토

당초처분과 변경처분과의 실질적인 효력관계를 중심으로 소의 대상을 선정하는 판례의 태도가 타당하다고 생각된다.

(5) 사안의 해결

설문의 제1차 변경처분은 당초처분의 내용을 실질적 · 적극적 변경한 것으로 변경처분이 소의 대상이고, 제2차 변경처분은 당초처분의 유효를 전제로 그 내용 중 일부만을 추가하는 것으로 가분적인 경우에 해당한다고 볼 것이므로 결과적으로 2015.3.1.자 제1차 변경처분(영업시간제한처분과 의무휴업지정처분)과 2016.9.16.자 제2차 변경처분(영업시간제한변경처분) 모두 취소소송의 대상이 된다. 그러나 설문의 경우에는 1차 변경처분과 2차 변경처분이 모두 존재하나 甲은 그 청구상 영업제한시간을 증가시킨 부분의 하자를 다투는 것이 아니라 그 전제가 된 영업정지처분에 관한 부분이라 할 것이므로 2016.3.1.자 제1차 변경처분만이 소의 대상이 된다고 보아야 한다.

3. 취소소송의 기산점

(1) 취소소송의 제소기간

행정소송법 제20조에 따라 취소소송은 처분등이 있음을 안 날부터 90일 이내에 제기하여야 한다. 그러나 취소소송은 처분등이 있은 날부터 1년을 경과하면 이를 제기하지 못한다. 다만, 정당한 사유가 있는 때에는 그러하지 아니하다.

(2) 변경처분의 경우 제소기간

1) 선행처분의 주요 부분을 실질적으로 변경하는 내용으로 후행처분을 한 경우

이 경우 ❶ [변경처분설]에 따라 변경처분시점이 기산점이 된다는 견해와 ❷ [변경된 당초처분설]에 따라 당초처분시점이 기산점이 된다는 견해가 대립될 수 있다. 판례의 입장은 분명하지 않으나, 이 경우 변경처분설에 따라 변경처분시점이 기산점이 된다고 봄이 당사자의 권리구제의 폭을 넓히는 차원에서 타당하다.

2) 종전처분의 유효를 전제로 그 내용 중 일부만을 추가·철회·변경하는 경우

이 경우 당초처분과 변경처분이 독립하여 별도로 존재하게 되므로 각각 제소기간을 산정하면 될 것이다.

(3) 사안의 경우

이상의 검토에 따라 甲은 2016.3.1.자 제1차 변경처분을 동년 3.4.로부터 90일 이내에 제기할 수 있다.

Ⅱ.	설문(2)의 해결 – 수소법원이 내려야 할 판결의 종류와 甲의 소변경의 가능성
	(24/50)
1.	**문제점**(1/24)
	설문(2)의 경우 ① 영업정지처분에 대한 취소소송의 계속 중 변경처분이 내려진 경우 당초처분이 소멸하여 수소법원은 협의의 소익의 결여로 각하판결을 하여야 하는지 아니면 협의의 소익이 인정되어 본안판결을 하여야 하는지가 문제된다. 또한 ② 甲은 영업정지처분에 대한 취소소송의 계속 중 변경처분이 내려진 경우 행정소송법 제22조에 따라 처분변경을 원인으로 하는 소변경을 청구할 수 있는지 여부가 문제된다.
2.	**수소법원이 내려야 할 판결의 종류**(18/24)
	(1) 문제점
	판례(변경처분설)에 따라 위 영업정지처분에 대한 취소소송 도중 제1차 변경처분이 내려지게 되면 "행정처분이 변경되면 그 처분의 효력은 상실하여 더 이상 존재하지 않는 것이다"는 판례입장대로 당초처분은 소멸하게 된다.[주1)] 따라서 효력이 상실된 행정처분에 대한 취소소송의 협의의 소익이 문제된다.
	(2) 협의의 소익의 의의
	협의의 소익이란 "원고의 소송상 청구에 대하여 본안판결을 구하는 것을 정당화시킬 수 있는 구체적 실익 내지 현실적 필요성"을 말한다.
	(3) 인정취지
	협의의 소익은 판결의 실효성을 확보하고 소송경제차원에서 요구되는 제소요건이다.

(4) 행정소송법 제12조 2문의 성질

1) 행정소송법 제12조 2문의 규정의 성질

동규정에 대하여 ❶ [원고적격설(입법비과오설)]과 ❷ 협의의 소익을 규정한 것으로 보는 [협의의 소익규정설(입법과오설)]이 대립한다. 후설이 다수의 견해이며 타당하다.

2) 동규정에 의한 취소소송의 성질

이에 대해 ❶ 처분의 효력이 소멸한 경우에는 이를 형성소송으로 이해할 수다는 이유로 처분의 효력이 소멸한 경우에 제기되는 [위법확인의 계속적 확인소송설]과, ❷ 과거에 존재하였던 처분의 효력을 소급하여 소멸시키는 [소급목적의 형성소송설]이 대립한다.

(5) 협의의 소익의 인정범위

1) 문제점

행정소송법 제12조 2문에 따라 실효한 처분의 경우 협의의 소익을 인정할 수 있을 것인지와 관련하여 '회복되는 법률상 이익'의 범위가 문제된다.

2) 학설

행정소송법 제12조 2문의 '회복되는 법률상 이익'의 해석과 관련하여 ❶ 명예·신용 등은 법률상 이익에 포함되지 않고 재산상 이익에 한정하는 [재산상 이익설; 소극설], ❷ 명예·신용 등의 인격적 이익도 포함될 수 있다는 [명예·신용상 이익설; 적극설], ❸ 처분의 위법확인에 대한 정당한 이익으로 보아 법률상 이익보다 넓은 것으로 보는 [정당한 이익설]이 주장되고 있다.

3) 판례

대법원 "처분으로 인하여 명예, 신용 등 인격적인 이익이 침해되어 그 침해상태가 자격정지기간 경과 후까지 잔존하더라도 이와 같은 불이익은 동 처분의 직접적인 결과라고 할 수 없다"고 하여 기본적으로 ❶설(소극설)의 입장으로 보인다.

4) 검토

행정소송법 제12조 2문에서 실효한 행정처분에 대한 취소소송은 처분의 효력을 제기하기 위한 형성소송으로 볼 수 없으므로, 처분의 위법성을 확인하는 계속적 확인소송으로 봄이 타당하다. 따라서 동법상의 법률상 이익은 처분의 위법확인에 대한 정당한 이익으로 보는 것이 논리적으로 타당하다.

(6) 사안의 검토

취소소송 도중 소의 대상인 당초처분이 변경처분으로 인해 소멸한 경우 변경처분으로 소를 변경할 수 있고(행정소송법 제22조), 당초처분이 과거에 존재하였음으로 원고의 법률상 이익에 어떠한 법적 불안을 초래할 사정이 존재한다고 볼만한 특별한 사정이 없는 한 협의의 소익은 부정함이 타당하다.

3. 甲이 제1차 변경처분에 대한 취소소송으로 소변경청구를 할 수 있는지 여부(5/24)

(1) 의의

행정소송법 제22조에서는 "법원은 행정청이 소송의 대상인 처분을 소가 제기된 후에 변경한 때에는, 원고의 신청에 의하여 결정으로써 청구의 취지 또는 원인의 변경을 허가할 수 있다"고 하여 처분변경을 원인으로 한 소변경을 인정하고 있다.

(2) 인정취지

행정소송법상 소변경은 원고의 신속한 권리구제와 분쟁의 일회적 해결에 기여하는 제도이다.

(3) 요건

1) 처분의 변경이 있을 것

당해 소송의 대상인 처분이 소가 제기된 후 행정청에 의하여 변경되어야 한다.

2) 처분의 변경이 있음을 안 날로부터 60일 이내에 신청할 것

원고는 처분의 변경이 있음을 안 날로부터 60일 이내에 신청하여야 한다(동조 제2항).

3) 적법한 행정소송이 계속중일 것

변경되기 이전의 구소의 제기가 적법되어 법원에 계속중이어야 한다.

4) 사실심변론종결 이전까지 원고의 신청이 있을 것

소변경은 법원의 직권에 의해 행해질 수 없는 만큼 원고가 사실심 변론종결시 전까지 신청해야 한다.

5) 법원의 변경허가결정이 있을 것

법원이 소변경이 상당하다고 인정하여 변경허가결정을 하였어야 한다.

(4) 사안의 검토

사안의 경우 제1차 변경처분은 영업정지처분에 대한 취소소송이 제기된 이후에 이루어졌다. 문제는 적법한 취소소송이 법원에 계속중인지 여부인데, 영업정지처분이 그 효력을 상실하여 협의의 소익이 상실된 것은 제1차 변경처분으로 인한 것이므로 이 경우 소송의 적법성은 변경처분이 내려지기 이전까지 적법한 소송으로 제기되었다면 충분하다고 해석함이 타당하다. 따라서 영업정지처분의 정지기간이 도과되기 이전에 취소소송이 제기되었고 변경처분도 내려졌으므로 이 요건도 충족된다. 따라서 甲은 변경처분이 내려졌음을 안 날인 2016.3.4.로부터 60일 이내에 법원에 소변경청구를 할 수 있다.

Ⅲ.	**설문의 해결**(2/50)
1.	설문(1)의 경우 甲은 2016.3.1.자 제1차 변경처분을 동년 3.4.로부터 90일 이내에 제기할 수 있다.
2.	설문(2)의 경우 甲의 영업정지처분에 대한 취소소송은 제1차 변경처분으로 인해 그 효력이 소멸하였고 甲의 법률상 이익에 어떠한 법적 불안을 초래할 사정이 보이지 아니하므로 수소법원은 각하판결을 하여야 하고, 甲은 제1차 변경처분으로 소를 변경청구하여 변경허가결정을 받을 수 있을 것으로 보인다.

각주

주1) [대판 2012.12.13. 2010두20782]

【판결요지】

[1] 특별한 사정이 없는 한 그 효력을 상실하지만, 후행처분이 있었다고 하여 일률적으로 선행처분이 존재하지 않게 되는 것은 아니고 선행처분의 내용 중 일부만을 소폭 변경하는 정도에 불과한 경우에는 선행처분이 소멸한다고 볼 수 없다.

[2] 선행처분이 후행처분에 의하여 변경되지 아니한 범위 내에서 존속하고 후행처분은 선행처분의 내용 중 일부를 변경하는 범위 내에서 효력을 가지는 경우에, 선행처분의 취소를 구하는 소를 제기한 후 후행처분의 취소를 구하는 청구를 추가하여 청구를 변경하였다면 후행처분에 관한 제소기간 준수 여부는 청구변경 당시를 기준으로 판단하여야 하나, 선행처분에만 존재하는 취소사유를 이유로 후행처분의 취소를 청구할 수는 없다.

【판결이유】

원심판결 이유와 기록에 의하면, 피고는 2006.1.11. '파주 열병합발전소'의 설치에 관하여 이 사건 제1차 변경허가를 한 후, 인근 지역의 수요 변화 등을 고려하여 제1차 변경허가에 의하여 설치하기로 한 열전용보일러시설 3기 중 1기를 다른 열병합발전소로 옮기는 한편 최대열부하 규모도 종전의 693Gcal/h에서 590Gcal/h로 축소하기로 하고 이러한 사정변경을 반영하여 이 사건 제2차 변경허가를 하였으며, 이 사건 제2차 변경허가는 위와 같은 변경사항을 제외하면 이 사건 제1차 변경허가와 그 내용이 동일한 사실을 알 수 있다. 위와 같은 사실관계를 위에서 본 법리에 비추어 살펴보면, 이 사건 제1차 변경허가와 제2차 변경허가는 모두 '파주 열병합발전소'의 설치와 관련된 처분으로서 이 사건 제2차 변경허가는 이 사건 제1차 변경허가를 전제로 하여 종전의 최대열부하 및 시설 규모만을 축소하는 정도로 사업내용을 조정하는 것에 불과할 뿐 이 사건 제1차 변경허가의 주요 부분을 실질적으로 변경하는 새로운 처분이라고 볼 수 없으므로, 이 사건 제1차 변경허가는 이 사건 제2차 변경허가에 의하여 변경되지 아니한 범위 내에서는 그대로 존속한다고 봄이 상당하다. 따라서 이와 달리 이 사건 제1차 변경허가가 이 사건 제2차 변경허가에 의하여 소멸됨을 전제로 한 위와 같은 원심의 판단이 타당하다고 할 수 없다.

> 20××년 제×회 공인노무사 시험

D제철주식회사에 입사하여 2000.3.30. ~ 2010.3.30.까지 염칼·아염 공정작업에 종사하여 왔던 甲은 퇴사 후, '우측 감각신경성 난청'으로 장해진단을 받게 되자 관할 근로복지공단에게 『산업재해보상보험법』(이하 "산재법"이라 한다)에 따라 업무상 재해로 인한 산업재해 보상급여 청구를 하였으나, 관할 근로복지공단은 "甲의 보상급여청구는 소멸시효의 완성으로 소멸하였다"는 이유를 들어 2013.4.1. 보상청구를 반려하는 통지를 甲에게 하였다. 甲은 근로복지공단에 대한 심사청구와 산업재해보상보험재심사위원회에 대한 재심사 청구를 거쳐 관할 행정법원에 항고소송을 통해 불복하려 한다(※ 사안의 경우 甲의 산재법상 보상급여청구권의 소멸시효는 도과하지 않았다고 전제할 것).

물음 1) 甲이 강구할 수 있는 행정소송상 구제방안과 그 인용가능성을 검토하시오. (30점)

물음 2) 위 반려처분에 대한 심사청구와 재심사청구 도중 근로복지공단이 위 반려처분의 사유를 "우측 감각신경성 난청은 업무상 재해에 해당하지 않는다"는 사유로 그 사유를 변경할 수 있는가? (20점)

참조조문

산업재해보상보험법

제103조(심사청구의 제기) ① 다음 각 호의 어느 하나에 해당하는 공단의 결정 등(이하 "보험급여 결정등"이라 한다)에 불복하는 자는 공단에 심사 청구를 할 수 있다.
  1. 제3장 및 제3장의2에 따른 보험급여에 관한 결정

제106조(재심사 청구의 제기) ① 제105조 제1항에 따른 심사 청구에 대한 결정에 불복하는 자는 제107조에 따른 산업재해보상보험재심사위원회에 재심사 청구를 할 수 있다. 다만, 판정위원회의 심의를 거친 보험급여에 관한 결정에 불복하는 자는 제103조에 따른 심사 청구를 하지 아니하고 재심사 청구를 할 수 있다.

제111조(다른 법률과의 관계) ② 제106조에 따른 재심사 청구에 대한 재결은 「행정소송법」 제18조를 적용할 때 행정심판에 대한 재결로 본다.
  ③ 제103조 및 제106조에 따른 심사 청구 및 재심사 청구에 관하여 이 법에서 정하고 있지 아니한 사항에 대하여는 「행정심판법」에 따른다.

목차

Ⅰ.	**설문(1)의 해결 - 甲이 강구할 수 있는 행정소송상 구제방안과 인용가능성**
	(28/50)
1.	**문제점**(1/28)
	설문(1)의 경우 甲이 강구할 수 있는 행정소송상 구제방안과 관련하여 ① 항고
	소송을 통한 본안청구의 인용가능성과 관련하여 의무이행소송의 인정 여부와 반
	려처분에 대한 항고소송의 요건충족 여부와 그 인용가능성이 문제되며, ② 보전청
	구로서 가구제를 통한 구제가능성과 관련하여 반려처분에 대한 집행정지의 가능
	성 및 가처분청구의 인정 여부가 문제된다.
2.	**본안청구에 의한 권리구제의 가능성**(14/28)
	(1) 근로복지공단의 반려조치에 대한 항고소송의 제기가능성
	1) 거부처분의 의의
	거부처분이란 "행정청이 국민으로부터 공권력의 행사의 신청을 받았음에도 신
	청된 내용의 행위를 발급하지 않겠다는 행정청의 소극적 의사표시"를 말한다.
	2) 거부처분이 되기 위한 요건
	(가) 공권력행사에 관한 거부일 것: 행정청의 거부가 작위인 처분과 동일시 할
	수 있기 위해서는 그 거부가 우선 공권력 행사의 거부이어야 한다.
	(나) 공권력행사의 거부로 신청인의 법적 지위에 어떠한 변동을 초래할 것: 그 거부
	가 국민의 권리의무에 직접적으로 영향을 미치는 것이어야 한다.
	(다) 법규상·조리상 신청권이 긍정될 것: 판례는 일관되게 항고소송의 대상이
	되는 거부처분이 되기 위해서는 법규상·조리상의 신청권이 존재해야
	한다고 판시하고 있다. 신청권의 존부는 구체적 사건에서 신청인이 누구

인가를 고려치 않고 관계법규의 해석에 의하여 일반 국민에게 그러한 신청권을 인정하고 있는가를 살펴 추상적으로 결정된다.

3) 사안의 검토

① 산재법상 보험급여결정은 공권력행사로 볼 수 있고, ② 급여결정의 거부행위로 인해 근로자는 산재법상 급여를 받을 수 없게 되는 재산권에 대한 침해가 인정되며, ③ 산재법 제40조에 따라 근로자 甲의 법규상 신청권도 인정되므로 거부처분에 해당한다고 보인다. 따라서 위 반려조치는 거부처분에 해당한다.

(2) 의무이행소송의 제기가능성

1) 의무이행소송의 의의

의무이행소송이란 "당사자의 행정행위의 신청에 대하여 행정청이 거부하거나 부작위로 대응하는 경우에, 법원의 판결에 의하여 행정청으로 하여금 일정한 행위를 하도록 청구하는 소송"을 말한다.

2) 인정 여부에 대한 학설대립

이에 대해 학설은 ❶ 권력분립의 원칙상 의무이행소송을 인정할 수 없다는 [부정설], ❷ 국민의 권리구제를 위해 인정해야 한다는 [긍정설], ❸ 의무이행소송을 원칙적으로 부정하면서도 일정한 요건 하에서 인정될 수 있다는 [제한적 긍정설]이 대립된다.

3) 판례

대법원은 "행정청의 부작위에 대하여 일정한 처분을 하도록 하는 의무이행소송으로 현행 행정소송법상 허용되지 않는다(대판 94누14018)"라고 판시하여 일관되게 의무이행소송을 부정하고 있다.

4) 검토

검토하건대 행정소송의 유형은 입법정책의 문제이다. 따라서 행정소송법의 입법자의 의사에 따라 판단해야 하는바, 현행 행정소송법상 의무이행소송은 인정된다고 볼 수 없다. 그러나 2013년 행정소송법개정안(법무부)에서와 같이 입법론적으로 의무이행소송을 도입함이 타당하다.

(3) 거부처분에 대한 항고소송(취소 또는 무효확인소송)에 의한 구제가능성

1) 항고소송의 적법요건

거부처분에 대한 항고소송이 적법하게 제기 되기 위해서는 ① 거부조치가 처분에 해당하여야 하고(행정소송법 제2조 제1항), ② 원고가 법률상 이익을 가져야 하며(동법 제12조), ③ 관할 행정법원에 ④ 처분청을 상대로(동법 제13조), ⑤ 거부처분취소소송의 경우에는 동 처분이 있었던 날로부터 1년, 안 날로부터 90일 이내(동법 제20조)에 제기되어야 한다.

2) 사안의 경우

사안의 경우 근로복지공단의 반려처분은 거부처분에 해당하므로 甲은 거부처분에 대한 항고소송을 제기할 수 있으며, 근로복지공단의 반려처분은 산재법상 보험급여청구의 소멸시효가 도과하지 아니하였으므로 甲의 청구는 인용될 것이다.

3. 보전청구(가구제)에 의한 구제가능성(13/28)

(1) 집행정지신청에 의한 구제가능성

1) 집행정지의 의의

집행정지란 "취소소송이 제기된 처분 등이나 그 집행 또는 절차의 속행으로 인하여 생길 회복하기 어려운 손해를 예방하기 위하여 긴급한 필요가 있다고 인정할 때 법원이 당사자의 신청 또는 직권에 의해 그 집행을 잠정적으로 정지하도록 결정하는 것"을 말한다(행정소송법 제23조 제2항).

2) 집행정지신청의 인용요건

(가) 적극적 요건: 집행정지결정의 적극적 요건으로서 ① 집행정지의 대상인 처분등이 존재하여야 하고, ② 적법한 본안소송이 수소법원에 계속중이어야 하며, ③ 회복하기 어려운 손해발생의 가능성이 있어야 하며, ④ 본안판결을 기다릴 시간적 여유가 없어야 하며, ⑤ 원고의 신청의 이익이 있어야 한다.

(나) 소극적 요건: ① 행정소송법 제23조 제3항에 따라 집행정지결정이 공공복리에 대한 중대한 영향을 미칠 우려가 없어야 하며, ② 원고의 본안청구가 이유 없음이 명백하지 아니하여야 한다.

3) 거부처분에 대한 집행정지의 가능성

(가) 문제점: 거부처분이 집행정지의 대상이 되는지 여부가 ① 집행정지의 성질과, ② 집행정지의 요건과 관련하여 문제된다.

(나) 학설: 이에 대해 ❶ 집행정지는 처분이 없었던 것과 같은 상태를 만드는 것을 의미하며, 그 이상으로 행정청에게 처분을 명하는 등 적극적인 상태를 만드는 것은 그 내용이 될 수 없으므로 거부처분은 집행정지의 대상이 될 수 없다는 [부정설], ❷ 거부처분은 집행정지의 대상에 원칙적으로 해당되지 않으나, 구체적 사안에 따라 예외적으로 긍정하는 것이 타당하다고 보는 [제한적 긍정설], ❸ 집행정지결정의 사실상 구속력에 근거하여 집행정지의 대상된다는 [긍정설]이 대립된다.

(다) 판례: 대법원은 "거부처분은 효력이 정지된다 하더라도 그 처분이 없었던 것과 같은 상태를 만드는 것에 지나지 아니하는 것이고 그 이상으로 행정청에 대하여 어떠한 처분을 명하는 등 적극적인 상태를 만드는 것이 아니므로, 거부처분에 의하여 생길 회복할 수 없는 손해를 피하는데 아무런 보탬도 되지 아니하니 거부처분의 효력을 정지할 필요성이 없다"는 이유로 거부처분에 대한 집행정지를 신청의 이익의 흠결로 부정하고 있다.

(라) 소결: 사안의 반려처분은 갱신신청에 대한 거부가 아닌 새로운 신청에 대한 거부로서 다수설과 판례의 입장에 따라 부정함이 타당하다.

(2) 가처분신청의 인정 여부

1) 가처분의 의의

민사집행법 제300조상의 적극적 가구제로서 "금전급부 이외의 청구권의 집행보전과 계쟁법률관계에 관해 임시의 지위를 보전하는 것을 내용으로 하는 가구제"를 말한다.

2) 민사집행법 제300조상의 가처분이 항고소송에서 인정될 수 있는지 여부

(가) 학설: 이에 대해 학설은 ❶ 권력분립원칙상 인정될 수 없다는 [부정설], ❷ 국민의 권리구제와 행정소송법 제8조 제2항을 준용하여 인정할 수 있다는 [긍정설], ❸ 원칙적으로는 처분 인정할 수 없으나, 이러한 집행정지로서는 목적을 달성할 수 없는 경우에만 인정해야 한다는 [제한적 긍정설]이 대립된다.

(나) 판례: 대법원은 "민사소송법상의 보전처분은 민사판결절차에 의하여 보호받을 수 있는 권리에 관한 것이므로 민사소송법상의 가처분으로써 행

정청의 어떠한 행정행위의 금지를 구하는 것은 허용될 수 없다 할 것이다"고 하여 이를 부정한다(대결 1992.7.6. 92마54).

(다) 검토: 사안의 보상급여결정에 대한 가처분은 금전급부청구에 관한 권리를 보전하기 위한 것이므로 본래의 가처분이 허용될 수 없는 경우에 해당한다. 따라서 사안의 경우에는 어떠한 견해에 의한다 하더라도 보상급여청구에 대한 가처분은 허용될 수 없다고 봄이 타당하다.

Ⅱ. 설문(2)의 해결 – 근로복지공단의 처분사유변경의 인정 여부(20/50)

1. 문제점(1/20)

설문(2)의 경우 위 반려처분에 대한 항고소송에서 근로복지공단이 당초제시한 처분사유를 변경할 수 있는가와 관련하여 처분사유의 추가·변경의 인정 여부 및 그 범위가 문제된다.

2. 처분사유추가·변경의 의의(1/20)

처분사유의 추가·변경이란 "행정청이 처분시에 처분의 사유를 밝힌 후 행정소송의 계속 중에 그 대상처분의 적법성을 유지하기 위하여 그 사유를 추가하거나 잘못 제시된 사실상의 근거 또는 법률적 근거를 변경하는 것"을 말한다.

3. 인정 여부(5/20)

(1) 문제점

처분사유의 추가변경은 행정소송법에 명문의 규정이 없는바, "소송경제와 원고의 공격방어권보장" 관점에서 그 인정 여부가 문제된다.

(2) 학설

이에 대해 학설은 ❶ 분쟁의 일회적 해결을 위해 긍정해야 한다는 [긍정설], ❷ 원고의 공격방어권을 보장하기 위해서 부정해야 한다는 [부정설], ❸ 원고의 공격방어권을 침해하지 않는 범위 내에서 긍정해야 한다는 [제한적 긍정설]이 대립된다.

(3) 판례

대법원은 ① 행정소송 및 행정심판의 경우 "당초의 처분사유와 기본적 사실관계에 있어서 동일성이 인정되는 한도" 내에서만 새로운 처분사유를 추가하거나 변경할 수 있다고 하여 제한적 긍정설의 입장이나, ② 본래적 이의신청의 경우에는 "당초처분의 근거로 삼은 사유와 기본적 사실관계의 동일성이 인정되지 않는 사유라고 하더라도 이를 처분의 적법성과 합목적성을 뒷받침하는 처분사유로 추가·변경할 수 있다고 보는 것이 타당하다"고 판시하여 [긍정설]의 태도이다.

(4) 검토

행정쟁송과 본래적 이의신청을 나누어 판단하는 대법원 판례의 입장이 타당하다.

4. 심사청구의 경우(6/20)

(1) 심사청구의 법적 성질

심사청구는 처분청인 당해 근로복지공단에 대해 심사를 청구하는 것(산재법 제103조)으로서 특수한 행정심판이 아닌 본래적 이의신청으로 보인다. 대법원도 "산재법상 심사청구에 관한 절차는 보험급여 등에 관한 처분을 한 근로복지공단으로 하여금 스스로의 심사를 통하여 당해 처분의 적법성과 합목적성을 확보하도록 하는 근로복지공단 내부의 시정절차에 해당한다고 보아야 한다(대판 2012두3859)"고 판시하고 있다.

(2) 처분사유추가 · 변경의 인정 여부

대법원은 앞선 판례의 태도에 따라 제한없이 처분사유의 추가 및 변경이 허용된다고 본다. 따라서 근로복지공단은 당초의 처분사유와 기본적 사실관계의 동일성이 인정되는지 여부와 관계없이 "우측 감각신경성 난청은 업무상 재해에 해당하지 않는다"는 사유로 처분사유를 변경할 수 있다.

5. 재심사청구의 경우(6/20)

(1) 재심사청구의 법적 성질

산재법 제111조 제2항에 따라 재심사청구는 행정심판법 제4조에 따라 일반행정심판을 갈음하는 특별행정심판의 성질을 갖는다.

(2) 심사청구의 경우 처분사유추가 · 변경의 법리의 적용 여부

대법원은 행정심판청구의 단계에서는 "처분사유의 추가변경에 대한 법리가 행정심판단계에서도 그대로 유지된다(대판 2014.5.16. 2013두26118)"고 판시하여 처분사유의 추가 · 변경을 제한된 범위 내에서 인정한다. 따라서 이하에서는 처분사유의 추가 · 변경이 인정되는 범위를 살펴본다.

(3) 처분사유추가 · 변경의 허용범위

1) 일반적 허용범위

처분사유의 추가 · 변경은 ① 소송물의 동일성을 해하지 않는 범위에서, ② 처분시기준설(통설, 판례)에 따라 처분시 이전에 존재하였던 사유를 대상으로 ③ 당초사유와 기본적 사실관계가 인정되는 한도 내에서 ④ 피고인 행정청에 의해 사실심 변론종결시까지 이에 대한 청구가 있어야 한다.

2) 기본적 사실관계의 동일성의 판단기준

(가) 판례는 처분의 근거법령만을 추가·변경한다거나, 당초의 처분사유를 구체화하는 경우 기본적 사실관계 동일성을 인정하고 있다.

(나) 여기서 말하는 기본적 사실관계동일성 유무는 처분사유를 "법률적으로 평가하기 이전의 구체적인 사실관계에 착안하여 그 기초가 되는 사회적 사실관계의 동일성을 기준으로 하며, 판단은 시간적·장소적 근접성, 행위 태양·결과 등의 제반사정을 종합적으로 고려(판례)"한다.

(4) 사안의 검토

설문에서 당초사유인 보험급여청구권의 소멸시효가 완성되었다는 사유와 새로운 사유인 "업무상 재해가 아니라"는 사유가 행위의 태양이 다르므로 기본적 사실관계의 동일성이 부정된다고 봄이 타당하다. 따라서 근로복지공단은 당초의 사유를 변경할 수 없다고 보아야 한다.

6. 사안의 검토(1/20)

이상의 검토에 따라 근로복지공단은 심사청구단계에서는 당초 제시한 처분사유를 "우측 감각신경성 난청은 업무상 재해에 해당하지 않는다"는 사유로 변경할 수 있으나 재심사청구단계에서는 이러한 사유로 처분사유를 변경할 수 없다고 봄이 타당하다.

Ⅲ.	**설문의 해결**(2/50)
1.	설문⑴의 경우 甲은 산재법상 보상급여청구에 대한 반려처분의 취소 또는 무효확인을 구하는 항고소송에 의한 권리구제만 가능하다고 보여진다.
2.	설문⑵의 경우 근로복지공단은 심사청구에서는 당초의 처분사유를 "업무상 재해가 아니라"는 사유로 변경할 수 있으나, 재심사청구에서는 변경할 수 없다고 보아야 한다.

甲이 대표이사로 있는 A주식회사는 2011년 10월 28일 근로자 乙 등을 비롯한 200여 명의 근로자를 기업의 경쟁력강화를 위한 구조조정의 일환으로 정리해고하였다. 이에 乙 등은 관할 지방노동위원회에 부당해고 구제신청을 거쳐 중앙노동위원회에 재심판정을 신청하였으나, 모두 기각하는 내용의 판정을 받았다. 이에 위 A주식회사의 乙 등이 가입되어 있는 丙노동조합은 甲이 관할 지방노동위원회에 제출한 A주식회사의 2011년도 구조조정을 위한 인사관리계획서가 실제와 다르게 허위로 날조되었다고 주장하며 관할 지방노동위원회에 甲이 제출한 위 인사관리계획서를 공개하여 줄 것을 『공공기관의 정보공개에 관한 법률』(이하 '정보공개법'이라 한다)에 따라 청구하였으나, 동 위원회는 위 정보가 공개될 경우 인사 관련정보로서 개인의 사생활을 침해할 우려가 있음을 이유로 "정보공개법" 제9조 제1항 제6호에 근거하여 2012년 5월 6일에 비공개결정을 하였다. 다음 물음에 대하여 검토하시오.

물음 1) 丙노동조합은 위 지방노동위원회의 위원장 丁을 상대로 위 비공개결정에 대한 취소소송을 2012년 6월 8일에 관할 법원에 제기하였고, 乙 등은 2012년 5월 10일에 중앙노동위원회위원장을 상대로 한 위 재심판정의 취소를 구하는 행정소송을 각각 제기하였다. 丙노동조합의 비공개결정에 관한 취소소송에서 위 위원장 丁이 비공개결정의 사유로 "정보공개법"상 진행중인 재판에 관한 정보임 (동법 제9조 제1항 제4호)을 추가하려 한다. 丁의 이러한 행위는 소송상 허용되는가? (20점)

물음 2) 만약 위 설문과 달리 관할 지방노동위원회가 丙노동조합의 정보공개신청을 받아 들여 정보공개 결정을 하려는 경우와 이미 정보공개결정이 내려진 경우를 나누어 위 대표이사 甲이 취할 수 있는 행정소송상 구제방법에 대해 설명하시오. (30점)

목차

I.	**설문(1)의 해결 - 丁의 처분사유추가행위의 가능성**(20/50)
1.	**문제점**(1/20)

설문(1)의 경우 위 비공개결정취소소송의 피고인 위원장 丁이 위 소송의 계속 중 처분사유를 새로운 사유로 변경을 하는 것이 가능한지와 관련하여 ① 처분사유의 추가·변경의 인정 여부와 ② 허용범위가 문제되며, ③ 특히 사안의 새로운 사유는 위 거부처분인 비공개결정 이후의 사정이므로 거부처분에 대한 위법판단의 기준시도 문제된다.

2.	**처분사유추가·변경의 의의**(1/20)

처분사유의 추가·변경이란 "행정청이 처분시에 처분의 사유를 밝힌 후 행정소송의 계속 중에 그 대상처분의 적법성을 유지하기 위하여 그 사유를 추가하거나 잘못 제시된 사실상의 근거 또는 법률적 근거를 변경하는 것"을 말한다.

3.	**인정 여부**(5/20)

(1) 문제점

처분사유의 추가변경은 행정소송법에 명문의 규정이 없는바, "소송경제와 원고의 공격방어권보장" 관점에서 그 인정 여부가 문제된다.

(2) 학설

학설은 ❶ 분쟁의 일회적 해결을 위해 긍정해야 한다는 [긍정설], ❷ 원고의 공격방어권을 보장하기 위해서 부정해야 한다는 [부정설], ❸ 원고의 공격방어권을 침해하지 않는 범위 내에서 긍정해야 한다는 [제한적 긍정설]이 대립된다.

(3) 판례

대법원은 "당초의 처분사유와 기본적 사실관계에 있어서 동일성이 인정되는 한도" 내에서만 새로운 처분사유를 추가하거나 변경할 수 있다고 하여 제한적 긍정설의 입장이다.

(4) 검토

기본적 사실관계의 동일성이 인정되는 범위에서만 처분사유의 추가·변경을 인정하는 [제한적 긍정설]이 타당하다.

4. 인정요건 및 범위(12/20)

(1) 일반적 허용범위

(가) 처분사유의 추가·변경은 ① 소송물의 동일성을 해하지 않는 범위에서, ② 처분시기준설(통설, 판례)에 따라 처분시 이전에 존재하였던 사유를 대상으로 ③ 당초사유와 기본적 사실관계가 인정되는 한도 내에서 ④ 피고인 행정청에 의해 사실심 변론종결시까지 이에 대한 청구가 있어야 한다.

(나) 사안의 경우 소송물의 동일성이 인정되고 피고인 T의 처분사유의 추가신청도 사실심 변론종결시 이전에 할 것으로 여겨지므로 나머지 2가지 요건을 자세히 살펴본다.

(2) 처분사유의 추가·변경의 시적 범위로서 위법판단의 기준시

1) 문제점

처분사유의 추가·변경의 시간적 한계는 위법판단의 기준시와 일치하므로 거부처분취소송의 경우 위법판단기준시를 어느 시점으로 볼지에 따라 사안과 같이 거부처분 이후 발생한 새로운 사유로 처분사유의 변경이 허용되는지 여부가 달라지게

	된다.
	2) 학설
	이에 대해 학설은 ❶ 거부처분의 경우에도 처분시의 법령과 사실상태를 기준으로 하여야 한다는 [처분시설], ❷ 판결시의 법령과 사실상태를 기준으로 하여야 한다는 [판결시설], ❸ 위법판단의 기준시는 처분시로 보고 인용판결 여부는 판결시에 따라 판단하여야 한다는 [절충설]이 대립된다.
	3) 판례
	판례는 반려처분취소소송에서 "무릇 행정처분의 취소를 구하는 항고소송에 있어서 그 처분의 위법 여부는 처분 당시를 기준으로 판단하여야 하는 것"이라 하여 [처분시설]을 취하고 있다.
	4) 검토 및 소결
	판례의 입장에 따라 거부처분의 위법성 판단 기준시는 처분시로 봄이 타당하다.
	(3) 기본적 사실관계의 동일성의 판단기준
	(가) 판례는 처분의 근거법령만을 추가·변경한다거나, 당초의 처분사유를 구체화하는 경우 기본적 사실관계 동일성을 인정하고 있다.
	(나) 여기서 말하는 기본적 사실관계동일성 유무는 처분사유를 "법률적으로 평가하기 이전의 구체적인 사실관계에 착안하여 그 기초가 되는 사회적 사실관계의 동일성을 기준으로 하며, 판단은 시간적·장소적 근접성, 행위 태양·결과 등의 제반사정을 종합적으로 고려(판례)"한다.
5.	**사안의 경우**(1/20)
	사안의 경우 위 "진행 중인 재판에 관한 정보"라는 사유는 위 거부처분시 이후에

발생한 사유로서 시간적 한계의 범위를 일탈하였다고 보여지고, "개인의 사생활침

해의 우려(정보공개법 제9조 제1항 제6호)"의 사유와 "진행중인 재판에 관한 정보(동조

제4호)"의 처분사유는 행위태양 및 결과가 다르고 판단요소도 다르므로 사실관계

의 제반사정상 기본적 사실관계의 동일성도 인정되기 어렵다. 따라서 丁의 새로운

처분사유의 추가행위는 소송상 허용될 수 없다.

Ⅱ. 설문(2)의 해결 - 甲이 취할 수 있는 행정소송상 구제방법(28/50)

1. 문제점(1/28)

설문(2)의 경우 ① 위 지방노동위원회가 정보공개결정을 내리려고 하는 경우 정

보공개결정을 금지하는 예방적 금지소송의 허용 여부와 정보공개금지를 구하는

가구제로서 가처분신청의 허용 여부가 문제되며, ② 정보공개결정을 내린 경우에

는 ⅰ) 정보공개결정에 대한 항고소송의 제기가능성과 관련하여 정보공개결정의

처분성 여부와 甲의 원고적격이 문제되며, ⅱ) 가구제로서 정보공개결정에 대한

집행정지의 가능성이 문제된다.

2. 정보공개결정을 내리려는 경우 甲의 행정소송상 구제방법(12/28)

(1) 정보공개결정의 금지를 구하는 예방적 금지소송의 허용 여부

1) 예방적 금지소송의 의의

예방적 금지소송이란 "행정청이 특정한 행정행위 또는 처분을 하지 않을 것을

구하는 내용의 행정소송"을 말한다. 이러한 예방적 금지소송이 현행 행정소송법상

인정될 수 있는지 여부가 문제된다.

2) 인정 여부에 관한 학설

이에 대해 학설은 ❶ 이러한 부작위명령을 내리는 판결은 권리분립원칙상 허용되지 않는다고 보아 동 소송을 부정하는 [소극설], ❷ 국민의 포괄적 권리구제를 위하여 무명소송으로서 인정하여야 한다는 [적극설], ❸ 원칙적으로 인정될 수 없으나, ⅰ) 행정작용이 이루어질 개연성이 있고, ⅱ) 그 내용이 요건의 일의적이며, ⅲ) 회복할 수 없는 손해가 발생할 우려가 있고, ⅳ) 이에 대한 다른 구제방법이 없는 경우에만 인정해야 한다는 [절충설(제한적 긍정설)]이 대립된다.

3) 판례

판례는 "일정한 부작위의 의무를 명하는 판결을 구하는 소송은 현행 행정소송법상 인정될 수 없다"고 하여 예방적 금지소송을 인정하지 아니한다.

4) 검토

행정소송의 유형은 입법정책적 문제이다. 현행 행정소송법상 예방적 금지소송을 인정하기 위해서는 이에 대한 가구제수단이 마련되어 있어야 한다. 따라서 예방적 금지소송의 인정 여부는 이하에서 검토할 항고소송에서의 가처분의 인정 여부에 달려있다. 이하에서 검토한다.

(2) 정보공개결정을 금하는 가처분신청의 가능성

1) 가처분의 의의

민사집행법 제300조상의 적극적 가구제로서 "금전급부 이외의 청구권의 집행보전과 계쟁법률관계에 관해 임시의 지위를 보전하는 것을 내용으로 하는 가구제"를 말한다.

2) 민사집행법 제300조상의 가처분이 항고소송에서 인정될 수 있는지 여부

(가) 학설: 이에 대해 학설은 ❶ 권력분립원칙상 인정될 수 없다는 [부정설],

❷ 국민의 권리구제와 행정소송법 제8조 제2항을 준용하여 인정할 수 있다는 [긍정설], ❸ 원칙적으로는 처분 인정할 수 없으나, 이러한 집행정지로서는 목적을 달성할 수 없는 경우에만 인정해야 한다는 [제한적 긍정설]이 대립된다.

(나) 판례: 대법원은 "민사소송법상의 보전처분은 민사판결절차에 의하여 보호받을 수 있는 권리에 관한 것이므로 민사소송법상의 가처분으로써 행정청의 어떠한 행정행위의 금지를 구하는 것은 허용될 수 없다 할 것이다"고 하여 이를 부정한다(대결 1992.7.6. 92마54).

(다) 검토: 가처분을 허용하게 되면 본안소송에 의하여 얻을 수 있는 권리범위를 초과하는 결과를 초래한다. 그러므로 가처분은 허용될 수 없다고 봄이 타당하다. 그러나 2013년도 입법예고된 법무부 행정소송법 개정안과 같이 가처분제도를 도입함은 타당하다.

3. 정보공개결정을 내린 경우 甲의 행정소송상 구제방법(15/28)

(1) 정보공개결정에 대한 항고소송의 제기가능성

1) 문제점

甲이 정보공개결정에 대하여 취소소송 또는 무효확인소송의 항고소송을 제기하기 위해서는 위 정보공개결정이 처분에 해당하여야 하고 甲의 원고적격이 인정되어야 한다. 위 정보공개결정이 처분에 해당함에는 의문의 여지가 없는바, 甲의 원고적격의 인정여부가 문제된다.

2) 행정소송법상 원고적격의 의의

취소소송의 원고적격이란 "취소소송을 제기할 법률상 자격 및 권한(소권)"을 말한다. 행정소송법 제12조 1문은 "법률상 이익"으로 규정하고 있다.

3) 행정소송법상 "법률상 이익"의 범위

(가) 학설: 이에 대해 학설은 ❶ 권리를 침해당한 자만이 소를 제기할 수 있는 법률상 자격이 있는다는 [권리회복설], ❷ "처분의 근거법규 및 관련법규의 목적론적 해석에 따라 보호되는 개별·직접·구체적인 이익"을 갖는 자만이 소를 제기할 수 있다는 [법률상 보호이익구제설], ❸ 권리 내지 법률상 이익을 침해받은 자와 "실질적으로 보호할 가치가 있는 이익"을 갖는 자도 소를 제기할 수 있다는 [보호가치 있는 이익구제설], ❹ "당해 처분을 다툼에 있어 가장 적합한 이해관계를 가진 자"에게 원고적격을 인정해야 한다는 [적법성보장설]이 대립된다.

(나) 판례: 대법원은 "당해처분의 근거법규(관련법규를 포함) 및 일련의 단계적인 근거법규에 의해 명시적으로 보호받는 이익 및 근거법규 및 관련법규의 합리적 해석상 보호되는 개별·직접·구체적 이익"으로 판단하여 "법률상 보호이익구제설"을 취하는 것으로 보인다.

(다) 검토: 취소소송의 주관소송성과 의회민주주의의 원칙상 ❷설(법률상 보호이익구제설)이 타당하다.

4) 사안의 검토

정보공개법 제1조에서는 제3자의 영업상 이익이나 프라이버시의 인격적 이익등을 보호하지 않으나 정보공개법 제9조 제1항 제6호 또는 제7호에서 이에 관한 비공개정보사유에 관한 규정이 있고 동법 제21조에서 제3자의 비공개요청권을 규정한 취지상 甲의 이익도 아울러 보호하고 있다고 해석함이 상당하다. 따라서 甲은 위 정보공개결정에 대하여 항고소송을 통해 불복할 원고적격이 있다.

(2) 정보공개결정에 대한 집행정지의 가능성

1) 집행정지의 의의

집행정지란 "취소소송이 제기된 처분 등이나 그 집행 또는 절차의 속행으로 인하여 생길 회복하기 어려운 손해를 예방하기 위하여 긴급한 필요가 있다고 인정할 때 법원이 당사자의 신청 또는 직권에 의해 그 집행을 잠정적으로 정지하도록 결정하는 것"을 말한다(행정소송법 제23조 제2항).

2) 집행정지결정의 법적 성질

집행정지는 사법작용에 해당하며 소극적인 가구제제도에 해당한다.

3) 집행정지결정의 인용요건

(가) 적극적 요건: 집행정지결정의 적극적 요건으로서 ① 집행정지의 대상인 처분등이 존재하여야 하고, ② 적법한 본안소송이 수소법원에 계속중이어야 하며, ③ 회복하기 어려운 손해발생의 가능성이 있어야 하며, ④ 본안판결을 기다릴 시간적 여유가 없어야 하며, ⑤ 원고의 신청의 이익이 있어야 한다.

(나) 소극적 요건: ① 행정소송법 제23조 제3항에 따라 집행정지결정이 공공복리에 대한 중대한 영향을 미칠 우려가 없어야 하며, ② 학설과 판례상 견해가 대립되기는 하나 원고의 청구가 이유없음이 명백하지 아니하여야 한다.

4) 사안의 검토

(가) 사안의 경우 적극적 요건과 관련하여 ① 집행정지의 대상인 처분인 정보공개결정이 존재하고, ② 항고소송의 제기가 가능하며, ④ 긴급한 필요 및 ⑤ 신청의 이익은 인정된다고 보인다. 또한 소극적 요건으로서 집

행정지결정이 이루어질 경우 공공복리에 대한 중대한 영향을 미칠 우려나 원고의 청구가 이유없이 명백한 사정도 보이지 않는다.

(나) 문제는 "회복하기 어려운 손해발생의 우려"의 인정여부이다. 여기서 회복하기 어려운 손해란 "① 금전배상이 불가능한 경우와 ② 사회통념상 원상회복이나 금전배상이 가능하더라도 금전배상만으로 수인하기 어려운 유·무형의 손해"를 의미한다고 본다. 생각건대 위 인사관계정보가 공개될 경우 그로 인한 A주식회사가 입게 될 명예 및 신용상의 이익 및 경영상 중대한 타격을 받을 수 있다는 점에서 이 점도 인정된다고 보인다. 따라서 집행정지신청에 의한 구제는 가능하다고 보인다.

(3) 정보공개의 금지를 구하는 예방적 금지소송 및 가처분신청의 인정여부

앞서 살펴본 바대로 현행 행정소송법상 예방적 금지소송과 가처분제도도 인정된다고 볼 수 없으므로 이러한 행정소송상 구제방법은 이루어질 수 없다.

Ⅲ. 설문의 해결(2/50)

1. 설문 (1)의 경우 丁은 새로운 처분사유의 추가행위는 처분사유의 추가·변경의 시간적 범위와 기본적 사실관계의 동일성의 요건을 충족할 수 없으므로 소송상 허용될 수 없다.

2. 설문 (2)에서 ① 甲은 정보공개결정을 내리려고 하는 경우 행정소송상 아무런 구제방법을 취할 수 없고, ② 정보공개결정을 내린 경우에는 이에 대한 항고소송과 이에 대한 집행정신청을 통한 구제방법을 취할 수 있다.

> 20XX년 제X회 공인노무사 시험

고용노동부장관 乙은 『고용보험 및 산업재해보상보험의 보험료징수 등에 관한 법률』(이하 "보험료징수법"이라 한다) 및 동법 시행령에 따라 2016년도 "산업재해보상보험료율표"를 고용노동부고시 제○○-○○호로 고시하였는데, 동 고시에 따르면 화물운수업의 경우 전년도와 동일하게 보험료율을 유지하면서 "위수탁화물운수업"의 경우에만 전년도에 비해 보험료율을 큰 폭으로 인상하였다(이하 '이 사건 고시'라 한다). 이에 甲과 丙을 비롯한 위수탁화물운수업자들은 이 사건 고시의 효력이 유지될 경우 전년도에 비해 부당하게 높은 산재보험료 및 고용보험료를 부과받아 납부하여야 할 우려가 있어 이 사건 고시에 대한 취소소송을 제기하였다(※ 甲이 제기한 취소소송은 적법하게 제기되었음을 전제로 할 것). 다음 물음에 대하여 검토하시오.

물음 1) 甲이 이 사건 고시에 대한 취소소송을 제기하여 심리중에 있는 경우 丙은 이러한 행정소송에 참가하여 이 사건 고시에 대한 자신의 공격·방어방법을 제출할 수 있는가? 만약 丙이 이 소송에 참가한 경우 甲은 丙의 동의 없이 위 소를 취하하여 이 소송을 종결할 수 있는가? (20점)

물음 2) 甲이 제기한 이 사건 고시에 대한 취소소송의 수소법원은 이 사건 고시가 위법하다는 판단을 내렸으나 일건 기록에 나타난 사실을 기초로 하여 2016년도 "산업재해보상보험료율"에 기초하여 이미 수많은 위수탁화물운수업자에게 산재보험료부과처분이 이루어 졌고, 인상된 보험율이 유지되지 않을 경우 산재보험의 재정상 중대한 위기가 초래될 수 있다는 사실을 탐지하게 되었다. 이 경우 수소법원은 어떠한 판결을 하여야 하는가(※ 이 사건 고시의 위법이 취소사유인 경우와 당연무효사유인 경우를 나누어 검토하시오)? (30점)

목차

I.	**설문(1)의 해결 – 丙의 소송참가의 가능성과 소취하의 가능성**(20/50)
1.	**문제점**(1/20)
	설문(1)의 경우 ① 丙이 甲의 취소소송에 참가하여 자신의 공격·방어권을 행사할 수 있을 지와 관련하여 행정소송법 제16조의 제3자의 소송참가가 가능한지 문제되며, ② 만약 가능한 경우 甲이 항고소송에서 명문의 규정이 없음에도 소취하가 가능한지와 가능한 경우 소송참가인의 동의 없이 가능한지가 제3자 소송참가인의 지위와 관련하여 문제된다.
2.	**丙이 甲의 취소소송에 소송참가할 수 있는지 여부**(9/20)
	(1) 제3자 소송참가의 의의
	제3자 소송참가란 "소송의 당사자 외의 제3자를 행정소송 계속중에 소송에 참여시키는 것"을 말한다. 행정소송법 제16조에 근거한다.
	(2) 소송참가의 요건
	1) 타인 간의 행정소송이 적법하게 계속 중일 것
	타인 간의 취소소송이 적법하게 계속중이어야 하고 어느 심급에 있는지는 가리지 아니한다.
	2) 소송당사자 외의 제3자가 소송 결과에 따라 권익침해를 받을 지위에 있을 것
	① 여기서 "제3자"란 당해 소송당사자 이외의 자를 말하는 것으로, 국가 및 공공단체는 이에 포함되나 행정청은 해당되지 않는다. ② 또한 "소송의 결과에 따른 권리 또는 이익의 침해"란 소송의 판결주문에 의하여, 즉 취소판결의 형성력에 의하여 직접 법률상 이익의 침해를 받는 경우를 말한다. 이 경우 침해의 개연성만으로도 족하다고 본다.

(3) 참가절차

제3자의 소송참가는 당사자 또는 제3자의 신청 또는 직권에 의하며, 법원은 결정으로써 허가하고 법원이 제3자의 참가를 허가하기 전에 미리 당사자 및 제3자의 의견을 들어야 한다.

(4) 제3자의 불복

참가신청을 한 제3자는 그 신청을 각하한 결정에 대하여 즉시항고를 할 수 있다.

(5) 소결

설문의 경우 ① 丙이 아닌 甲과 고용노동부장관 간의 적법한 취소소송이 계속 중에 있고, ② 丙도 이 사건 고시에 따라 甲과 동일한 지위에서 높은 금액의 산재보험료를 납부할 개연성이 존재하므로 이 사건 고시의 직접적 이해관계인으로서 소송의 결과에 따라 권익을 침해받을 제3자임에 의문의 여지가 없다. 따라서 丙은 甲의 취소소송에 신청 또는 직권에 의해 소송참가할 수 있다.

3. 甲이 소송참가인의 동의 없이 소취하하여 재판을 종결할 수 있는지 여부(10/20)

(1) 소취하의 의의

소의 취하란 "원고가 소송에 의한 심판청구의 전부 또는 일부를 철회하는 취지의 일방적인 의사표시"를 말한다.

(2) 취소소송에서의 허용 여부

취소소송은 행정의 적법성과 공익성 확보를 하나의 목적으로 하여 그 인정 여부가 문제되지만, 취소소송에도 처분권주의가 지배하므로, 이를 부인할 이유가 없으므로 항고소송에서도 인정됨에 의문의 여지가 없다. 다만, 이 경우 민사소송법상 소의 취하에 관한 규정이 준용된다(민사소송법 제266조 이하).

(3) 소송참가인의 동의 없는 소취하가 유효한지 여부

1) 제3자 소송참가인의 법적 지위

참가인의 지위를 획득한 제3자는 피참가인과 필수적 공동소송에 있어서의 공동소송인에 준하는 지위에 있다고 할 것이나(민사소송법 제67조), 참가인이 당사자로서 독자적인 청구를 하는 것은 아니므로 공동소송적 보조참가와 비슷하다는 것이 통설이다.

2) 소취하에 소송참가인의 동의가 필요한지 여부

제3자 소송참가인의 공동소송적 보조참가자의 지위에 비추어 원고가 소취하를 하는 경우 소송참가인의 동의를 받을 필요가 없다고 할 것이다. 대법원도 "소취하는 재판의 효력과는 직접적인 관련이 없는 소송행위로서 공동소송적 보조참가인에게 불이익이 된다고 할 것도 아니어서 피참가인이 공동소송적 보조참가인의 동의 없이 소를 취하하였다 하더라도 이는 유효하다"고 판시하여 마찬가지의 입장이다.[주1]

(4) 소결

이상의 검토에 따라 원고 甲이 丙의 동의 없이 이 사건 고시에 대한 취소소송을 취하하였다 하여도 유효하다 할 것이므로 위 소송의 재판은 종결된다 할 것이다.

Ⅱ. 설문(2)의 해결 - 수소법원이 내려야 할 본안판결의 종류(28/50)

1. 문제점(1/28)

설문(2)의 경우 수소법원의 심리결과 이 사건 고시처분의 위법이 인정되나 이를 취소하는 것이 현저히 공공복리에 적합하지 아니한 경우 수소법원이 인용판결을 하여야 하는지 행정소송법 제28조에 근거하여 기각판결을 하여야 하는지 여부가 문제된다.

2.	**이 사건 고시의 하자가 취소사유인 경우**(20/28)
	(1) 사정판결의 의의
	사정판결이란 "원고의 취소청구가 이유 있는 경우(처분이 위법한 경우)라도, 당해 청구를 인용하지 않고 처분 등을 취소하는 것이 현저히 공공복리에 반한다는 이유로 행정소송법 제28조에 근거하여 원고의 청구를 기각하는 판결"을 말한다.
	(2) 제도의 취지
	사정판결이 법치행정의 원칙에 위반되어 위헌인지 여부가 문제되나, 취소소송의 공익성에 기초한 제도로서 합헌이라는 것이 대법원 판례의 태도이다.
	(3) 사정판결의 요건
	1) 원고의 청구가 이유있다고 인정될 것
	원고의 청구가 이유 있기 위해서는 계쟁처분이 위법하여야 하고 원고의 법률상 이익을 침해해야 한다.
	2) 처분등의 취소가 현저히 공공복리에 적합하지 아니할 것
	현저히 공공복리에 적합하지 아니한지 여부는 위법한 행정처분을 취소·변경하여야 할 필요와 그 취소·변경으로 인하여 발생할 수 있는 공공복리에 반하는 사태 등을 비교·교량하여 엄격하게 판단하여야 할 것이다. 이러한 공공복리에 반하는지 여부는 판결시, 즉 사실심 변론종결시를 기준으로 판단하여야 한다.
	3) 피고인 행정기관의 신청이 있을 것
	피고 행정청의 신청이 있어야 하나, 수소법원이 직권에 의한 사정판결을 할 수 있는지가 문제된다. 이하에서 검토한다.
	4) 사안의 경우
	① 이 사건 고시의 위법사유가 인정되므로 甲의 청구는 이유가 있다. ② 이 사건

고시가 법원의 판결에 의해 취소되는 경우 이에 기초해서 이루어진 산재보험료부

과처분도 위법하게 되어 취소되어야 하고 이로 인해 산재보험재정의 중대한 위기

가 초래될 수 있는 사정은 甲의 이 사건 고시로 인해 입을 피해를 고려한다 할지라

도 현저히 공공복리에 적합하지 않다고 보인다. 문제는 피고인의 신청이 없음에도

직권으로 탐지한 사실에 기초하여 수소법원이 사정판결을 할 수 있는지 여부가 문

제되므로 이하에서 검토한다.

(4) 직권에 의한 사정판결의 가능성

1) 문제의 소재

행정소송법 제26조에서는 「법원은 필요하다고 인정할 때에는 직권으로 증거조

사를 할 수 있고 당사자가 주장하지 아니한 사실에 대하여도 판단할 수 있다」고

규정하고 있어 직권심리의 범위를 둘러싸고 견해가 대립된다.

2) 학설

(가) 변론주의보충설: 이 설은 행정소송법 제26조의 취지를 당사자의 주장이나

주장하는 사실에 대한 입증활동이 충분하지 않는 경우에 법관이 직권으

로 증거조사를 할 수 있다는 정도로 새긴다.

(나) 직권탐지주의설: 이 설은 행정소송법 제26조에 있어서의 행정소송에서 법

원의 심리는 직권탐지주의가 원칙이라고 보아 당사자가 주장하지 아니

하는 사실에 대해서도 직권으로 제한없이 심리할 수 있다는 견해이다.

3) 판례

대법원은 행정소송법 제26조에 대해 "법원은 아무런 제한 없이 당사자가 주장

하지도 않은 사실을 판단할 수 있는 것은 아니고 일건 기록상 현출되어 있는 사항

에 관하여서만 이를 직권으로 심리조사하고 이를 기초로 하여 판단할 수 있을

따름이다(대판 1988.4.27. 87누1182)"라고 판시하여 [변론주의보충설]이다.

4) 검토

생각건대 기록상 나타나 있는 사실임에도 당사자가 이를 주장하지 않음으로써 재판자료로 삼지 않을 경우 현저히 정의에 반하는 결론에 이를 우려가 있다는 점에서 직권심리를 인정하는 [변론주의보충설]이 타당하다고 본다.

(5) 사안의 검토

사안의 경우 이 사건 고시를 취소판결하는 것이 현저히 공공복리에 반한다는 사정이 일건 기록에 나타나 있으므로 수소법원은 이러한 사실을 기초로 하여 사정판결을 할 수 있다고 보아야 한다.

3. 이 사건 고시의 하자가 당연무효인 경우(7/28)

(1) 문제점

무효인 처분의 경우에도 행정소송법 제28조에 근거하여 사정판결을 할 수 있는지 여부가 사정판결의 본질과 관련하여 문제된다.

(2) 학설

이에 대해 학설은 ❶ 존치시킬 처분의 효력이 없음을 이유로 무효인 처분의 경우에는 사정판결을 할 수 없다는 [부정설]과, ❷ 처분의 무효·취소의 구별의 상대성과 처분을 기초로 한 기성사실의 원상회복이 현저히 공공복리에 반하는 경우에는 예외적으로 사정판결이 가능하다는 [긍정설]이 대립된다.

(3) 판례

대법원은 "당연무효의 행정처분을 소송목적물로 하는 행정소송에서는 행정소송법 제28조 소정의 이른바 사정판결을 할 수 없다"고 하여 무효인 처분에 대해서는

	사정판결의 가능성을 부정한다(대판 1985.2.28. 84누380).
	(4) 검토
	법치주의의 원칙상 무효인 하자의 효력유지는 부정되어야 하므로 [적용부정설] 이 타당하다.
Ⅲ.	**설문의 해결**(2/50)
1.	설문(1)의 경우 丙은 甲의 취소소송에 신청 또는 직권에 의해 소송참가할 수 있으며, 丙은 공동소송적 보조참가자이므로 丙의 동의 없이도 甲의 소취하는 유효하다.
2.	설문(2)의 경우 이 사건 고시의 하자가 취소사유인 경우에는 수소법원이 직권에 의해 사정판결로 기각판결을 하여야 하나, 당연무효사유인 경우에는 무효선언적 의미의 취소판결로 인용판결을 하여야 한다.

주1) [대판 2013.3.28. 2011두13729]

공동소송적 보조참가는 그 성질상 필수적 공동소송 중에서는 이른바 유사필수적 공동소송에 준한다 할 것인데, 유사필수적 공동소송에서는 원고들 중 일부가 소를 취하하는 경우에 다른 공동소송인의 동의를 받을 필요가 없다. 또한 소취하는 판결이 확정될 때까지 할 수 있고 취하된 부분에 대해서는 소가 처음부터 계속되지 아니한 것으로 간주되며(민사소송법 제267조), 본안에 관한 종국판결이 선고된 경우에도 그 판결 역시 처음부터 존재하지 아니한 것으로 간주되므로, 이는 <u>재판의 효력과는 직접적인 관련이 없는 소송행위로서 공동소송적 보조참가인에게 불이익이 된다고 할 것도 아니다. 따라서 피참가인이 공동소송적 보조참가인의 동의 없이 소를 취하하였다 하더라도 이는 유효하다.</u> 그리고 이러한 법리는 행정소송법 제16조에 의한 제3자 참가가 아니라 민사소송법의 준용에 의하여 보조참가를 한 경우에도 마찬가지로 적용된다.

10 사정판결과 입증책임

20××년 제×회 공인노무사 시험

고용노동부장관 乙은 『고용보험 및 산업재해보상보험의 보험료징수 등에 관한 법률』(이하 "보험료징수법"
이라 한다) 및 동법 시행령에 따라 2018년도 "산업재해보상보험료율표"를 고용노동부고시 제○○-○○호
로 고시하였는데, 동 고시에 따르면 화물운수업의 경우 전년도에 비해 보험료율을 큰 폭으로 인상되었다
(이하 '이 사건 고시'라 한다). 이에 甲과 丙을 비롯한 화물운수업자들은 이 사건 고시의 효력이 유지될 경
우 전년도에 비해 부당하게 높은 산재보험료 및 고용보험료를 부과받을 것으로 보아 사건 고시에 대한 취
소소송을 제기하고자 한다. 다음 물음에 대하여 검토하시오.

물음 1) 甲이 이 사건 고시에 대해 적법한 제소요건을 모두 갖추어 취소소송을 제기하였는데 수소법원은
乙이 제출한 소송답변서에 기초하여 이 사건 고시가 위법하나 취소할 경우 고용보험 및 산업재
해보상보험가입자들에게 이미 징수한 2018년도 고용보험 및 산업재해보상보험료를 환급하고 새
로이 이를 징수해야 하고 그럴 경우 고용보험 및 산업재해보상보험의 재정상 중대한 공백상태가
발생하여 국가재정상의 위기가 초래될 수 있음을 탐지하게 되었다. 위 고시의 위법사유가 무효
인 경우와 취소사유에 그치는 경우 각각을 상정하여 위 경우 수소법원이 어떠한 판결을 내릴 것
인지를 논평하시오. (30점)

물음 2) 만약 근로복지공단이 이 사건 고시에 기초하여 丙에게 산재보험료부과처분을 하였고, 이러한 산
재보험료부과처분에 대한 취소소송을 丙이 행정소송법상 모든 요건을 갖추어 제기하기에 이르
렀다고 하자. 그런데 동 소송에서 丙은 자신의 사업장에서 근무하는 모든 근로자에게 지급한 임
금 총액에 이 사건 고시에서 정한 보험요율을 곱하여 산정한 확정보험료가 부과된 산재보험료보
다 훨씬 낮은 금액이라고 주장하고, 근로복지공단은 차이가 없는 동일한 금액이라고 주장하며
팽팽히 맞서고 있는 경우, 수소법원은 제출된 관련증거자료가 모두 불충분하여 어느 쪽의 주장
도 신뢰할 수 없다고 인정되는 경우 어떠한 판결을 하여야 하는가(※ 설문(1)과 동일한 논점은
논외로 할 것)? (20점)

목차

Ⅰ.	설문(1)의 해결 – 甲의 취소소송에서 수소법원이 내려야 할 판결의 형태
	(29/50)
1.	**문제점**(1/29)
	설문(1)에서 甲이 제기한 취소소송은 제소요건을 갖추었고 고시처분의 위법성도 인정되므로 수소법원은 인용판결을 하여야 한다. 그러나 ① 수소법원이 소송 도중 피고 乙이 제출한 소송자료에 근거하여 위 고시처분이 취소사유의 위법이 인정되는 경우 사정판결로서 기각판결을 할 수 있는지가 문제되며, ② 위 고시처분이 무효사유인 경우 무효인 처분에 대한 사정판결의 가능성과 취소소송에서도 수소법원이 무효확인의미의 취소판결을 할 수 있는지 여부가 문제된다.
2.	**사정판결에 기한 기각판결의 가능성**(10/29)
	(1) 사정판결의 의의
	사정판결이란 "원고의 취소청구가 이유 있는 경우(처분이 위법한 경우)라도, 당해 청구를 인용하지 않고 처분 등을 취소하는 것이 현저히 공공복리에 반한다는 이유로 행정소송법 제28조에 근거하여 원고의 청구를 기각하는 판결"을 말한다.
	(2) 제도의 취지
	사정판결은 헌법상 법치행정의 원리를 침해하는 제도임에도 불구하고 인정되는 이유는 취소소송이 갖는 공익소송의 성질, 즉 공공의 이익을 보호하기 위해서이다.
	(3) 사정판결의 요건
	1) 원고의 청구가 이유 있다고 인정될 것
	원고의 청구가 이유 있기 위해서는 계쟁처분이 위법하여야 하고 원고의 법률상 이익을 침해해야 한다.

2) 처분등의 취소가 현저히 공공복리에 적합하지 아니할 것

처분등을 취소하는 것이 엄격한 공·사익의 비교형량 관점에서 현저히 공공복리에 반하여야 한다. 이러한 공공복리에 반하는지 여부는 판결시, 즉 사실심 변론종결시를 기준으로 판단하여야 한다.

3) 피고인 행정기관의 신청이 있을 것

피고 행정청의 신청이 있어야 하나, "판례는 행정소송법 제26조 해석에 따라 소송상 일건기록에 현출된 한도 내에서는 법원의 직권에 의한 사정판결 가능하다"고 본다.

4) 행정청이 주장 및 입증책임을 할 것

이와 같은 요건들은 피고 행정청이 주장 및 입증책임을 지게 된다.

(4) 사안의 경우

(가) 위 고시처분은 위법하고 甲의 권익을 침해하므로 원고의 청구는 이유 있다.

(나) 그리고 취소판결로 인하여 발생할 국가재정상의 위기는 甲이 입을 불이익을 정화할 만큼 크다고 보이므로 위 고시처분을 취소하는 것이 현저히 공공복리에 적합하지 않다고 보인다. 문제는 위 고시처분이 취소사유인 경우와 무효사유인 경우 피고인의 신청이 없음에도 직권으로 수소법원이 사정판결을 할 수 있는지 여부가 문제되므로, 이하에서 검토한다.

3. 취소사유인 경우 직권에 의한 사정판결의 가능성(9/29)

(1) 행정소송법상 직권심리의 가능성

1) 문제의 소재

행정소송법 제26조에서는 "법원은 필요하다고 인정할 때에는 직권으로 증거조사를 할 수 있고 당사자가 주장하지 아니한 사실에 대하여도 판단할 수 있다"고 규정하고 있어 직권심리의 범위를 둘러싸고 견해가 대립된다.

2) 학설

이에 대해 학설은 ❶ 당사자의 주장이나 주장하는 사실에 대한 입증활동이 충분하지 않는 경우에 법관이 직권으로 증거조사를 할 수 있다고 새기는 [변론주의 보충설]과 ❷ 행정소송법 제26조에 있어서의 행정소송에서 법원의 심리는 직권탐지주의가 원칙이라고 보아 당사자가 주장하지 아니하는 사실에 대해서도 직권으로 제한 없이 심리할 수 있다는 [직권탐지주의설]이 대립한다.

3) 판례

대법원은 행정소송법 제26조에 대해 "법원은 아무런 제한 없이 당사자가 주장하지도 않은 사실을 판단할 수 있는 것은 아니고 일건 기록상 현출되어 있는 사항에 관하여서만 이를 직권으로 심리조사하고 이를 기초로 하여 판단할 수 있을 따름이다(대판 1988.4.27. 87누1182)"라고 판시하여 [변론주의 보충설]이다.

4) 검토

생각건대 행정소송법 제26조는 당사자주의와 처분권주의가 원칙적으로 인정되는 행정소송에 있어서도 변론주의를 기본으로 하되 제한된 범위 내에서 법원의 직권탐지주의를 인정하였다고 보는 [변론주의 보충설]이 타당하다.

(2) 소결

사안의 경우 위 고시처분을 취소판결하는 것이 국가재정상의 위기를 이유로 현저히 공공복리에 반한다는 것이 피고 행정청 乙의 주장에 근거하여 일건 기록에 나타나 있다고 보이므로 이러한 사실을 기초로 하여 사정판결을 할 필요성이 있으므로 직권에 의한 사정판결이 가능하다고 보아야 한다.

4.	무효사유인 경우(9/29)
	(1) 무효인 처분에 대한 사정판결의 가능성
	1) 문제의 소재
	행정소송법상 명문의 규정이 없음에도 불구하고 아무런 처분의 효력이 인정되지 않는 무효인 처분에 대해서도 사정판결을 할 수 있는지 여부가 문제된다.
	2) 학설
	이에 대해 학설은 ❶ 무효인 처분에 유지시킬 처분의 효력이 없으므로 사정판결을 할 수 없다는 [부정설]과 ❷ 사정판결은 처분의 효력을 유지하는 것이 아니라 기성의 법률관계를 유지하는 제도이므로 무효인 처분으로 인해 발생한 기성의 사실관계의 원상회복이 곤란한 경우 무효인 처분에 대해서도 사정판결을 할 수 있다는 [긍정설]이 대립한다.
	3) 판례
	대법원은 "무효인 처분은 유지시킬 행정행위가 없으므로 사정판결을 할 수 없다(대판 1988.4.27. 87누1182)"라고 판시하여 [부정설]의 입장이다.
	4) 검토
	사정판결은 법치주의에 대한 예외제도인 만큼 명문의 규정이 없는 한 무효인 처분에 대한 사정판결은 허용될 수 없다고 새기는 것이 타당하다. 따라서 수소법원은 사정판결로 기각판결을 할 수는 없다.
	(2) 취소소송에서 무효확인판결의 가능성
	통설과 판례는 원고의 반대의 의사표시가 없는 취소청구에는 무효확인청구가 포함되어 있으므로 취소소송에서 무효선언적 의미의 취소판결을 할 수 있다고 본다. 따라서 수소법원은 위 고시처분이 무효사유인 경우에는 무효선언적 의미의 취

소판결로서 인용판결을 하여야 한다.

Ⅱ. 설문(2)의 해결 - 취소소송의 입증책임과 수소법원의 판결(20/50)

1. 문제점(1/20)

설문(2)에서는 산재보험료부과처분에 관한 취소소송에서 확정보험료의 입증책임이 누구에게 인정되는지 여부가 문제된다.

2. 입증책임의 의의(1/20)

입증책임이란 "소송상 일정한 사실의 존부가 확정되지 않은 경우에 불리한 법적 판단을 받게 되는 일방당사자의 부담"을 말한다.

3. 항고소송에서 입증책임의 분배기준(12/20)

(1) 문제점

행정소송의 입증책임을 어떻게 배분할 것인가에 대해 견해가 대립된다.

(2) 학설

이에 대해 학설은 ❶ 행정행위에는 공정력이 있어서 처분의 적법성이 추정되므로 입증책임은 원고에게 있다는 [원고책임설], ❷ 법치행정의 원리상 피고인 행정청에게 입증책임이 있다는 [피고책임설], ❸ 당사자는 각각 자기에게 유리한 요건사실의 존재에 대하여 입증책임을 부담한다는 민사소송상의 입증책임분배에 따라야 한다는 [법률요건분배설], ❹ 행정소송과 민사소송은 성질상 차이가 있으므로 민사소송과 달리 의무제한은 행정청이, 권리·이익확장은 원고가 부담한다는 [행정소송법독자분배설] 등의 견해가 대립된다.

(3) 판례

　판례는 "민사소송법의 규정이 준용되는 행정소송에 있어서 입증책임은 원칙적으로 민사소송의 일반원칙에 따라 당사자 간에 분배되고 항고소송의 경우에는 그 특성에 따라 당해 처분의 적법을 주장하는 피고에게 그 적법사유에 대한 입증책임이 있다"고 판시하여 기본적으로 법률요건분배설을 따르는 것으로 보인다.

(4) 검토

　행정소송법독자분배설은 그 내용에 있어 입증책임분배설과 실질적인 면에서 차이가 없으므로 별도로 논의할 필요가 없다. 따라서 행정소송에 관한 입증책임분배에 대하여는 법률요건분배설에 따르는 것이 타당하다.

4. 산재보험료부과처분 취소소송에서 확정보험료에 대한 입증책임(6/20)

(1) 본안판단에 관한 사항의 입증책임

　확정보험료의 금액은 산재보험료부과처분의 ① 권한근거규정의 요건사실에 관한 사항은 적극적 처분에 있어서는 피고가 입증책임을 지며, 소극적 처분(거부처분)에 있어서는 원고가 권한근거규정의 요건사실의 입증책임을 진다. ② 권한장애규정에 관한 요건사실은 적극적 처분에 있어서는 원고가 권한장애규정의 요건사실의 입증책임을 지며, 소극적 처분에 있어서는 피고가 권한장애규정의 요건사실의 입증책임을 진다.

(2) 판례의 태도

　대법원은 "노동부장관은 보험가입자가 위 보고를 하지 아니하거나 그 보고가 사실과 다른 때에는 그 사실을 조사하여 확정보험료를 산정하도록 규정하고 있으므로, 확정보험료의 산정근거인 임금 총액에 대한 입증책임은 그 처분청에게 있다.[주1]"고

	판시한 바 있다.
	(3) 소결
	산재보험료부과처분의 확정보험료의 금액은 동 부과처분의 권한근거규정에 관한 요건사실이므로 피고인 근로복지공단에게 입증책임이 있다고 할 것이다. 따라서 설문의 경우 이에 관한 입증이 되지 않은 경우에는 피고인 근로복지공단의 부담이 되므로 수소법원은 丙의 청구를 인용하여 인용판결을 하여야 한다.
Ⅲ.	**사안의 해결**(1/50)
1.	설문(1)의 경우 수소법원은 ① 위 고시처분의 위법이 취소사유인 경우 직권에 근거하여 사정판결로서 기각판결을 하여야 하고, ② 무효사유인 경우에는 무효선언적 의미의 취소판결로서 인용판결을 하여야 한다.
2.	설문(2)의 경우 산재보험료부과처분의 확정보험료의 금액에 대한 입증책임은 피고인 근로복지공단에게 있으므로 수소법원은 丙의 청구를 인용하여 인용판결을 하여야 한다.

각주

주1) [대판 1997.4.8. 96누18762]

구 산업재해보상보험법(1994.12.22. 법률 제4826호로 전문 개정되기 전의 것) 제25조 제1항 및 제3항은 보험가
입자는 모든 근로자에게 지급한 임금 총액에 보험요율을 곱하여 산정한 확정보험료를 노동부장관에게 보고하
여야 하며, 노동부장관은 보험가입자가 위 보고를 하지 아니하거나 그 보고가 사실과 다른 때에는 그 사실을
조사하여 확정보험료를 산정하도록 규정하고 있으므로, 확정보험료의 산정근거인 임금 총액에 대한 입증책임
은 그 처분청에게 있다.

11 취소판결의 기속력 · 간접강제

20××년 제×회 공인노무사 시험

H운송회사의 오토바이 퀵서비스배달원으로 약 20년간 근무하여 왔던 甲은 업무수행 중 마주오던 트럭과 정면충돌하여 중상을 입게 되자 관할 근로복지공단에게 『산업재해보상보험법』(이하 "산재법"이라 한다)에 따라 업무상 재해로 인한 산업재해 보상급여 청구를 하였으나, 관할 근로복지공단은 "甲은 「근로기준법」 상 근로자가 아니며 산재법에 있어서도 그 사업의 근로자로 볼 수 없다"는 이유를 들어 거부처분을 하였다. 이에 甲은 근로복지공단에 대한 심사청구와 산업재해보상보험재심사위원회에 대한 재심사청구를 거쳐 관할법원에 근로복지공단을 상대로 거부처분취소소송을 제기하여 승소하였고, 이 판결은 확정되었다. 그런데 위 취소소송의 진행 도중 산재법시행령이 개정되면서 종전 산재보험의 적용대상자로 규정하였던 퀵서비스배달원을 그 적용대상자에서 제외하였다. 이에 따라 근로복지공단은 위 승소판결에도 불구하고 개정된 산재법시행령의 규정을 이유로 종전과 동일한 사유로 재차 거부처분을 하였다. 다음 물음에 대하여 검토하시오(※ 단, 행정쟁송법과 무관한 노동법적인 쟁점에 대해서는 서술하지 말 것).

물음 1) 근로복지공단이 개정된 산재법시행령을 근거로 행한 새로운 거부처분은 적법한가? (25점)

물음 2) 만약 위 개정된 산재법시행령에서 당해 개정법령의 시행 당시 이미 보상급여청구가 이루어져 진행중인 경우에는 종전 규정에 따른다는 경과규정을 두었다면 甲은 제1심 수소법원에 간접강제를 신청하여 인용결정을 받을 수 있는가? 만약, 위 거부처분에 대한 승소판결이 취소소송이 아닌 무효확인소송의 경우라면 어떠한가? (25점)

목차

Ⅰ.	**설문(1)의 해결 - 새로운 거부처분의 적법 여부**(24/50)
1.	**문제점**(1/24)

설문(1)의 경우 개정된 산재법시행령에 근거하여 이루어진 새로운 거부처분이 취소판결의 기속력에 저촉되어 위법한지 여부가 문제된다. 이와 관련하여 기속력의 인정범위, 특히 시간적 범위와 관련하여 거부처분에 대한 위법판단의 기준시가 문제된다.

2.	**기속력의 의의 및 성질**(5/24)

(1) 의의

취소판결의 기속력이란 "처분이나 재결을 취소하는 확정판결이 그 내용에 따라 소송당사자와 관계행정청에게 판결의 취지에 따라 행동해야 할 의무를 지우는 효력"을 말한다.

(2) 법적 근거

행정소송법 제30조 규정에 근거한다.

(3) 법적 성질

기속력을 기판력과 동일하게 볼 것인지 아니면 기판력과는 구별되는 특수한 효력으로 볼 것인지와 관련하여 기속력의 성질이 문제된다. ❶ [기판력설]과 ❷ [특수효력설]이 대립되나, 기속력은 일종의 실체법적 효력이지만, 기판력은 소송법상 효력이라는 점에서 양자는 상이하므로, [특수효력설]의 입장이 타당하다.

3.	**기속력의 내용**(5/24)
	(1) 반복금지효(소극적 효력)
	취소소송에서 인용판결이 확정되면 관계행정청은 동일한 사실관계 아래서 동일한 당사자에게 동일한 내용의 처분을 반복하여서는 안 된다. 이를 반복금지효라 한다.
	(2) 재처분의무(적극적 효력)
	취소판결이 확정된 경우 그 처분을 행한 행정청은 원고의 새로운 신청을 기다리지 않고 판결의 취지에 따라 다시 이전의 신청에 대한 처분을 하여야 한다. 이를 재처분의무라 한다. 이러한 재처분의무는 행정소송법 제30조 제2항에 따라 거부처분에 대한 취소판결이 확정된 경우와 제30조 제3항에 따라 제3자의 제소에 의하여 절차상 하자가 있음을 이유로 취소된 경우에는 인정된다.
	(3) 원상회복의무
	취소판결이 확정되면 행정청은 결과적으로 위법하게 되는 처분에 의해 초래된 위법한 상태를 제거하고 원상회복시킬 의무를 부담한다는 것이 통설의 입장이다.
4.	**기속력의 효력범위**(6/24)
	(1) 주관적 범위
	특수효력설에 따르는 한, 판결의 기속력은 당사자인 행정청뿐만 아니라 그 밖의 모든 관계 행정청에 미친다고 하겠다.
	(2) 객관적 범위
	기속력은 판결의 주문과 이유에 적시된 개개의 위법사유와 "기본적 사실관계의 동일성"이 인정되는 범위까지 미치며 처분의 위법사유와 직접관계되지 않는 간접

사실 등에는 미치지 않는다.

(3) 시간적 범위

기속력의 시적 범위는 위법판단의 기준시와 궤를 같이 한다. 거부처분의 위법판단의 기준시에 대해서는 견해가 대립된다. 이하에서 상세히 검토한다.

5. 사안의 경우(거부처분의 위법판단의 기준시와 재처분의무)(7/24)

(1) 문제의 소재

사안의 경우 근로복지공단의 새로운 거부처분은 처분시 이후의 법령변경을 이유로 하고 있으므로 거부처분취소소송에서의 위법판단의 기준시와 관련하여 재처분의무를 다한 것으로 볼 수 있는지가 문제된다.

(2) 학설

이에 대해 학설은 ❶ 위법판단의 기준시를 처분시로 보아 처분시 이후 사유로 거부한 것은 새로운 처분으로 재처분의무를 다하였다고 보는 [재처분의무긍정설], ❷ 위법판단의 기준시를 판결시로 보아 판결시 이전 동일한 사유로 거부할 수 없다고 보는 [재처분의무부정설], ❸ 위법판단의 기준시를 처분시와 판결시를 모두 고려하여 국민의 권리구제와 사정변경의 공익상 이유로 보는 고려하여 이익형량에 의해 판단하자는 [절충설]이 대립된다.

(3) 판례

대법원은 "거부처분 후에 법령이 개정 시행된 경우에는 개정된 법령 및 허가기준을 새로운 사유로 들어 다시 이전의 신청에 대한 거부처분을 할 수 있으며 그러한 처분도 행정소송법 제30조 제2항에 규정된 재처분에 해당된다(대판 97두22)"이라 하여 처분시 이후에 법령개정에 의한 사유로 거부한 것은 재처분의무를 다한 것으로 보고 있다.

(4) 검토

법령의 개정은 거부처분시 이후의 사정이므로 처분시설에 따라 위 재처분한 거부처분은 기속력의 시간적 범위를 일탈하였으므로 취소판결의 기속력에 반하지 않아 재처분은 적법하다고 봄이 타당하다.

Ⅱ. 설문(2)의 해결 – 甲의 간접강제신청의 인용가능성(24/50)

1. 문제점(1/24)

설문(2)의 경우 ① 甲의 간접강제신청에 대하여 제1심 수소법원이 인용결정을 할 수 있을지와 관련하여 우선 행정소송법 제34조상의 간접강제의 인용요건을 살펴보고, 개정된 산재법시행령에서 경과규정을 두고 있는 경우 새로운 거부처분이 기속력에 저촉되어 위법·무효인지 여부가 문제된다. ② 만약 거부처분 무효확인소송의 경우 행정소송법 제38조 제1항에서 제34조를 준용하지 않음에도 불구하고 간정강제가 가능한지 여부가 문제된다.

2. 행정소송법상 간접강제의 인용가능성(10/24)

(1) 행정소송법상 간접강제의 의의

행정소송법 제34조에서는 "행정청이 취소판결의 취지에 따른 처분을 하지 아니하는 경우에는, 제1심 수소법원은 당사자의 신청에 의하여 결정으로써 처분을 하여야 할 상당한 기간을 정하고 행정청이 그 기간 내에 처분을 하지 아니하는 때에는 그 지연기간에 따라 일정한 배상을 할 것을 명하거나 즉시 손해배상을 할 것을 명할 수 있다"고 하여 취소판결을 기속력의 실효성을 담보하기 위한 간접강제를 인정하고 있다.

(2) 인정 취지

간접강제는 취소판결의 기속력으로서 재처분의무의 실효성 담보하기 위한 제도이다.

(3) 인용 요건

간접강제신청이 인용되기 위해서는 ① 거부처분취소소송 또는 부작위위법확인소송에서 인용판결이 확정되어야 하고, ② 행정청의 거부처분취소판결 또는 부작위위법확인판결의 취지에 따른 재처분의무를 다하지 아니하여야 한다. 이 때 판례는 거부취소판결이 확정된 이후 행정청이 다시 거부처분을 하였으나 당해거부처분이 당연무효인 경우 간접강제신청의 요건을 충족한다고 본다(대결 2002.12.11. 2002무22).

(4) 절차

행정청이 취소판결의 취지에 따른 처분을 하지 아니하는 경우에는, 제1심 수소법원은 당사자의 신청에 의하여 결정으로써 처분을 하여야 할 상당한 기간을 정하고 행정청이 그 기간 내에 처분을 하지 아니하는 때에는 그 지연기간에 따라 일정한 배상을 할 것을 명하거나 즉시 손해배상을 할 것을 명할 수 있다(행정소송법 제34조 제1항). 이 경우 배상명령의 효력이 피고인 행정청이 소속하는 국가 또는 공공단체에도 미치게 하여 그 집행의 실효성이 보장되며, 수소법원은 행정청을 심문할 수 있다(행정소송법 제34조 제2항).

(5) 사안의 경우

사안의 경우 거부처분에 대한 취소소송의 인용판결이 확정되었으나, 근로복지공단은 재차 재처분을 하였으므로, 새로운 거부처분이 거부처분 취소판결의 기속

	력에 저촉되어 위법·무효인지 여부가 문제된다. 이하에서 검토한다.
3.	**새로운 거부처분이 기속력에 저촉되어 위법·무효인지 여부**(6/24)
	(1) 경과규정을 둔 경우 재처분한 거부처분의 기속력 위반 여부
	개정법령에서 법개정 이전에 신청된 사건에 대해서는 종전의 규정을 적용하는 경과규정을 둔 경우에는 개정된 법령을 적용할 수 없을 것이고, 그럼에도 불구하고 처분청이 개정된 법령에 따라 동일한 내용의 거부처분을 하였다면 이는 기속력에 저촉되어 위법하게 된다. 대법원도 "당해 개발행위에 관하여는 종전의 규정을 적용한다는 경과규정을 두고 있으므로, 위 시행령이나 조례가 시행되기 이전인 2000.4.14. 행하여진 이 사건 사업승인신청에 대하여는 도시계획법령이나 위 조례가 아닌 종전 규정에 따른 재처분이 이루어져야 할 것이고, 따라서 상대방이 내세운 새 거부처분의 사유는 확정된 종전 거부처분 취소판결의 기속력이 미치지 않는 법령의 개정에 따른 새로운 사유라고는 할 수 없으므로, 새 거부처분은 확정된 종전 거부처분 취소판결의 기속력에 저촉되는 것으로서 위법하다 할 것이다(대결 2002무22)"고 판시하여 마찬가지 입장이다.
	(2) 기속력에 위반한 처분의 위법성의 정도
	1) 학설
	기속력에 위반한 행정처분의 위법이 당연무효인지에 대해 ❶ 당연무효사유라는 견해와 ❷ 단순위법으로서 취소사유라는 견해가 대립된다.
	2) 판례
	이에 대해 판례는 "확정된 종전 거부처분 취소판결의 기속력에 저촉되는 것으로서 그 하자가 중대하고 명백하여 당연무효라 할 것이다(대결 2002무22)"고 판시하여

당연무효라는 입장이다.

3) 검토

기속력에 위반된 처분은 통설·판례의 입장과 마찬가지로 중대하고 명백한 하자로서 당연무효사유에 해당한다고 봄이 타당하다.

(3) 사안의 경우

사안의 경우와 같이 개정법령에서 경과규정을 둔 경우에는 근로복지공단은 법령의 변경이라는 새로운 사유를 내세워 다시 거부처분을 할 수 없으므로 새로운 거부처분은 기속력에 반하게 되어 위법·당연무효라 할 것이므로 甲의 간접강제 신청은 인용될 것이다.

4. 무효확인소송의 경우 간접강제의 가능성(7/24)

(1) 문제점

무효확인소송의 경우 행정소송법 제38조 제1항에서 제34조가 준용되지 않는 바 거부처분에 대한 무효확인판결의 경우에는 간접강제를 할 수 없는지 여부가 문제된다.

(2) 학설

이에 대해 학설은 ❶ 준용부정설도 있으나, ❷ 무효확인판결의 경우 동규정을 준용하지 않고 있는 것은 입법적 미비로서 행정소송법 개정안과 같이 준용을 긍정함이 타당하다는 견해가 통설이다.

(3) 판례

대법원은 "행정소송법 제38조 제1항이 무효확인 판결에 관하여 취소판결에 관한 규정을 준용함에 있어서 같은 법 제30조 제2항을 준용한다고 규정하면서도 같은 법 제34조는 이를 준용한다는 규정을 두지 않고 있으므로, 행정처분에 대하여 무효확인 판결이 내려진 경우에는 그 행정처분이 거부처분인 경우에도 행정청에 판결의 취지에 따른 재처분의무가 인정될 뿐 그에 대하여 간접강제까지 허용되는 것은 아니라고 할 것이다(대결 98무37)"고 하여 준용부정설의 입장이다.

(4) 검토

거부처분에 대한 취소판결의 경우에도 간접강제가 가능하다면 물론해석법리에 따라 그 보다 더 중한 무효확인소송의 경우에는 당연히 간접강제를 인정함이 입법자의 의사로 해석함이 타당하다. 따라서 무효확인소송의 경우에도 동조를 준용하여야 하므로 간접강제신청이 인용될 것이다.

Ⅲ. 사안의 해결(2/50)

1. 설문(1)의 경우 법령의 개정은 거부처분시 이후의 사정이므로 처분시설에 따라 위 재처분한 거부처분은 기속력의 시간적 범위를 일탈하였으므로 취소판결의 기속력에 반하지 않아 재처분은 적법하다고 봄이 타당하다.

2. 설문(2)의 경우 개정법령에서 경과규정을 둔 경우에는 근로복지공단은 법령의 변경이라는 새로운 사유를 내세워 다시 거부처분을 할 수 없으므로 새로운 거부처분은 기속력에 반하게 되어 위법·당연무효라 할 것이므로 甲의 간접강제신청은 인용될 것이다. 무효확인소송에서도 마찬가지이다. 그러나 판례는 무효확인소송에서는 간접강제가 이루어질 수 없다는 입장이다.

20××년 제×회 공인노무사 시험

S주식회사에 근무하는 근로자들은 2009.5.30. 노동조합설립총회를 개최하고 그 명칭을 "S직원노동조합"이라 한 다음 『노동조합 및 노동관계조정법』(이하 "노조법"이라 한다)에 따라 S시장 乙에게 2009.6.22. 노동조합설립신고서를 제출하였으나, 시장 乙은 위 노동조합의 명칭이 다른 노동조합과 동일함을 발견하고 노동조합의 명칭을 현재의 명칭에서 다른 명칭으로 변경하여 설립신고를 다시 할 경우 수리하여 줄 것을 약속하면서 위 설립신고수리 여부에 대해서는 2009.6.25. 보류결정을 하였다. 이에 따라 위 노동조합의 조합장 甲은 "C직원노동조합"으로 명칭을 변경한 뒤 2010.2.5. 시장 乙에게 재차 노동조합설립신고를 하였으나 시장 乙은 이로부터 3개월 여가 지났음에도 불구하고 아무런 조치를 취하지 아니하자, 甲은 행정심판법상 소정의 청구요건을 갖추어 관할 행정심판위원회에 설립신고수리의 이행을 구하는 행정심판을 2010.8.16.에 제기하였다.

물음 1) 관할 행정심판위원회는 2010.9.12.에 甲의 청구를 기각하는 내용의 재결을 하였고, 이러한 재결서 정본은 동년 9.15.에 甲에게 송달되었다. 이에 甲은 재차 불복하여 동년 12.28.에 항고소송을 제기하고자 한다. 가능한가(※ 무효등확인소송은 논외로 할 것)? (30점)

물음 2) 만약 甲이 행정심판을 제기함이 없이 부작위위법확인소송을 제기하여 인용판결을 받았고, 이러한 판결이 확정되었음에도 불구하고 시장 乙이 위 노동조합설립신고를 "위 노동조합의 조합원에 노조법상 근로자로 볼 수 없는 자가 포함되었음"을 이유로 재차 반려한 경우, 甲은 행정소송법상 간접강제신청을 통해 구제를 받을 수 있는가? (20점)

목차

Ⅰ.	**설문(1)의 해결 - 甲이 제기할 수 있는 항고소송**(28/50)
1.	**문제점**(1/28)
	설문(1)의 경우 甲이 행정심판청구를 거쳐 항고소송을 제기하는 것이므로, 우선
	① 시장 乙의 부작위와 행정심판위원회의 기각재결 중 무엇이 항고소송의 대상이
	되는지 여부를 재결이 항고소송의 대상이 되기 위한 요건으로 검토하고, ② 만약
	시장 乙의 부작위라면 甲이 제기할 수 있는 항고소송과 관련하여 의무이행소송의
	인정 여부와 부작위위법확인소송의 제소요건을 검토하여 본다.
2.	**甲이 제기해야 할 항고소송의 대상**(6/28)
	(1) 문제점
	설문의 경우 당초 2009.6.25. 보류결정은 제소당시인 2010.12.28인 현재 (거부)처
	분에 해당 여부와 관계없이 1년을 도과하였으므로 이에 대한 취소소송은 제기가
	불가능하다. 따라서 행정소송법 제38조 제2항에 따라 부작위의 경우에도 동법 제
	19조가 준용됨에 따라 원처분에 해당하는 부작위와 중앙행정심판위원회의 기각재
	결 중 무엇이 항고소송의 대상이 되는지 여부가 행정소송법 제19조의 원처분주의
	와 재결주의의 관점에서 문제된다.
	(2) 항고소송의 대상
	1) 원처분주의와 재결주의
	❶ [원처분주의]이란 원처분과 재결 모두에 대하여 항고소송을 제기할 수 있으나
	원처분의 위법은 원처분에 대한 항고소송에서만 주장할 수 있고, 재결에 대한 항
	고소송에서는 재결 자체의 고유한 하자에 대해서만 주장할 수 있는 제도를 말한
	다. ❷ [재결주의]는 재결이 있는 경우에 원처분에 대해서는 제소가 불가능하고

재결에 대해서만 행정소송의 대상이 되며, 다만 원처분의 위법사유도 아울러 주장할 수 있다는 원칙을 의미한다.

2) 현 행정소송법의 태도(원처분주의)

현행 행정소송법 제19조는 원처분주의를 택하고 있다.

(3) "재결자체의 고유한 위법"의 의미

재결이 항고소송의 대상이 되기 위한 「재결자체의 고유한 위법」이란 "원처분에는 위법이 없고 재결에만 위법이 있는 것으로, 재결의 주체·내용·절차·형식 등의 위법을 의미"한다.

(4) 기각재결이 「재결자체의 고유한 위법」이 인정되는지 여부

다수설과 판례는 기각재결은 원처분의 정당성을 지지하는 내용의 재결이므로 행정심판이 부적법하게 제기되었음에도 불구하고 기각재결을 하는 경우가 아닌 한 "재결자체의 고유한 위법"이 인정될 수 없다고 본다. 설문의 경우 甲이 제기한 행정심판의 청구는 적법한 행정심판청구에 해당하므로 행정심판위원회의 기각재결에 대해서는 항고소송을 제기할 수 없다.

(5) 소결

이상의 검토에 따라 甲은 노동조합설립신고를 수리하지 않은 시장 乙의 부작위에 대하여 항고소송을 제기하여야 한다.

---

3. 항고소송의 대상인 부작위에 해당하는지 여부(8/28)

(1) 부작위의 의의

부작위란 "행정청이 당사자의 신청에 대하여 상당한 기간 내에 일정한 처분을 하여야 할 법률상 의무가 있음에도 불구하고 이를 하지 아니하는 것"을 말한다(행정소송법 제2조 제1항 제2호).

(2) 부작위의 성립요건

부작위위법확인소송의 대상으로서 부작위가 성립하기 위해서는 ① 당사자의 신청이 있어야 하고, ② 상당한 기간이 경과하여야 하며, ③ 처분을 할 법률상 의무의 존재하고, ④ 어떠한 처분도 존재하지 아니하여야 한다.

(3) 당사자의 신청과 관련하여 법규상·조리상 신청권을 요하는지 여부

1) 문제점

부작위의 성립요건 중 "당사자의 신청"과 관련하여 관련하여 신청인에게 법규상·조리상 신청권이 있어야 하는지에 대해서 견해의 대립이 있다.

2) 학설

이에 대해 학설은 ❶ 당사자의 조리상·법령상 신청권이 있어야 한다는 [신청권긍정설(대상적격설)]과, ❷ 당사자의 신청권의 존부는 원고적격 또는 본안판단의 요소로서 이를 요하지 않는다는 [신청권불요설(원고적격설 및 본안판단설)]이 대립된다.

3) 판례

판례는 일관되게 부작위위법확인소송의 대상이 되는 부작위처분이 되기 위해서는 법규상·조리상의 신청권이 존재해야 하고 단지 행정청의 직권발동을 촉구하는 데 불과한 신청에 대한 무응답은 이에 해당하지 않는다고 판시하고 있다.

4) 검토

부작위위법확인소송을 규정한 행정소송법 제2조 제1항 제2호에서 "법률상 의무가 있음에도 불구하고"로 규정한 입법취지상 법령상 및 조리상 신청권을 요구하는 견해가 타당하다.

(4) 사안의 검토

사안의 경우 甲의 신청이 있었고, 시장 乙이 아무런 조치를 취하지 아니하였으며, 신청으로부터 3달 여가 지났으므로 상당한 기간이 도과하였다고 보이므로 사안의 경우 부작위에 해당한다. 또한 설문의 경우 법규상 신청권은 존재하지 않으나, 시장 乙이 노동조합의 명칭을 변경할 경우 묵시적인 설립신고수리의 발령을 약속한 것이라고 보여지므로 甲은 조리상 신청권을 갖는다고 볼 것이다.[주1]

4. 甲이 의무이행소송을 제기할 수 있는지 여부(8/28)

(1) 의무이행소송의 의의

의무이행소송이란 "당사자의 행정행위의 신청에 대하여 행정청이 거부하거나 부작위로 대응하는 경우에, 법원의 판결에 의하여 행정청으로 하여금 일정한 행위를 하도록 청구하는 소송"을 말한다.

(2) 인정 여부

1) 문제점

의무이행소송은 현행 행정소송법상 규정하고 있지 않음에도 불구하고 ① 권력분립원칙과, ② 국민의 권리구제 관점에서 인정될 수 있는지 여부가 문제된다.

2) 학설

이에 대해 학설은 ❶ 권력분립의 원칙상 의무이행소송을 인정할 수 없다는 [부정설], ❷ 국민의 권리구제를 위해 인정해야 한다는 [긍정설], ❸ 의무이행소송을 원칙적으로 부정하면서도, ⅰ) 처분의 요건이 일의적이고, ⅱ) 회복하기 어려운 손해발생이 우려되며, ⅲ) 다른구제방법이 없는 경우에 한해 인정될 수 있다는 [제한적 긍정설]이 대립된다.

3) 판례

대법원은 "행정청의 부작위에 대하여 일정한 처분을 하도록 하는 의무이행소송으로 현행 행정소송법상 허용되지 않는다(대판 94누14018)"라고 판시하여 일관되게 의무이행소송을 부정하고 있다.

(3) 검토

검토하건대 행정소송의 유형은 입법정책의 문제이다. 따라서 행정소송법의 입법자의 의사에 따라 판단해야 하는바, 현행 행정소송법상 의무이행소송은 인정된다고 볼 수 없다.

| 5. | **甲이 부작위위법확인소송을 제기할 수 있는지 여부**(5/28) |

(1) 부작위위법확인소송의 의의

부작위위법확인소송이란 "행정청의 부작위가 위법임을 확인하는 소송유형"을 말한다(행정소송법 제4조 제3호).

(2) 부작위위법확인소송의 제기요건의 충족 여부

앞서 살펴본 바에 따라 설문의 경우 부작위와 甲은 조리상 신청권을 가지므로 행정소송법 제36조에 따라 어느 견해에 의하건 원고적격도 갖는다고 볼 것이다. 문제는 제소기간의 준수 여부이다. 이하에서 검토한다.

(3) 제소기간의 준수

1) 원칙

부작위위법확인소송은 부작위의 상태가 존재하는 한 제소기간의 제한을 받지 아니함이 원칙이다.

2) 예외

그러나 행정소송법 제38조 제2항에서는 행정소송법 제20조 규정을 준용함에 따라 행정심판위원회의 재결을 거쳐 부작위위법확인소송을 제기하는 경우 행정소송법 제20조 제1항 단서가 준용되므로 이 경우에는 재결서정본을 송달받은 날로부터 90일 이내에 부작위위법확인소송을 제기하여야 한다. 다만, 이 경우의 행정심판은 적법하게 청구된 행정심판이어야 한다.

3) 판례

대법원 판례입장도 "부작위위법확인의 소는 원칙적으로 제소기간의 제한을 받지 않으나, 행정소송법 제38조 제2항이 제소기간을 규정한 같은 법 제20조를 부작위위법확인소송에 준용하고 있는 점에 비추어 보면, 행정심판 등 전심절차를 거친 경우에는 행정소송법 제20조가 정한 제소기간 내에 부작위위법확인의 소를 제기하여야 할 것이다"고 판시하여 마찬가지의 입장이다.[주2]

(4) 사안의 경우

이상의 검토에 따라 甲은 재결서 정본을 송달받은 2012.9.15.부터 90일 이내에 부작위위법확인소송을 제기하여야 한다. 그러나 재결서를 송달받은 2012.9.15.부터 90일을 도과하여 동년 12.28.에는 부작위위법확인소송을 제기할 수 없다.

Ⅱ. 설문(2)의 해결 - 간접강제신청을 통한 권리구제가능성(20/50)

1. 문제점(1/20)

설문(2)와 관련하여서는 부작위위법확인소송의 인용판결에도 불구하고 거부처분이 나온 경우 부작위위법확인판결의 인용판결을 이유로 甲이 취할 수 있는 행정소송법상 구제수단으로 ① 간접강제의 인용요건과, ② 위 시장 乙의 반려처분이 부작위위법확인소송의 기속력에 반하는 것인지 여부가 문제된다.

2. 간접강제신청의 인용요건(4/20)

(1) 의의

행정소송법 제34조에서는 "행정청이 취소판결의 취지에 따른 처분을 하지 아니하는 경우에는, 제1심 수소법원은 당사자의 신청에 의하여 결정으로써 처분을 하여야 할 상당한 기간을 정하고 행정청이 그 기간 내에 처분을 하지 아니하는 때에는 그 지연기간에 따라 일정한 배상을 할 것을 명하거나 즉시 손해배상을 할 것을 명할 수 있다(행정소송법 제34조 제1항)."

(2) 요건

(가) 간접강제신청이 인용되기 위해서는 ① 거부처분취소소송 또는 부작위위법확인소송에서 인용판결이 확정되어야 하고, ② 행정청의 거부처분취소판결 또는 부작위위법확인판결의 취지에 따른 재처분의무를 다하지 아니하여야 한다.

(나) 이에 대해 판례는 ②의 요건과 관련하여 판례는 이와 관련하여 거부취소판결이 확정된 이후 행정청이 다시 거부처분을 하였으나 당해거부처분이 당연무효인 경우 간접강제신청의 요건을 충족한다고 본다.

(3) 사안의 경우

사안의 경우 요건 ①은 충족되었으나, ②의 요건과 관련하여서는 乙은 재차 거부처분을 하였으므로, 아무런 재처분을 하지 않은 경우는 아니므로, 기속력에 반하여 위 피고 乙의 거부처분이 위법무효인지 여부에 따라 그 인용가능성이 달라진다 하겠다. 따라서 이하에서 제2차 거부처분이 부작위위법확인판결의 기속력에 반하여 무효인지 여부를 검토하여 본다.

3.	**乙의 거부처분이 부작위위법확인판결의 기속력에 위배해 위법·무효인지 여부**
	(8/20)
	(1) 기속력의 의의 및 제도적 취지
	취소판결의 기속력이란 "처분이나 재결을 취소하는 확정판결이 그 내용에 따라 소송당사자와 관계행정청에게 판결의 취지에 따라 행동해야 할 의무를 지우는 효력"을 말한다.
	(2) 법적 근거
	행정소송법 제30조 규정에 근거한다.
	(3) 기속력의 법적 성질
	기속력의 성질에 대하여 ❶ 기판력의 부수적 효과라는 설과, ❷ 행정소송법이 특별하게 인정한 특수효력이라는 설이 대립되나, [특수효력설]이 타당하다.
	(4) 기속력의 효력범위
	1) 주관적 범위
	특수효력설에 따르는 한, 판결의 기속력은 당사자인 행정청뿐만 아니라 그 밖의 모든 관계 행정청에 미친다고 하겠다.
	2) 객관적 범위
	기속력은 판결의 주문과 이유에 적시된 위법사유와 "기본적 사실관계의 동일성"이 인정되는 범위까지 미친다.
	3) 시간적 범위
	기속력의 시적 범위는 위법판단의 기준시와 궤를 같이 한다. 따라서 부작위위법

	확인소송의 기준시는 판결시이므로 이전에 대해서만 기속력이 미친다.
	(5) 기속력위반의 효과
	기속력을 위반한 후속 행정처분은 당연무효라고 보는 것이 통설과 판례의 입장이다.
4.	**부작위위법확인소송의 심리범위와 기속력의 객관적 범위**(6/20)
	(1) 문제점
	사안의 경우 기속력의 주관적 범위와 시간적 범위가 충족되었다고 보이므로 기속력의 객관적 범위의 충족 여부와 관련하여 부작위위법확인소송의 심리범위가 문제된다.
	(2) 학설
	1) 실체적 처분의무설(실체적 심리설)
	실체심리설에 따르면 행정소송법 제38조 제2항에서 동법 제30조를 준용하고 있음을 이유로 부작위위법확인소송의 심리범위는 실체적인 처분의무에까지 미치므로 판결주문과 이유에 설시된 특정처분 또는 일정처분을 하도록 기속력이 미친다고 본다.
	2) 응답의무설(절차적 심리설)
	부작위위법확인소송에서는 그 심리범위가 부작위의 위법 여부에로만 국한된다고 보는 절차심리설에 따르면 부작위위법확인소송의 소송물은 부작위의 위법이므로 판결의 기속력은 행정청에게 응답의무가 있다는 점에만 미친다고 본다.
	(3) 판례
	판례는 절차적 심리설의 입장에서 부작위위법확인판결은 행정청의 응답의무를

	확보하는 데 그친다고 본다.
	(4) 검토
	부작위에 대한 국민의 권익구제와 소송경제 및 거부처분취소소송과의 관계에서 실체심리설이 타당하다고 보아야 한다.
5.	**사안의 해결**(1/20)
	(가) 판례인 절차심리설에 따르면 거부처분형태로 응답의무는 다하였으므로 위 피고 乙의 거부처분은 재처분의무를 다하게 된다.
	(나) 학설인 실체심리설에 따르면 조건부 노동조합명칭의 변경시 신고수리의 약정이 있고 甲은 이를 이행하였으므로, 시장 乙은 실체법상 노동조합설립신고수리를 하여야 할 처분의무가 있다고 보이므로 乙은 재처분의무를 다하지 아니하였다고 볼 것이다.
	(다) 따라서 사안의 경우 판례에 따르면 수소법원은 간접강제신청에 대한 기각결정을 하여야 하고, 학설에 따르면 인용결정을 하여야 한다.
Ⅲ.	**사안의 해결**(2/50)
1.	설문(1)의 경우 甲은 항고소송으로는 불복하는 소송을 제기할 수 없다.
2.	설문(2)의 경우 甲의 간접강제신청에 대해 판례에 따르면 수소법원은 기각결정을 하여야 하고, 학설에 따르면 인용결정을 할 수 있다.

주1) [대판 2007.5.11. 2007두1811 【공사중지명령처분취소】]

[1] 지방자치단체장이 공장시설을 신축하는 회사에 대하여 사업승인 내지 건축허가 당시 부가하였던 조건을 이행할 때까지 신축공사를 중지하라는 명령을 한 경우, 위 회사에게는 중지명령의 원인사유가 해소되었음을 이유로 당해 공사중지명령의 해제를 요구할 수 있는 권리가 조리상 인정된다.

[2] "행정청이 행한 공사중지명령의 상대방은 그 명령 이후에 그 원인사유가 소멸하였음을 들어 행정청에게 공사중지명령의 철회를 요구할 수 있는 조리상의 신청권이 있다 할 것이고, 상대방으로부터 그 신청을 받은 행정청으로서는 상당한 기간 내에 그 신청을 인용하는 적극적 처분을 하거나 각하 또는 기각하는 등의 소극적 처분을 하여야 할 법률상의 응답의무가 있다고 할 것이며, 행정청이 상대방의 신청에 대하여 아무런 적극적 또는 소극적 처분을 하지 않고 있는 이상 행정청의 부작위는 그 자체로 위법하다고 할 것이고, 구체적으로 그 신청이 인용될 수 있는지 여부는 소극적 처분에 대한 항고소송의 본안에서 판단하여야 할 사항이라고 할 것이다.

주2) [대판 2009.7.23. 2008두10560]

[1] 부작위위법확인의 소는 부작위상태가 계속되는 한 그 위법의 확인을 구할 이익이 있다고 보아야 하므로 원칙적으로 제소기간의 제한을 받지 않으나, 행정소송법 제38조 제2항이 제소기간을 규정한 같은 법 제20조를 부작위위법확인소송에 준용하고 있는 점에 비추어 보면, 행정심판 등 전심절차를 거친 경우에는 행정소송법 제20조가 정한 제소기간 내에 부작위위법확인의 소를 제기하여야 할 것이다. 하지만, 당사자의 법규상 또는 조리상의 권리에 기한 신청에 대하여 행정청이 부작위의 상태에 있는지 아니면 소극적 처분을 하였는지는 동일한 사실관계를 토대로 한 법률적 평가의 문제가 개입되어 분명하지 않은 경우가 있을 수 있고, 부작위위법확인소송의 계속중 소극적 처분이 있게 되면 부작위위법확인의 소는 소의 이익을 잃어 부적법하게 되고 이 경우 소극적 처분에 대한 취소소송을 제기하여야 하는 등 부작위위법확인의 소는 취소소송의 보충적 성격을 지니고 있으며, 부작위위법확인소송의 이러한 보충적 성격에 비추어 동일한 신청에 대한 거부처분의 취소를 구하는 취소소송에는 특단의 사정이 없는 한 그 신청에 대한 부작위위법의 확인을 구하는 취지도 포함되어 있다고 볼 수 있다. 이러한 사정을 종합하여 보면, 당사자가 동일한 신청에 대하여 부작위위법확인의 소를 제기하였으나 그 후 소극적 처분이 있다고 보아 처분취소소송으로 소를 교환적으로 변경한 후 여기에 부작위위법확인의 소를 추가적으로 병합한 경우 최초의 부작위위법확인의 소가 적법한 제소기간 내에 제기된 이상 그 후 처분취소소송으로의 교환적 변경과 처분취소소송에의 추가적 변경 등의 과정을 거쳤다고 하더라도 여전히 제소기간을 준수한 것으로 봄이 상당하다.

> 20××년 제×회 공인노무사 시험

공인노무사 제2차 시험에 합격한 甲은 소정의 실무수습을 마친 뒤, 공인노무사 자격증을 발급받아 공인노무사로서의 직무를 수행하기 위하여 고용노동부장관 乙에게 『공인노무사법』(이하 "공노법"이라 한다)에서 요구하는 소정의 요건을 갖추어 2014.2.1. 직무개시등록신청을 하였다. 그러나 고용노동부장관 乙은 "공노법" 제5조 제2항 제1호에 따라 甲이 결격사유가 있다는 의심이 들자 이러한 사실의 유무를 조사하느라 상당기간이 지나도록 아무런 조치를 취하지 아니하였다. 甲은 항고소송을 통해 이에 불복하고자 한다. 다음 물음에 대하여 검토하시오(※ 무효확인소송은 논외로 하여 사안을 해결하시오).

물음 1) 甲은 2015.6.26. 현재 어떠한 항고소송을 제기할 수 있는가? (25점)

물음 2) 甲이 행정소송법상 부작위위법확인소송을 제기하여 계속되던 중 고용노동부장관 乙이 甲이 결격사유가 있음이 확인되자 위 甲의 신청을 반려하는 내용의 처분을 하였다면 이러한 부작위위법확인소송의 수소법원과 甲은 행정소송상 어떠한 조치를 취할 수 있는가(※ 설문(1)과 중복된 논점은 서술하지 말 것. 또한 위 부작위위법확인소송의 과정에서 甲이 "공노법" 제5조상의 등록을 거부해야 할 결격사유가 존재함은 위 소송의 변론과정에서 확인된 바 있다)? (25점)

참조조문

공인노무사법

제5조(등록) ① 공인노무사 자격이 있는 사람이 제2조에 따른 직무를 시작하려는 경우에는 대통령령으로 정하는 바에 따라 고용노동부장관에게 등록하여야 한다.

② 고용노동부장관은 제1항에 따라 등록을 신청한 사람이 다음 각 호의 어느 하나에 해당하면 등록을 거부하여야 한다.

1. 제4조의 결격사유에 해당하는 사람
2. 제5조의2 제1항에 따른 연수교육을 받지 아니한 사람
3. 제19조 제1항 제1호에 따라 등록이 취소된 날부터 3년이 지나지 아니한 사람
4. 제20조에 따라 등록이 취소된 날부터 3년이 지나지 아니한 사람

목차

I.	**설문(1)의 해결 - 甲이 제기할 수 있는 항고소송의 형태**(25/50)
1.	**문제점**(1/25)
	설문(1)의 경우에는 ① 甲이 직무개시등록신청에 대한 고용노동부장관 乙의 부작위에 대하여 행정소송법상 명문의 규정이 없음에도 불구하고 무명항고소송으로서 의무이행소송을 인정할 수 있는지 여부가 문제된다. ② 또한 법정항고소송과 관련하여 이에 대한 부작위위법확인소송을 제기할 수 있는지 여부가 문제된다.
2.	**위 부작위가 항고소송의 대상인지 여부**(4/25)
	(1) "부작위"의 의의
	부작위란 "행정청이 당사자의 신청에 대하여 상당한 기간 내에 일정한 처분을 하여야 할 법률상 의무가 있음에도 불구하고 이를 하지 아니하는 것"을 말한다(행정소송법 제2조 제1항 제2호).
	(2) 부작위의 성립요건
	부작위위법확인소송의 대상으로서 부작위가 성립하기 위해서는 ① 당사자의 신청이 있어야 하고, ② 상당한 기간이 경과하여야 하며, ③ 처분을 할 법률상 의무의 존재하고, ④ 어떠한 처분도 존재하지 아니하여야 한다.
	(3) 당사자의 신청과 관련하여 법규상·조리상 신청권을 요하는지 여부
	1) 문제점
	부작위의 성립요건 중 "당사자의 신청"과 관련하여 신청인에게 법규상·조리상 신청권이 있어야 하는지에 대해서 견해의 대립이 있다.
	2) 학설
	이에 대해 학설은 ❶ 당사자의 조리상·법령상 신청권이 있어야 한다는 [신청권

긍정설(대상적격설)]과, ❷ 당사자의 신청권의 존부는 원고적격 또는 본안판단의 요소로서 이를 요하지 않는다는 [신청권불요설(원고적격설 및 본안판단설)]이 대립된다.

3) 판례

판례는 일관되게 부작위위법확인소송의 대상이 되는 부작위처분이 되기 위해서는 법규상·조리상의 신청권이 존재해야 하고 단지 행정청의 직권발동을 촉구하는 데 불과한 신청에 대한 무응답은 이에 해당하지 않는다고 판시하고 있다.

4) 검토

부작위위법확인소송을 규정한 행정소송법 제2조 제1항 제2호에서 "법률상 의무가 있음에도 불구하고"로 규정한 입법취지상 법령상 및 조리상 신청권을 요구하는 견해가 타당하다.

(4) 사안의 검토

사안의 경우 ① 甲의 직무개시등록신청이 있었고 공노법에 근거하여 법규상·조리상 신청권도 인정된다고 보이며, ② 상당기간도 경과하였으며, ③ 공노법 제5조 제1항에 따라 등록처분을 하여야 할 법률상 의무, ④ 아무런 처분도 하지 아니함도 인정된다. 따라서 부작위에 해당한다.

| 3. | 甲이 의무이행소송을 제기할 수 있는지 여부(8/25) |

(1) 의무이행소송의 의의

의무이행소송이란 "당사자의 행정행위의 신청에 대하여 행정청이 거부하거나 부작위로 대응하는 경우에, 법원의 판결에 의하여 행정청으로 하여금 일정한 행위를 하도록 청구하는 소송"을 말한다.

	(2) 인정 여부에 대한 학설대립
	이에 대해 학설은 ❶ 권력분립의 원칙상 의무이행소송을 인정할 수 없다는 [부정설], ❷ 국민의 권리구제를 위해 인정해야 한다는 [긍정설], ❸ 의무이행소송을 원칙적으로 부정하면서도 ⅰ) 처분의 요건이 일의적이고, ⅱ) 회복할 수 없는 손해가 발생할 우려가 있으며, ⅲ) 다른 구제방법이 없는 경우에만 인정될 수 있다는 [제한적 긍정설]이 대립된다.
	(3) 판례
	대법원은 "행정청의 부작위에 대하여 일정한 처분을 하도록 하는 의무이행소송으로 현행 행정소송법상 허용되지 않는다(대판 94누14018)."라고 판시하여 일관되게 의무이행소송을 부정하고 있다.
	(4) 검토
	검토하건대 행정소송의 유형은 입법정책의 문제이다. 따라서 행정소송법의 입법자의 의사에 따라 판단해야 하는바, 현행 행정소송법상 의무이행소송은 인정된다고 볼 수 없다.
4.	**부작위위법확인소송의 제기가능성**(12/25)
	(1) 부작위위법확인소송의 의의
	부작위위법확인소송이란 "행정청의 부작위가 위법임을 확인하는 소송유형"을 말한다(행정소송법 제4조 제3호).
	(2) 부작위위법확인소송의 제소요건
	(가) 부작위위법확인소송은 ① 부작위가 존재하여야 하고(행정소송법 제2조 제1항 제2호), ② 원고가 법률상 이익을 가져야 하며(행정소송법 제36조), ③ 협의의

소익을 갖추어 ④ 부작위청을 상대로(행정소송법 제13조) 청구하여야 한다.

(나) 사안의 경우에는 ① "부작위"에 해당함은 앞에서 살펴보았고, ② 甲은 법규상·조리상 신청권도 가지므로 행정소송법 제36조에 따라 "법률상 이익"도 인정된다고 보인다. ③ 행정소송법 제38조 제2항에도 불구하고 제소기간이 적용되지 않는지 여부가 문제된다.

(3) 부작위위법확인소송의 제소기간

1) 문제점

행정소송법 제38조 제2항에서 행정소송법 제20조의 규정이 준용됨에도 불구하고 부작위위법확인소송에서 제소기간이 요구되는지에 대해 견해가 대립된다.

2) 학설

이에 대해 학설은 ❶ 처분을 신청한 후 상당한 기간이 경과하면 그 때에 부작위처분이 있는 것으로 보고 이때부터 1년의 제소기간이 적용된다는 [행정소송법 제20조 준용긍정설)]과, ❷ 부작위 상태가 계속되는 한 제소기간의 제한 받지 않는다는 [준용부정설]이 대립된다.

3) 판례

판례는 일관되게 "부작위 상태가 계속되는 한 그 위법의 확인을 구할 이익이 있다고 보아야 하므로 원칙적으로 제소기간의 제한을 받지 않는다"고 판시하여 [준용부정설]의 입장이다.

4) 검토

부작위의 경우에는 처분이 내려진 시점을 판단할 수 없으므로 법적 안정성 관점에서 행정소송법 제20조의 제소기간의 제한은 받지 않는다고 봄이 타당하다.

	(4) 소결
	이상의 검토에 따라 甲은 직무개시등록신청에 대한 부작위에 대하여 부작위위법확인소송을 제기할 수 있다.
Ⅱ.	**설문(2)의 해결 – 수소법원과 甲이 취할 수 있는 행정소송상 조치**(24/50)
1.	**문제점**(1/24)
	설문(2)에서는 부작위위법확인소송의 계속 도중 반려처분이 내려진 경우 ① 수소법원이 어떠한 판결을 하여야 할지와 관련하여 부작위위법확인소송의 협의의 소익과 그 심리범위가 문제된다. 또한 ② 원고 甲이 취할 수 있는 행정소송상 수단과 관련하여 거부처분에 관한 항고소송으로 소변경을 신청할 수 있는지 여부가 문제된다.
2.	**수소법원이 내려야 할 판결**(12/24)
	(1) 협의의 소익의 인정 여부
	1) 문제점
	확인소송의 본질상 부작위위법확인소송은 "부작위의 위법확인의 이익", 즉 "부작위가 위법하다는 확인을 구할 이익"이 있어야 한다. 그런데 이러한 "확인의 이익"의 의미와 범위에 대해서는 부작위위법확인소송의 성질에 따라 다음과 같이 견해가 대립된다.
	2) 학설
	이에 대해 학설은 ❶ 부작위위법확인소송은 부작위라는 소극적인 위법상태의 배제를 목적으로 하는 소극적 확인소송이라는 견해(절차심리설)에 따르면 "부작위

상태를 제거하여야 할 현실상 필요성"으로 보아 협의의 소익을 부정하는 [각하설]과, ❷ 적극적 적법상태를 확인함으로써 그에 대한 반대작용인 부작위의 위법을 확인한다고 보는 적극적 확인소송설(실체심리설)에 따르면 "실체법상 적극적 의무를 확인받을 이익"이라고 보아 협의의 소익을 긍정하는 [본안판결설]의 견해가 대립된다.

3) 판례

대법원은 "부작위위법확인소송은 소극적 위법상태의 배제에 그 소송의 목적이 있으므로 소송 도중 거부처분이 발령되면 부작위상태가 해소되어 협의의 소익이 없다"고 판시하여 [각하설]의 입장이다.

4) 검토

생각건대 부작위위법확인소송은 의무이행소송이 인정되지 않는 현행 행정소송법상 국민의 권리구제와 소송경제차원에서 [실체적 심리설]에 따라 협의의 소익을 인정함이 타당하다.

(2) 본안판결의 형태

1) 문제점

부작위위법확인소송의 제기 당시와 본안판결시 사이에 사정변경이 있은 경우 부작위의 위법 여부는 어느 시점을 기준으로 판단하여야 하는지에 대하여 견해가 대립된다.

2) 학설

이에 대해 ❶ 소제기 당시를 기준으로 부작위의 위법 여부를 판단해야 한다는 [소제기시설(인용판결설)]과, ❷ 판결시를 기준으로 판단해야 한다는 [판결시설(기각설)]이 대립된다.

3) 판례

대법원은 부작위위법확인소송의 위법판단기준시는 판결시(사실심 변론종결시)로 판시하고 있다.

4) 검토

부작위위법확인소송은 아무런 처분이 존재하지 아니하므로 인용판결의 효력과의 관계에서 판결시로 그 기준시를 판단함이 타당하다.

(3) 소결

따라서 수소법원은 판결시를 기준으로 기각판결을 함이 타당하다.

3. 甲이 취할 수 있는 행정소송상 조치(11/24)

(1) 거부처분에 관한 항고소송으로 소변경이 가능한지 여부

1) 문제점

부작위위법확인소송 도중 거부처분이 내려진 경우 거부처분에 관한 항고소송으로 소변경이 허용되는지에 대해 견해가 대립된다.

2) 학설

이에 대해 학설은 ❶ 처분변경으로 인한 소변경이 적용되어야 하나 행정소송법 제38조가 동법 제22조를 준용하지 않아 명문의 규정이 없어 허용될 수 없다는 [부정설]과, ❷ 부작위에서 거부처분으로 변경된 경우에도 행정소송법 제37조에 따라 제21조에 근거하여 소변경이 인정된다는 [긍정설]이 대립된다.

3) 판례

판례는 부작위위법확인소송 중 당사자가 거부처분이 있다고 오인하여 거부처분 취소소송으로 변경을 신청한 사례에서 이를 허용한 예가 있다.

4) 검토

생각건대, 부작위는 아무런 처분이 존재하지 아니하므로 소송 도중 내려진 거부처분으로 인해 처분변경이 이루어 진 것으로 볼 수 없다. 따라서 이 경우에도 제37조에 근거하여 제21조 소변경이 허용된다고 보아야 한다.

(2) 행정소송법 제21조의 소변경의 가능성

1) 의의

행정소송법 제21조에서는 "법원은 취소소송을 당해 처분 등에 관계되는 사무가 귀속하는 국가 또는 공공단체에 대한 당사자소송 또는 취소소송 외의 항고소송으로 변경하는 것이 상당하다고 인정할 때에는 청구의 기초에 변경이 없는 한 사실심 변론종결시까지 원고의 신청에 의하여 결정으로써 소의 변경을 허가할 수 있다"고 하여 소의 종류변경을 인정하고 있다.

2) 유형

소종류의 변경은 ① 항고소송 간의 소변경과, ② 항고소송과 당사자소송 간의 소변경을 모두 긍정하고 있다.

3) 요건

(가) 이 경우 소변경은 ① 본안청구소송이 적법하게 계속되어 있어야 하고, ② 사실심 변론종결시까지의 원고의 신청이 있어야 하며, ③ 청구의 기초에 변경이 없어야 하며, ④ 변경신청에 상당한 이유가 있어, ⑤ 변경되는 신소가 소변경 당시 적법하여야 한다.

(나) 이때 "청구의 기초에 변경이 없어야 함"은 신·구청구가 원고의 권리구제의 이익 및 그 원인된 사실관계에 있어서 동일성을 지니는 경우를 말한다고 본다(대판 1987.7.7. 87다카225).

4) 절차

　법원은 소의 변경을 허가함에 있어 피고를 변경하는 경우에는 새로이 피고로 될 자의 의견을 들어야 하며, 허가결정이 있게 되면 결정의 정본을 새로운 피고에게 송달하여야 한다(동조 제4항).

5) 소결

　❶ [절차적 심리설]에 따를 경우에는 부작위위법확인청구와 거부처분취소청구는 기속력에 따라 원고가 처분청의 재처분을 받게 함이 그 목적이 되므로 청구의 기초에 변경이 없다고 볼 수 있으나, ❷ [실체적 심리설]에 따른다면 거부처분취소청구와 달리 부작위위법확인소송은 실체적 처분의무를 구하는 것에 청구의 목적이 있게 되므로 동요건이 충족된다고 보기 어렵다. 따라서 앞선 [실체적 심리설]의 결론에 따라 甲은 행정소송법 제21조 소변경을 청구할 수 없다고 봄이 타당하다.

Ⅲ. 사안의 해결(1/50)

1.

　설문(1)의 경우 甲은 변경된 당초처분설에 따라 2014.2.1.자 업무상 재해가 아니라는 사유로 변경된 당초의 반려처분에 대해 취소소송을 제기하여야 하며, 취소소송의 제기는 적법하며 심시청구에서는 업무상 재해로 처분사유를 변경할 수 있으므로 이러한 반려처분은 적법하여 수소법원은 기각판결을 할 것으로 예상된다.

2.

　설문(2)의 경우 ① 부작위법확인소송의 심리범위에 대해 판례에 따라 절차심리설을 취할 경우 수소법원은 각하판결을 하여야 할 것이며, 甲은 행정소송법 제21조에 근거하여 거부처분취소소송으로 소변경을 법원에 청구할 수 있으나, ② 실체심리설에 따를 경우 수소법원은 기각판결을 하여야 할 것이며, 甲은 거부처분취소소송으로 소를 변경할 수 없을 것으로 보인다.

> 20××년 제×회 공인노무사 시험

S전자주식회사의 총수 丁이 사망함에 따라 그의 자녀 甲과 乙이 공동으로 재산상속을 받게 되었다. 이에 관할세무서장은 상속재산의 신고내역에 따라 호주상속인인 甲외 1인(乙) 총 상속세액 28억 원을 2013.2.1.에 부과·통지하였다(※ 甲이 이를 통지받은 날은 2013.2.3.이다). 甲은 상속세액이 지나치게 과다하다고 주장하면서 이의신청을 하였으나 2013.4.6. 기각되었고(※ 甲은 이의신청의 결과를 2013.4.9.에 송달받았다), 甲과 乙은 위 총 상속세액을 완납하였다. 다음 물음에 대하여 검토하시오(※ 학설과 판례의 입장을 모두 검토한 뒤, 판례의 태도에 따라 사안을 해결할 것).

물음 1)   그 뒤 甲은 위 상속세부과처분에 무효의 하자가 있음을 발견하고 자신이 납부한 총 상속세액을 반환받고자 한다. 2015.5.2. 현재 甲이 제기할 수 있는 행정소송의 유형을 검토하시오(※ 甲은 심사청구 또는 심판청구를 별도로 제기하지 않았으며, 국세환급신청은 하지 않았음을 전제로 할 것). (25점)

물음 2)   甲은 설문의 이의신청 후에 재차 국세청장에게 심사청구를 하였으나 기각되었고, 그 결정의 통지서를 2013.6.1.에 송달받았다. 그로부터 2년 후 관할세무서장은 甲과 乙에게 명의신탁 상속재산을 추가로 발견하여 그 상속세액 20억 원을 추가로 증액경정하는 내용의 증액경정처분을 2015.6.1.에 하여 甲과 乙은 같은 날 이를 통지받았다. 乙은 총 상속세액이 지나치게 과다함을 이유로 증액경정처분에 대한 취소소송을 2015.8.26.에 제기하였다. 이러한 乙의 취소소송의 제기는 적법한가? (※ 서울대 윤지현 조세법연구 2012/8) (25점)

참조조문

국세기본법

제55조(불복) ① 이 법 또는 세법에 따른 처분으로서 위법 또는 부당한 처분을 받거나 필요한 처분을 받지 못함으로 인하여 권리나 이익을 침해당한 자는 이 장의 규정에 따라 그 처분의 취소 또는 변경을 청구하거나 필요한 처분을 청구할 수 있다.

② 이 법 또는 세법에 따른 처분에 의하여 권리나 이익을 침해당하게 될 이해관계인으로서 다음 각 호의 어느 하나에 해당하는 자는 위법 또는 부당한 처분을 받은 자의 처분에 대하여 이 장의 규정에 따라 그 처분의 취소 또는 변경을 청구하거나 그 밖에 필요한 처분을 청구할 수 있다.

1. 제2차 납세의무자로서 납부통지서를 받은 자

⑨ 동일한 처분에 대해서는 심사청구와 심판청구를 중복하여 제기할 수 없다.

제56조(다른 법률과의 관계) ① 제55조에 규정된 처분에 대해서는 「행정심판법」의 규정을 적용하지 아니한다. 다만, 심사청구 또는 심판청구에 관하여는 「행정심판법」 제15조, 제16조, 제20조부터 제22조까지, 제29조, 제36조 제1항, 제39조, 제40조, 제42조 및 제51조를 준용하며, 이 경우 "위원회"는 "국세심사위원회", "조세심판관회의" 또는 "조세심판관합동회의"로 본다.

② 제55조에 규정된 위법한 처분에 대한 행정소송은 「행정소송법」 제18조 제1항 본문, 제2항 및 제3항에도 불구하고 이 법에 따른 심사청구 또는 심판청구와 그에 대한 결정을 거치지 아니하면 제기할 수 없다.

③ 제2항에 따른 행정소송은 「행정소송법」 제20조에도 불구하고 심사청구 또는 심판청구에 대한 결정의 통지를 받은 날부터 90일 이내에 제기하여야 한다.

목차

Ⅰ.	설문(1)의 해결 / 甲이 상속세를 돌려받기 위한 행정소송의 유형(24/50)
1.	**문제점**(1/24)

　설문(1)에서는 甲이 자신이 납부한 상속세를 돌려받기 위한 항고소송으로써 ① 상속세부과처분에 대한 무효확인판결을 받아 기속력(원상회복의무)에 의해 상속세를 돌려 받을 수 있으므로 무효확인소송의 제기 여부와 무효선언적 의미의 취소소송을 제기가능성을 검토한 뒤, ② 설문의 상속세부과처분은 무효이므로 법률상 원인없이 납부한 국세환급청구소송이 행정소송법상 당사자소송인지 여부가 문제된다. 이에 대해 이하에서 검토한다.

2.	**상속세부과처분에 대한 무효확인소송의 제기가능성**(12/24)

(1) 무효확인소송의 제소요건

(가) 무효확인소송의 제기가 적법하기 위해서는 ① 항고소송의 대상인 처분 등에 해당하여야 하고(행정소송법 제2조 제1항 제1호), ② "법률상 이익"있는 자가 소를 제기하여야 하며(동법 제35조), ③ 정당한 피고를 상대로(동법 제13조), ④ 협의의 소익을 갖추어 제기하여야 한다(행정소송법 제38조 제1항).

(나) 설문의 경우 甲은 국세기본법 제56조 제2항에 따른 전심절차를 거치지 아니하였고, 제소기간의 기간도 도과한 것으로 보이나 이들 소송요건은 무효확인소송의 적법요건은 아니므로 제소에 아무런 영향을 미치지 아니한다. 상속세부과처분은 처분임에 의문의 여지가 없고, 동법 제55조 제2항에 따라 甲은 원고적격이 인정된다. 문제는 이미 납부한 상속세액을 돌려받기 위한 유효하고도 적절한 수단인 부당이득금반환청구소송이 있음에도 불구하고 위 처분의 무효확인을 구할 협의의 소익이 인정될 수 있는지 여부가

문제된다. 이하에서 검토한다.

(2) 협의의 소익의 인정 여부

1) 문제점

무효확인소송의 경우에도 행정소송법 제35조와 관련하여 민사소송법상 "즉시확정이익"이 요구되는지 여부가 문제된다.

2) 학설

이에 대해 ❶ 무효확인소송에서의 협의의 소익은 행정소송법 제35조의 "확인을 구할"에 근거하여 확인소송의 본질상 민사소송에서와 같은 즉시확정의 이익이 요구된다는 [긍정설(즉시확정이익설)]과, ❷ 무효확인소송에서의 "확인을 구할 법률상 이익"을 취소소송과 같은 관념으로 보아 외국같은 보충소송규정을 두고 있지 않는 우리의 경우 민사소송에서의 즉시확정의 이익은 요구되는 않는다는 [부정설(법적 보호이익설)]이 대립된다.

3) 판례

대법원은 종래 무효확인소송에서도 민사소송에서와 마찬가지로 즉시확정이익을 요구하였으나, 2008년 대법원전원합의체 판결을 통하여 "무효확인소송의 보충성은 요구되는 것은 아니므로, 행정처분의 무효를 전제로 한 직접적인 구제수단이 있는지 여부를 따질 필요가 없다고 해석함이 상당하다(대판 2008.3.20. 2007두6342 전합)"고 하여 즉시확정이익을 요구하지 않게 되었다.

4) 검토 및 소결

즉시확정이익이 요구되지 않는다는 견해가 국민의 권익보장과 비교법적으로 타당하다. 따라서 甲은 상속세부과처분에 대한 무효확인소송을 제기하여 납부한 상속세를 반환받을 수 있다.

3.	무효선언적 의미의 취소소송의 제기가능성(4/24)
	(1) 문제점
	무효선언적 의미의 취소소송은 앞서 살펴본 무효등확인소송의 제소요건 외에 행정소송법 제20조와 제18조에 따른 제소기간의 준수와 필수적 전심절차를 거칠 것을 제소요건으로 하는지에 대해 견해가 대립된다.
	(2) 학설
	이에 대해 학설은 ❶ [긍정설]과, ❷ [부정설]이 대립되어 있다.
	(3) 판례
	대법원은 "행정처분의 취소를 구하는 의미에서 당연무효확인을 구하는 행정소송을 제기하는 경우에는 전치절차와 그 제소기간의 준수 등 취소소송의 제소요건을 갖추어야 한다"고 하여 [긍정설]의 입장이다.
	(4) 검토 및 소결
	다수설과 판례의 입장에 따라 [긍정설]의 입장이 타당하다. 따라서 설문의 경우 필수적 전심절차와 제소기간의 요건을 준수하지 못한 점은 분명하므로 甲은 상속세부과처분에 대한 취소소송은 제기할 수 없다.
4.	공법상 당사자소송의 제기가능성(7/24)
	(1) 당사자소송의 의의
	당사자소송이란 "행정청의 처분 등을 원인으로 하는 법률관계에 관한 소송과 그 밖에 공법상의 법률관계에 관한 소송으로서 그 법률관계의 한쪽 당사자를 피고로 하는 소송"을 말한다(행정소송법 제3조 제2호).

(2) 당사자소송의 대상

당사자소송은 ① 처분등을 원인으로 하는 법률관계 또는 ② 그 밖의 공법상 법률관계를 그 대상으로 한다. 사안의 경우에는 부당이득반환청구의 성질을 갖는 국세환급청구소송이 법률관계가 공법상 법률관계에 해당하는지 여부가 문제된다.

(3) 국세환급청구소송이 당사자소송의 대상이 되는지 여부

1) 문제점

국가 또는 공공단체를 상대로 한 부당이득반환에 관한 법률관계가 공법상 법률관계에 해당하여 당사자소송의 대상이 되는지 여부가 문제된다.

2) 학설

이에 대해 학설은 ❶ 사법상 채권채무관계와 다르지 않다고 보아 민사상 법률관계로 보는 [사법관계설(민사소송설)]과, ❷ 공법적 원인에 의해 발생되는 법률관계이고 행정주체와 사인 간의 관계이므로 공법상 법률관계로 보는 [공법관계설(당사자소송설)]이 대립된다.

3) 판례

대법원은 이에 대해 "부당이득으로서의 과오납 반환에 관한 법률관계는 단순한 민사관계에 불과한 것"이라고 판시하여 사법관계설의 입장이다. 그러나 부가가치세법상 환급관계처럼 조세정책적 관점에서 특별법상 인정되는 환급관계인 경우에는 대법원은 ① 종래 민사관계로 보아 민사소송의 대상이 된다고 판시하였으나, ② 최근 대법원은 입장을 변경하여 "부당이득 반환의무가 아니라 조세 정책적 관점에서 특별히 인정되는 공법상 의무라고 봄이 타당하다"고 판시하여 당사자소송의 대상으로 본다(대판 2011다95564 전합).

4) 검토

생각건대 공법상 원인에 의해 발생되는 부당이득관계는 공법의 고유한 법리에 따라 해결함이 타당하므로 공법관계설이 타당하다. 그러나 판례에 따라 사안을 해결하여 甲은 민사소송으로 국세환급청구소송을 제기하여야 하므로 행정소송으로는 제기할 수 없다.

Ⅱ. 설문(2)의 해결 - 乙이 제기한 취소소송의 적법 여부(25/50)

1. 문제점(1/25)

설문(2)에서는 乙이 제기한 증액경정처분에 대한 취소소송의 제기가 적법한 지와 관련하여 ① 경정처분의 경우 취소소송의 대상이 당초처분인지 아니면 증액경정처분인지가 문제되며, ② 제소기간의 충족 여부와, ③ 전심절차의 준수 여부가 문제된다. 이하에서 상세히 검토한다.

2. 취소소송의 제소요건(2/25)

乙의 취소소송제기가 적법하기 위해서는 ① 소의 대상이 취소소송의 대상인 처분등에 해당하여야 하고(행정소송법 제19조 및 제2조 제1항), ② 원고가 법률상 이익을 가져야 하며(동법 제12조 1문), ③ 협의의 소익을 갖추어(동법 제12조 2문), ④ 처분청을 상대로(동법 제13조), ⑤ 필수적 전심절차의 경우 그 전심절차 등을 거쳐 제기되어야 한다. 사안의 경우에는 ① 소의 대상이 적법한지, ② 필수적 전심절차의 준수 여부 및 ③ 제소기간의 준수 여부가 특히 문제된다.

3.	**증액경정처분이 취소소송의 대상인지 여부**(10/25)
	(1) 문제점
	경정처분이란 "당초의 처분에 오류가 있어 당초처분을 시정하기 위하여 행하는 행정처분"을 말한다. 전심절차의 준수 여부와 제소기간준수와 관련하여 당초처분과 경정처분 중 무엇이 쟁송의 대상인지가 문제된다.
	(2) 학설
	이에 대해 학설은 ❶ 당초처분과 경정처분은 서로 독립하여 존재하고 양자가 별개로 쟁송의 대상이 된다는 [병존설], ❷ 원처분이 경정처분에 흡수되어 소멸하므로, 경정처분만이 쟁송의 대상이 된다는 [흡수설], ❸ 경정처분은 원처분에 역흡수되어 소멸하게 되므로, 원처분만이 쟁송의 대상이 된다는 [역흡수설]이 대립한다.
	(3) 판례
	대법원은 ① [증액경정처분]의 경우 "당초결정은 증액경정처분에 흡수됨으로써 독립된 존재가치를 잃고 그 효력이 소멸되어, 납세의무자는 그 증액경정처분만을 쟁송의 대상으로 삼아야 한다(대판 1992.5.26. 91누9596)"라고 판시하여 흡수설의 입장을, ② [감액경정처분]의 경우 "당초처분의 일부를 취소하는데 지나지 아니하는 것이므로 처음의 과세처분이 감액된 범위 내에서 존속하게 되고 이 처분만이 쟁송의 대상이 되고 이 경우 전심절차의 적법 여부는 당초처분을 기준으로 하여 판단하여야 한다"(대판 1987.12.22. 85누599)고 하여 [역흡수설]의 입장이다.
	(4) 검토
	생각건대 현행 국세기본법 제22조의2에서는 병존설에 입각한 규정을 두고 있고 당사자의 권리구제와 관련하여서도 병존설의 입장이 타당하다. 그러나 판례에 따라 검토하여 보면 흡수설에 따라 증액경정처분이 쟁송의 대상이 된다. 따라서

전심절차의 준수 여부와 제소기간의 기간은 준수도 이를 기준으로 판단하여야 한다. 이하에서 검토한다. 따라서 증액경정처분을 취소소송의 대상으로 삼은 것은 적법하다.

4. 제소기간의 준수 여부(4/25)

(1) 취소소송의 제소기간

행정소송법 제20조에 따라 처분이 있음을 안 날로부터 90일, 있은 날로부터 1년 이내에 제기해야 한다. 그러나 행정소송법 제20조 제1항 단서에서는 재결서정본을 송달받은 날로부터 90일 이내에 취소소송을 제기하여야 한다.

(2) 증액경정처분의 경우

판례는 "당초처분이 불복기가의 경과나 전심절차의 종결로 확정되었다 하여도 증액갱정처분에 대한 소송절차에서 납세자는 증액경정처분으로 증액된 과세표준과 세액에 관한 부분만이 아니라 당초처분에 의하여 결정된 과세처분과 세액에 대하여도 그 위법 여부를 다툴 수 있다(대판 1992.5.26. 91누9596)"라고 판시하여 증액경정처분을 기준으로 제소기간을 판단한다.

(3) 사안의 경우

따라서 증액경정처분을 송달받은 2015.6.1.로부터 90일 이내에 취소소송을 제기하여야 하는바, 甲은 이 기간 내에 소를 제기하였으므로 제소기간은 준수한 것으로 보인다.

5.	**전심절차의 준수 여부(8/25)**
	(1) 행정심판전치주의와 그 예외
	행정소송법 제18조 제1항 본문에 의거 행정심판의 전심절차를 거치지 아니하여도 취소소송을 제기할 수 있음이 원칙이다. 그러나 국세기본법 제56조 제2항에 의거 조세행정소송은 조세의 심사청구 또는 심판청구와 그에 대한 결정을 거치지 아니하면 제기할 수 없으므로 필수적 전심절차가 적용된다. 따라서 설문의 경우 행정심판의 전심절차를 거친 것인지 여부가 문제된다.
	(2) 행정심판전치의 요건충족 여부
	**　1) 심판청구의 적법성**
	행정심판은 적법하게 제기되어 본안판결을 받을 수 있어야 한다. 설문의 경우에 甲이 제기한 심사청구는 특별히 부적법한 사유가 보이지 않고 본안재결을 받았으므로 심판청구의 적법성은 인정된다.
	**　2) 인적 관련성**
	행정심판전치주의의 취지는 당해 처분에 대한 재심사를 구하는 것에 있으므로 심판청구인과 취소소송의 원고는 동일인일 필요는 없다고 본다. 공동의 이해관계인 중 1인이 행정심판을 거쳤다면 다른 1인도 직접 행정소송을 제기할 수 있다.
	**　3) 사물적 관련성**
	행정심판의 대상인 처분과 행정소송의 대상인 처분은 원칙적으로 동일한 것이어야 한다. 설문의 증액경정처분은 흡수설에 따라 당초의 상속세부과처분을 흡수하여 존재하는 것이므로 동일한 처분으로 보아야 한다. 행정소송법 제18조 제3항 제2호도 이러한 취지의 규정을 입법화하고 있다.

4) 주장사유의 관련성

행정심판의 청구주장사유와 행정소송에서 원고의 주장사유는 동일할 것을 요하지 않으나 기본적인 관점에서 부합하는 것이면 족하다는 것이 판례의 태도이다. 설문의 경우 甲의 청구와 乙의 청구가 모두 상속세액의 과다함을 이유로 하는 것이므로 기본적인 관점에서 동일성이 인정된다.

(3) 소결

甲과 乙은 공동상속인으로서 추가 증액경정처분의 공동의 납부의무자라는 점에서 인적 관련성이 있고, 사물 및 주장사유의 관점 모두에서도 동일한 것으로 보이므로 전심절차도 준수한 것으로 보아야 한다.

6. 소결(1/25)

이상의 검토에 따라 판례에 따라 판단하여 보면 결국 乙의 증액경정처분에 대한 취소소송의 제기는 적법한 것으로서 본안판결을 받을 수 있다고 할 것이다.

Ⅲ. 사안의 결론(1/50)

1. 설문(1)에서 甲은 판례의 입장에 따라 보건대 행정소송을 통해 납부한 상속세를 반환받기 위한 행정소송의 유형은 상속세부과처분에 대한 무효확인소송을 통해서만이 가능하다고 보아야 할 것이다.

2. 설문(2)의 경우 乙의 증액경정처분에 대한 취소소송의 제기는 적법한 것으로서 본안판결을 받을 수 있다고 할 것이다.

┌─────────────────────────────┐
│   20××년 제×회 공인노무사 시험   │
└─────────────────────────────┘

甲은 2010.3.1.부터 2013.12.31.까지 D광역시 시립교향악단의 상임단원으로 채용계약에 의해 위촉된 자이다. 그러나 甲의 채용기간이 만료되기 전인 2013.5.1.에 D광역시장 乙은 예산부족을 이유로 채용계약해지통보를 하였다. 甲은 이러한 채용계약해지통보는 법률의 근거가 없는 것으로서 위법·무효임을 주장하며 이에 불복하고자 한다. 다음 물음에 대하여 검토하시오.

물음 1)   甲은 2014.3.1. 현재 D광역시를 상대로 채용계약해지무효확인소송을 제기하려 한다. 甲이 제기해야 할 행정소송의 종류와 이 행정소송의 허용 여부를 검토하시오(※ 甲의 신분은 지방공무원법상 공무원임을 전제로 사안을 해결할 것). (20점)

물음 2)   만약 甲이 관할 지방노동위원회에 부당해고구제 신청을 한 결과, 이에 대해 동 위원회는 甲의 청구를 기각하는 내용의 결정을 2014.10.5.에 하였고, 동 결정서는 2014.10.8.에 甲과 乙에게 각각 통지되었다. 甲은 이에 불복하여 재심을 신청하려 하였으나 『근로기준법』 제31조 제2항의 재심을 신청할 수 있는 기간이 도과되었음을 발견하고, 甲은 위 관할 지방노동위원회의 기각결정에 대한 무효확인소송을 2014.12.20.에 관할 법원에 제기하였다. 수소법원은 어떠한 판결을 하여야 하는가(※ 이 경우 甲의 신분은 근로기준법상 근로자임을 전제로 하며 지방노동위원회의 기각결정에 무효의 하자가 있음을 전제로 하여 사안을 해결할 것)? (30점)

목차

I.	**설문(1)의 해결 - 甲이 제기해야 할 행정소송의 종류와 허용 여부**(20/50)
1.	**문제점**(1/20)

    설문(1)의 경우 ① 甲이 제기해야 할 채용계약해지무효확인소송이 어떠한 행정

소송의 종류에 의해야 하는지와 관련하여 채용계약해지의 통보가 항고소송의 대

상인 처분인지 여부와 계약직 공무원의 채용계약관계의 법적 성질이 문제되며,

② 이러한 행정소송의 허용 여부와 관련하여 이러한 행정소송의 대상·원고적

격·소의 이익·제소기간이 문제된다.

2.	**채용계약해지무효확인소송의 종류**(12/20)
	(1) 문제점

    계약직 공무원 甲이 제기하고자 하는 채용계약해지무효확인소송은 甲의 권익을

구제하기 위한 주관적 소송이므로 행정소송법상 항고소송의 대상이 되는지 여부

와 아니라면 당사자소송의 대상인 "공법상 법률관계에 관한 소송"인지 여부가 문

제된다.

(2) 채용계약해지통보가 처분에 해당하는지 여부(항고소송의 가능성)

    1) 처분의 의의

    처분이란 "행정청이 구체적 사실에 관한 법집행으로서 공권력행사와 그 거부 및

그 밖에 이에 준하는 행정작용"을 말한다(행정소송법 제2조 제1항 제1호).

    2) 처분이 되기 위한 요건

    어떠한 행정작용이 처분이 되기 위해서는 ① 행정청의 행위여야 하고, ② 구체

적 사실에 관한 행위여야 하며, ③ 국민의 권리·의무에 직접 변동을 초래하거나

또는 영향을 미치는 등의 법집행행위로서 ④ 고권적 지위에서 국민에게 명령·강제

하는 공권력행사에 해당하여야 한다.

3) 사안의 검토

사안의 경우 시장 乙의 채용계약해지통보는 ① 행정청의 행위이고, ② 구체적 사실에 관한 행위이며, ③ 계약직 공무원 甲의 신분에 법적 변동을 가져오는 행위에는 해당하나, ④ D광역시와 甲의 대등한 계약관계에서 행하는 의사표시로서 일방적으로 명령·강제하는 공권력행사로 볼 수 없어 처분이라 볼 수 없다. 판례도 "계약직공무원 채용계약해지의 의사표시는 일반공무원에 대한 징계처분과는 달라서 항고소송의 대상이 되는 처분 등의 성격을 가진 것으로 인정되지 않는다(대판 2002두1490)"고 판시하여 마찬가지 입장이다.

(3) 실질적 당사자소송의 제기가능성

1) 의의

실질적 당사자소송이란 본래적 의미의 당사자소송으로서 대등한 당사자 간의 공법상 법률관계 또는 권리관계에 관한 소송을 말한다. 여기에는 ① 처분 등을 원인으로 하는 법률관계에 관한 소송과, ② 그 밖에 공법상 법률관계에 관한 소송이 있다.

2) 실질적 당사자소송의 대상

(가) 처분 등을 원인으로 하는 법률관계에 관한 소송: 행정청의 처분 등을 원인으로 하는 법률관계라 함은 처분 등에 의하여 발생·변경·소멸된 법률관계를 말한다.

(나) 그 밖에 공법상 법률관계에 관한 소송: 그 밖에 공법상의 법률관계란 처분 등을 원인으로 하지 않는 공법상의 법률관계를 말한다. 여기에는 ① 공법상 계약의 불이행시에 제기하는 소송, ② 공법상 금전지급청구를 위한

	소송, ③ 공법상 지위·신분의 확인을 구하는 소송 등이 있다.
	3) 사안의 경우
	사안의 계약직 공무원의 채용계약해지관계는 처분 등에 해당하는 임용처분이
	존재하지 않는다는 점에서 ① 처분 등을 원인으로 하는 법률관계에 관한 소송에는
	해당하지 않으나 공법상 계약인 채용계약에 의해 성립된 공무원의 신분을 다투는
	소송으로서 ② "그 밖의 공법상 법률관계에 관한 소송"으로서 실질적 당사자소송
	의 대상이 된다. 판례도 "지방자치단체가 채용계약관계의 한쪽 당사자로서 대등한
	지위에서 행하는 의사표시로서 당사자소송의 대상이 된다(대판 2002두1490)"고 판시
	하고 있다. 따라서 甲은 행정소송법상 실질적 당사자소송으로서 채용계약해지무
	효확인소송을 제기하여야 한다.
3.	**실질적 당사자소송의 허용 여부**(7/20)
	(1) 대상적격
	앞서 살펴본 바대로 위 채용계약해지무효확인소송은 "그 밖의 공법상 법률관계
	에 관한 소송"으로서 당사자소송의 대상이 된다.
	(2) 피고적격
	행정소송법 제39조에서는 당사자소송의 피고는 "국가·공공단체 및 그 밖의 권
	리주체"가 된다고 규정하고 있으므로 D광역시가 소송의 피고가 된다.
	(3) 제소기간
	당사자소송은 제소기간에 대한 특별한 규정을 두고 있지 않으므로 개별법률에
	특별한 규정이 없는 한 제소기간의 제한은 없다.

(4) 원고적격 및 소의 이익

당사자소송의 원고적격 및 소의 이익에 관해서는 행정소송법상 아무런 규정이 없으므로 행정소송법 제8조 제2항에 따라 민사소송의 원고적격 및 소의 이익에 따라 판단하게 된다.

(5) 사안의 검토

(가) 사안의 경우 실질적 당사자소송의 모든 요건을 갖추었다고 보인다. 그런데 민사소송에서는 사안과 같은 확인소송의 경우 "즉시확정이익"을 요구하는 바, 사안의 경우 채용기간이 만료되었음에도 불구하고 채용계약해지의 의사표시의 무효를 구할 소의 이익이 인정되는지 문제된다.

(나) 이에 대해 판례는 "계약기간의 만료로 당연히 계약직 공무원의 신분을 상실하고 계약직 공무원의 신분을 회복할 수 없는 것이므로, 해지의사표시의 무효확인청구는 과거의 법률관계의 확인청구에 지나지 않아 그 무효확인을 구할 이익이 없다(대판 2006두16328)"고 판시하고 있다.

(다) 판례의 입장이 타당하며 따라서 사안의 경우 소의 이익의 결여로 행정소송법상 당사자소송인 甲의 채용계약해지무효확인소송은 허용될 수 없다.

Ⅱ. 설문(2)의 해결 - 甲의 무효확인소송에서 수소법원이 내려야 할 판결의 형태 (28/50)

1. 문제점(1/28)

설문(2)의 경우 甲이 제기한 기각결정에 대한 무효확인소송의 제기가 적법한지 여부가 문제된다. 甲의 무효확인소송의 제기가 적법하다면 기각결정에는 무효의 하자가 있으므로 수소법원은 본안판결로서 인용판결(무효확인판결)을 하여야 하고,

부적법하다면 소송판결로서 각하판결을 해야 하기 때문이다. 따라서 위 무효확인

송의 제기가 적법한지를 이하에서 검토한다.

2. 무효확인소송의 제기의 적법 여부(3/28)

(1) 무효확인소송의 의의

항고소송의 일종은 무효확인소송은 처분이 효력이 없음을 확인하는 소송을 말

한다(행정소송법 제4조).

(2) 무효확인소송의 제소요건

甲의 무효확인소송제기가 적법하기 위해서는 행정소송법 제38조 제1항에 따라

① 소의 대상이 처분등에 해당하여야 하고(행정소송법 제19조 및 제2조 제1항), ② 원고

가 법률상 이익을 가져야 하며(동법 제35조 1문), ③ 협의의 소익을 갖추어, ④ 처분

청을 상대로(동법 제13조) 소송이 제기되어야 한다. 사안의 경우에는 ⅰ) 소의 대상

이 적법한지, ⅱ) 협의의 소익의 인정 여부 등이 특히 문제된다.

3. 무효확인소송의 대상이 적법한지 여부(12/28)

(1) 항고소송의 대상에 관한 입법주의

이에 대해 ① [원처분주의]이란 원처분과 재결에 대하여 모두 항고소송의 대상이

되나, 원처분의 위법은 원처분에 대한 항고소송에서만 주장할 수 있고, 재결에 대

한 항고소송에서는 재결 자체의 고유한 하자에 대해서만 주장할 수 있는 제도를

말한다. ② [재결주의]는 재결이 있는 경우에 원처분에 대해서는 제소가 불가능하

고 재결에 대해서만 행정소송의 대상이 되며, 다만 원처분의 위법사유도 아울러

주장할 수 있다는 원칙을 의미한다.

(2) 현행 행정소송법의 태도(원처분주의)

현행 행정소송법 제19조는 원처분주의를 택하고 있다.

(3) 노동위원회의 구제명령의 경우

(가) 근로기준법 제31조 제2항에 따라 "중앙노동위원회의 재심판정에 대하여 사용자나 근로자는 재심판정서를 송달받은 날부터 15일 이내에 행정소송법의 규정에 따라 소를 제기할 수 있다"고 규정하고 있다. 동 규정에 대해 재결주의를 명문화한 것인지에 대해 견해가 대립되어 있으나, 대법원은 "지방노동위원회의 처분에 대하여 불복하기 위해서는 중앙노동위원회에 재심을 신청하고 재심판정의 취소를 구하는 소를 제기해야 한다"고 판시하여 재결주의를 규정하였다고 본다.

(나) 노동위원회의 구제명령의 특성상 재결주의를 규정한 것으로 봄이 타당하다. 따라서 재심판정을 취소소송의 대상으로 삼은 것은 적법하다.

(4) 재결주의가 무효등확인소송에도 준용되는지 여부

1) 학설

이에 대해 학설은 ❶ 행정소송법 제38조 제1항이 동법 제19조를 준용함에 따라 무효등확인소송의 경우에도 예외적 재결주의가 적용된다는 [적용긍정설]과, ❷ 동법 제19조는 원처분주의만을 규정할 뿐 재결주의를 포함하지 않고 있고 무효인 처분에 대해서는 소제기의 특별한 제한이 없음을 이유로 재결주의의 적용을 부정하는 [적용부정설]이 대립된다.

2) 판례

대법원은 재결주의가 적용되었던 구 토지수용법상 수용재결에 대한 무효확인소송에서 "지방토지수용위원회의 수용재결에 대하여 불복이 있는 자는 중앙토지수용

위원회에 이의신청을 하고 중앙토지수용위원회의 이의재결에도 불복이 있으면 수

용재결이 아닌 이의재결을 대상으로 행정소송을 제기하도록 해석하는 것은 토지

수용에 관한 재결이 위법 부당함을 이유로 취소를 소구하는 경우에 한하는 것이

고, 수용재결 자체가 당연무효라 하여 무효확인을 구하는 경우에까지 그와 같이

해석할 수는 없다"고 판시하여 재결주의가 무효등확인소송에는 준용되지 않는다

고 판시하였다.주1)

3) 검토

생각건대 무효인 처분의 경우에는 그것이 처분에 해당하는 특별한 제한없이 다

투도록 하는 것이 행정소송의 입법취지임을 고려할 때 판례의 입장이 타당하다.

(5) 소결

이상의 검토에 따라 무효등확인소송에서는 재결주의가 적용되지 아니하므로 甲

은 지방노동위원회의 기각결정은 신청인의 청구를 거부하는 일종의 거부처분으로

서 처분이 분명하므로 이에 대해 무효확인소송을 제기한 것은 적법하다.

4. 협의의 소익의 인정 여부(8/28)

(1) 문제점

사안의 경우 甲은 앞서 살펴본 채용계약해지무효확인소송이라는 유효적절한 수

단이 존재함에도 불가하고, 기각결정의 무효확인을 구할 협의의 소익이 인정되는

지와 관련하여 행정소송법 제35조상 무효등확인소송에서도 민사소송과 마찬가지

로 "즉시확정이익"의 요구되는지 여부가 문제된다.

(2) 학설

이에 대해 학설은 ❶ 무효확인소송에서의 "확인을 구할 법률상 이익"을 취소

소송과 같은 관념으로 보아 외국같은 보충소송규정을 두고 있지 않는 우리의 경우 [민사소송에서의 즉시확정의 이익은 요구되는 않는다는 견해], ❷ 무효확인소송에서의 협의의 소익은 확인소송의 본질상 [민사소송에서와 같은 즉시확정의 이익이 요구된다는 견해]로 대립되어 있다.

(3) 판례

대법원은 종래 무효확인소송에서도 민사소송에서와 마찬가지로 즉시확정이익을 요구하였으나, 2008년 대법원전원합의체 판결을 통하여 "무효확인소송의 보충성은 요구되는 것은 아니므로, 행정처분의 무효를 전제로 한 직접적인 구제수단이 있는지 여부를 따질 필요가 없다고 해석함이 상당하다"고 하여 즉시확정이익을 요구하지 않게 되었다.

(4) 검토 및 소결

즉시확정이익이 요구되지 않는다는 견해가 국민의 권익보장과 비교법적으로 타당하다. 사안의 경우 부당이득반환청구소송이라는 보다 유효하고 적절한 소송구제수단이 존재한다 하더라도 즉시확정이익을 요구하지 않는 판례의 입장에 따라 소의 이익을 긍정함이 타당하다. 따라서 甲은 위 기각결정에 대한 무효확인소송보다 유효하고 적절한 소송수단이 있다 할지라도 무효확인소송을 제기할 수 있다고 보아야 한다.

5. 기타제소요건의 충족 여부(3/28)

(1) 원고적격의 인정 여부

근로기준법 제31조 제2항에 따라 "중앙노동위원회의 재심판정에 대하여 사용자나 근로자는 재심판정서를 송달받은 날부터 15일 이내에 행정소송법의 규정에 따라

	소를 제기할 수 있다"고 규정하고 있으므로 근로자 甲은 원고적격이 인정된다.
	(2) 기타제소요건의 경우
	사안의 경우 중앙노동위원회에 재심을 거쳐 행정소송을 제기해야 함은 필수적
	전심절차이고, 근로기준법 제31조 제2항에 따라 재심판정서를 송달받은 날로부터
	15일 이내에 제소하여야 하나, 무효확인소송의 경우에는 제소기간, 예외적 필수적
	전심절차 등은 제소요건이 아니므로 문제되지 않는다(행정소송법 제38조 제1항).
6.	**사안의 경우**(1/28)
	이상의 검토에 따라 甲이 제기한 위 기각결정에 대한 무효확인소송의 제기는 적
	법하므로 수소법원은 청구인용판결(무효확인판결)을 하여야 한다.
Ⅲ.	**사안의 해결**(2/50)
1.	설문(1)의 경우 甲은 행정소송법상 실질적 당사자소송으로 채용계약해지무효확
	인소송을 제기하여야 하나, 채용기간의 만료로 소의 이익이 없어 이러한 소송은
	허용되지 않는다.
2.	설문(2)의 경우 甲의 지방노동위원회의 기각결정에 대한 무효확인소송의 제기
	는 적법하므로 수소법원은 청구인용판결(무효확인판결)을 하여야 한다.

주1) [대판 1993.4.27. 92누15789【토지수용재결처분취소등】]

토지수용법 제73조 내지 제75조의2의 각 규정에 의하면, 토지수용에 관한 중앙 또는 지방토지수용위원회의 수용재결에 대하여 이의가 있는 자는 재결서의 정본을 송달받은 날로부터 1월 이내에 중앙토지수용위원회에 이의를 신청하여야 하고, 중앙토지수용위원회의 이의신청에 대한 재결에도 불복이 있으면 그 재결서의 정본이 송달된 날로부터 1월 이내에 행정소송을 제기하여야 하도록 되어 있는 바, 위 각 규정의 취지를 종합하여 보면, 수용재결 자체는 행정소송의 대상이 되지 아니하므로 서울특별시지방토지수용위원회의 1990.7.14.자 수용재결에 불복하여 피고 위원회에 대하여 그 무효확인을 구하는 이 사건 주위적 청구에 관한 행정소송은 부적법하다고 보아 이를 각하하였다. 그러나 <u>행정처분이 무효인 경우에는 그 효력은 처음부터 당연히 발생하지 아니하는 것이어서 행정처분의 취소를 구하는 경우와는 달리 행정심판을 거치는 등의 절차나 그 제소기간에 구애받지 않고 그 무효확인을 구할 수 있는 것이고, 토지수용에 관한 중앙 또는 지방토지수용위원회의 수용재결이 그 성질에 있어 구체적으로 일정한 법률효과의 발생을 목적으로 하는 점에서 일반의 행정처분과 전혀 다를 바 없으므로, 수용재결처분이 무효인 경우에는 그 재결 자체에 대한 무효확인을 소구할 수 있다고 보아야 할 것이다.</u>

주2) **노동위원회의 재심판정과 해고무효확인소송과의 관계**

구분	노동위원회에 부당해고등 구제신청	노동위원회에 부당노동행위 구제신청
정규직 공무원 (고용직·일반공무원)	×	
	• 공법상 근무관계 • 징계처분 및 직권면직(처분) 등의 경우 소청심사위원회에 소청심사청구(필수적 전심절차 + 특별행정심판) → 행정소송법상 항고소송	
계약직 공무원 (기간제 공무원)	○ (최근 서울고등법원 2013.3.13. 2012누24203; 근로기준법상 근로자에 해당)	○
	• 공법상 근무관계 • 계약해지 및 계약연장거부 무효확인소송 → 공법상 실질적 당사자소송	
사실상 노무에 종사하는 자 (= 사법상 근로자)	○	
	• 사법상 근로관계 • 해고등 무효확인소송 → 민사소송 - 유형 [1] 해고무효확인소송의 기각판결의 확정 → 재심판정 취소소송(기판력 ×, 협의의 소익 ×) - 유형 [2] 재심판정취소소송에서 부당해고가 아니라는 취지의 판결확정 → 해고무효확인소송(기판력 ×, 협의의 소익 ○)	

16 불고지·무효확인소송과 병합청구

20××년 제×회 공인노무사 시험

국민건강보험공단은 통신설비 및 건설업 등으로 설립된 주식회사 甲에게 『고용보험 및 산업재해보상보험의 보험료징수 등에 관한 법률』(이하 "보험료징수법"이라 한다)에 의거하여 2016년도 고용·산재보험료부과처분(이하 '이 사건 처분'이라 한다)을 동년 2월 26일에 하였고, 甲은 별다른 검토 없이 이를 납부하였다(※ 甲이 이 사건 처분의 통지서를 2016.3.2.에 송달받았다). 그런데 이 사건 처분의 액수가 작년보다 높게 책정되었다는 사실을 뒤늦게 발견하고 확인해 본 결과 작년까지는 甲의 사업장을 '건설업'으로 보아 고용·산재보험료가 산정되어 왔으나 2016년도에는 '통신업'으로 분류되어 높게 산정된 것이며 이 사건 처분 통지서에는 아무런 불복절차에 관한 안내가 전혀 기재되지 않았다는 사실을 발견하게 되었다. 이에 甲은 2016년 8월 28일에 이 사건 처분에 대한 불복절차를 진행하려 한다. 다음 물음에 대하여 검토하시오.

물음 1) 甲이 본안판단을 받기 위해서는 어떠한 불복절차를 진행하여야 하는가(※ 무효등확인심판과 무효등확인소송은 논외로 할 것)? (25점)

물음 2) 만약 이 사건 처분에 무효의 하자가 존재하여 甲이 자신이 납부한 고용·산재보험료를 반환받기 위하여 이 사건 처분에 대해 행정소송을 제기하는 경우 어떠한 수단을 동원하여야 하는지 여부를 설명하시오(※ 설문(1)과 중복된 내용은 서술하지 말 것). (25점)

목차

Ⅰ.	설문(1)의 해결 - 甲이 본안판단을 받기 위해 제기해야 할 불복절차(24/50)
1.	문제점(1/24)

　　설문(1)의 경우 甲의 이 사건 처분에 대한 본안판단을 받기 위해서는 취소심판과 취소소송을 제기하여야 하는바, 불고지의 경우 취소심판과 취소소송의 쟁송기간이 연장되는지와 관련하여 취소쟁송 중 어떠한 쟁송에 의하여야 하는지 여부가 문제된다.

2.	취소심판을 청구하는 경우(10/24)

(1) 취소심판의 청구요건

　　취소심판청구가 적법하기 위해서는 ① 이 사건 처분이 처분에 해당하여야 하고(행정심판법 제3조), ② 청구인이 법률상 이익을 가져야 하며(행정심판법 제13조), ③ 제출기관(동법 제23조)에게 ④ 처분청을 상대로(행정심판법 제17조) 청구되어야 한다. 사안의 경우에는 이 사건 처분은 처분에 해당함에 의문의 여지가 없고, 甲도 불이익 처분의 직접 상대방으로서 '법률상 이익'을 갖는 것으로 보이므로 청구기간의 준수 여부가 문제된다.

(2) 취소심판의 청구기간을 준수하였는지 여부

　　취소심판의 청구기간은 처분이 있었던 날로부터 180일, 안 날로부터 90일 이내(행정심판법 제27조)에 청구하여야 한다. 사안의 경우 2016.8.20.은 역산하면 이 사건 처분의 통지서를 송달받은 날로부터 90일을 도과함이 명백하므로 청구기간을 준수하지 못하였다. 그러나 사안의 경우에는 행정심판에 관한 아무런 사항을 고지하지 아니하였으므로 청구기간이 연장되는지 여부가 문제된다.

(3) 불고지의 하자로 청구기간이 연장되는지 여부

1) 행정심판법상 고지의 의의

행정심판법상 고지란 "행정청이 처분을 함에 있어서 그 상대방에게 당해 처분에 대하여 행정심판을 제기할 경우 필요한 사항을 아울러 알릴 것을 의무를 지우는 제도"를 말한다(행정심판법 제58조).

2) 법적 성질

행정심판법상 고지의무에 관한 제58조 규정은 강행규정이므로 처분청은 반드시 고지를 하여야 한다.

3) 불고지의 경우 청구기간의 연장

불고지의 경우 행정심판법 제27조 제6항에 따라 상대방이 처분이 있음을 알았다 해도 있은 날로부터 180일로 연장된다.

(4) 사안의 경우

사안의 경우 2016.8.28.은 역산하면 이 사건 처분이 있은 날인 2016.2.26.로부터 180일도 도과함이 명백하므로 역시 청구기간을 준수하지 못하였다. 따라서 甲은 취소심판을 통해서는 본안판단을 받을 수 없다.

3. 취소소송을 제기하는 경우(12/24)

(1) 취소소송의 제소기간

행정소송법 제20조에서는 처분등이 있음을 안 날로부터 90일 이내에, 처분등이 있은 날로부터 1년 내에 취소소송을 제기하도록 규정하고 있다. 사안의 경우 처분통지서가 송달되었으므로 90일이 제소기간이 된다. 문제는 불고지의 하자로 그 기간이 1년의 기간이 적용될 수 있는지 여부이다. 이하에서 검토한다.

(2) 제소기간이 불고지의 하자로 1년의 기간으로 연장되는지 여부
1) 문제점
행정소송의 경우에도 행정절차법 제26조에서 고지의무를 지우고 있으나, 이에 관한 불고지·오고지의 효과에 관한 규정이 없어 행정심판법 제27조 제6항 등의 관련규정을 준용할 수 있는지 여부가 문제된다.
2) 학설
이에 대해 학설은 ❶ 행정소송법은 행정심판법과 달리 고지의무 및 불고지·오고지의 효과에 관한 규정을 두고 있지 아니하므로 행정심판법 제27조 제5항 등의 규정을 준용할 수 없다는 [준용부정설]과, ❷ 행정소송도 행정절차법 제26조에서 고지규정을 두고 있고, 행정심판과 유사한 행정쟁송으로서의 성질을 가짐을 이유로 행정심판법 제27조 제6항 등을 준용할 수 있다는 [준용긍정설]이 대립된다.
3) 판례
이에 대해 대법원은 "불고지·오고지의 효과에 관한 행정심판법 규정은 행정심판 제기에 관하여 적용되는 규정이지, 행정소송 제기에도 당연히 적용되는 규정이라고 할 수는 없다"고 판시하여 [준용부정설]의 입장이다(대판 2001.5.8. 2000두6916).
4) 검토
고지의무와 그 불고지·오고지의 효과에 관한 규정은 법률에서 인정하는 특별한 효과에 관한 규정이므로, 준용부정하는 견해가 타당하다.
(3) 사안의 검토
甲은 이 사건 처분의 통지서를 받은 2016.3.2.부터 90일을 도과하였으므로 취소소송을 제기할 수도 없다.

4.	**설문의 해결**(1/24)
	이상의 검토에 따라 甲은 취소심판청구와 취소소송 모두 쟁송기간을 도과하였
	으므로 본안판단을 받기 위해 아무런 불복절차를 진행할 수 없다.
Ⅱ.	**설문(2)의 해결 – 납부한 보험료를 반환받기 위한 행정소송수단**(24/50)
1.	**문제점**(1/24)
	설문(2)의 경우 甲이 설문에서 납부한 보험료를 반환받기 위해서는 ① 산재보험
	료부과처분에 대한 무효확인판결을 받아 기속력(원상회복의무)에 의해 보험료를 돌
	려받을 수 있으므로 무효확인소송의 제기 여부와, ② 이러한 무효확인소송에 부당
	이득반환청구를 병합하여 반환받는 방법도 가능하므로 2가지의 행정소송수단이
	가능한지 여부가 문제된다.
2.	**산재보험료부과처분에 대한 무효확인소송의 제기가능성**(12/24)
	(1) 무효확인소송의 의의
	무효확인소송이란 처분이 효력이 없음을 확인하는 소송을 말한다(행정소송법 제4
	조 제2호).
	(2) 무효확인소송의 제소요건의 충족 여부
	무효확인소송의 제기가 적법하기 위해서는 ① 항고소송의 대상인 처분 등에 해
	당하여야 하고(행정소송법 제2조 제1항 제1호), ② "법률상 이익"있는 자가 소를 제기
	하여야 하며(동법 제35조), ③ 정당한 피고를 상대로(동법 제13조), ④ 협의의 소익을
	갖추어 제기하여야 한다(행정소송법 제38조 제1항). 제소기간의 준수는 무효확인소송
	의 제소요건이 아니다.

	(3) 무효확인소송의 협의의 소익
	1) 문제점
	사안의 경우 무효확인소송의 제소요건을 모두 갖춘 것으로 보이나, 甲이 부당이득금반환청구소송이라는 보다 유효·적절함에도 불구하고 위 처분의 무효확인을 구할 협의의 소익이 인정될 수 있는지, 즉 행정소송법 제35조와 관련하여 민사소송법상 "즉시확정이익"이 요구되는지 여부가 문제된다.
	2) 학설
	이에 대해 학설은 ❶ 무효확인소송에서의 협의의 소익은 행정소송법 제35조의 "확인을 구할"에 근거하여 확인소송의 본질상 민사소송에서와 같은 즉시확정의 이익이 요구된다는 [긍정설(즉시확정이익설)]과, ❷ 무효확인소송에서의 "확인을 구할 법률상 이익"을 취소소송과 같은 관념으로 보아 외국같은 보충소송규정을 두고 있지 않는 우리의 경우 민사소송에서의 즉시확정의 이익은 요구되는 않는다는 [부정설(법적 보호이익설)]이 대립된다.
	3) 판례
	대법원은 종래 무효확인소송에서도 민사소송에서와 마찬가지로 즉시확정이익을 요구하였으나, 2008년 대법원 전원합의체 판결을 통하여 "무효확인소송의 보충성은 요구되는 것은 아니므로, 행정처분의 무효를 전제로 한 직접적인 구제수단이 있는지 여부를 따질 필요가 없다고 해석함이 상당하다(대판 2008.3.20. 2007두6342 전합)"고 하여 즉시확정이익을 요구하지 않게 되었다.
	4) 검토 및 소결
	즉시확정이익이 요구되지 않는다는 견해가 국민의 권익보장과 비교법적으로 타당하다. 따라서 甲은 이 사건 처분에 대한 무효확인소송을 제기하여 납부한 보험

	료를 반환받을 수 있다.
3.	**산재보험료부과처분의 무효확인소송에 부당이득반환청구의 병합가능성**(11/24)
	(1) 관련청구병합의 의의
	관련청구의 병합이란 "하나의 소송절차에서 같은 원고가 같은 피고에 대하여 수개의 청구를 하거나 소송의 당사자가 다수가 되는 수개의 청구를 함께 심판하는 것"을 말한다.
	(2) 법적 근거 및 인정취지
	행정소송법 제10조 제2항은 이러한 소의 주관적 병합과 소의 객관적 병합을 모두 인정하고 있다. 동규정은 행정소송법 제38조 제1항에 근거하여 무효등확인소송에도 적용되며, 이러한 청구병합은 원고의 신속한 권리구제를 도모하며, 분쟁의 일회적 해결에 기여하는 제도이다.
	(3) 관련청구의 병합요건
	① 취소소송에 병합할 것, ② 병합되는 원고의 청구가 행정소송법 제10조 제1항에서 정하는 "당해 처분등과 관련되는 손해배상 · 부당이득반환 · 원상회복등 청구소송" 내지 "당해 처분등과 관련되는 취소소송"에 해당하는 관련청구이어야 하고, ③ 기본인 취소소송이 적법하게 계류중이어야 하며, ④ 사실심 변론종결시 이전까지 원고의 병합청구가 있어야 할 것 등이 요건이 된다.
	(4) 사안의 검토
	사안의 경우 부당이득반환청구소송은 이 사건 처분의 효력유무가 선결문제이며, 산재보험료부과처분이라는 발생원인에 있어 법률상 사실상 공통성도 인정된다. 또한 산재보험료부과처분에 대한 무효확인소송도 적법하게 제기된 것으로 보

	이므로 관련청구병합의 요건을 모두 충족하였으므로 병합하여 제기할 수 있다.
Ⅲ.	**사안의 해결**(2/50)
1.	설문⑴의 경우 甲은 이 사건 처분에 대하여 취소심판과 취소소송의 쟁송기간을 모두 도과하였으므로 본안판단을 받기 위한 아무런 불복절차를 진행할 수 없다.
2.	설문⑵의 경우 甲은 자신이 납부한 보험료를 반환받기 위하여 고용·산재보험료부과처분에 대한 무효확인소송과 동 소송에서 부당이득반환청구를 병합할 수 있다.

각주

주1) **[중앙행정심판위원회 2011-15218 표준지 공시지가 취소청구 등, 2012.1.1. 재결]**

[1] 청구인은 2011.6.22. 이 사건 처분에 대하여 피청구인에게 이의신청을 하였으나 같은 달 24일 피청구인으로부터 법령상 이의신청 기간이 도과하여 재검토 대상이 아니라는 민원 회신을 받았을 뿐이므로 적법한 이의신청 절차를 거친 것으로 볼 수 없는 점, 이 사건 처분에 대한 불복절차로 가격공시법 제8조 제1항의 이의신청 절차가 필수적인 것은 아닌 점, 행정심판법 제27조 제3항·제6항에 따르면, 행정청이 심판청구기간을 알리지 아니한 때에는 처분이 있은 날부터 180일의 기간 내에 심판청구를 할 수 있는데, 피청구인이 이 사건 처분 및 위 이의신청에 대한 민원회신을 함에 있어 행정심판을 제기할 수 있는지 여부, 청구절차 및 청구기간 등을 알리지 않은 것으로 보이고 달리 이를 부인할 만한 증거도 없으므로 청구인이 행정심판을 제기할 수 있는 기간은 위 규정에 의하여 처분이 있은 날부터 180일 이내라 할 것인 점 등을 고려할 때, 청구인은 이 사건 처분일인 2011.2.28.로부터 180일 이내인 2011.7.1. 행정심판을 청구하였으므로 이 사건 청구는 심판청구기간 내에 제기된 적법한 청구이다.

[2] 가격공시법 및 같은 법 시행령에 표준지공시지가의 결정은 관보에 그 사실을 공고하여 이를 공시하도록 규정하고 있을 뿐이고, 이와 별도로 당해 토지소유자에게 통보하여 주도록 규정하고 있지 아니하므로 청구인이 위 공시지가결정을 알 수 없었다는 사정만으로 이 사건 처분의 효력이나 이의신청 제기기간의 진행을 부인할 수는 없다(서울고법 1995.2.28. 94구10468).

A노동조합은 「노동조합 및 노동관계조정법」에 따라 관할시장 乙로부터 적법하게 설립신고를 마친 노동조합으로서 130여 명의 근로자를 조합원으로 하고 있다. A노동조합에 소속되어 있는 K주식회사의 근로자 甲은 소관업무를 제대로 이행하지 아니하였음을 이유로 징계회부되어 징계의결과정 중에 있다. 그런데 K주식회사 대표이사 丙은 평소에 A노동조합의 노동쟁의활동에 불만을 품고 있었고, 이번 기회에 A노동조합의 활동으로 인해 업무에 지장을 주는 행위를 근절하고자 甲이 A노동조합에 가입되어 있는지를 확인하여 그럴 경우 중징계하고자 한다. 이에 K주식회사 대표이사 丙은 관할시장 乙에게 A노동조합의 가입원수와 그 실명을 공개하여 줄 것을 내용으로 하는 정보공개청구를 하였으나, 시장 乙은 개인의 사생활을 침해할 우려가 있음을 이유로 반려조치하였다. 다음 물음에 대하여 검토하시오(※ 무효확인심판과 무효확인소송은 논외로 할 것).

물음 1) 丙이 자신의 요구를 관철하기 위하여 어떠한 불복수단을 강구할 수 있는가? (25점)

물음 2) 丙이 관할 행정심판위원회에 의무이행심판을 제기하려는 경우, 권리구제의 한계에 관하여 검토하시오. (25점)

목차

Ⅰ.	**설문(1)의 해결 - 丙이 강구해야 할 불복수단(25/50)**
1.	**문제점(1/25)**
	설문 ⑴의 경우 丙은 정보공개거부행위에 대해 강구할 수 있는 불복수단과 관련
	하여 ① 우선 「공공기관의 정보공개에 관한 법률」(이하 "정보공개법"이라 한다)상 불
	복수단으로서 이의신청을 제기할 수 있는지가 문제된다. 또한 ② 행정심판법과 행
	정소송법에 따른 행정쟁송수단을 강구할 수 있는지 여부가 문제된다.
2.	**정보공개법상 불복수단**(이의신청)**(4/25)**
	(1) 의의
	정보공개법 제18조에 따르면 "정보공개를 청구하였다가 거부되어 법률상 이익
	을 침해받은 때에는 당해 공공기관에 서면으로 통지 받은 날로부터 30일 이내에
	서면으로 이의신청을 할 수 있다"고 규정하고 있다.
	(2) 성질
	동법상 이의신청은 특수한 행정심판이 아닌 본래적 의미의 이의신청으로서 임
	의적 전치주의에 해당함에 의문의 여지가 없다.
	(3) 소결
	따라서 丙은 정보공개거부결정을 통지 받은 날로부터 30일 이내에 서면으로 시
	장 乙에게 이의신청을 할 수 있다.

3.	행정심판법상 불복수단(10/25)
	(1) 丙이 행정심판을 통해 불복할 수 있는지 여부
	1) 거부처분의 의의
	거부처분이란 "행정청이 국민으로부터 공권력의 행사의 신청을 받았음에도 신청된 내용의 행위를 발급하지 않겠다는 행정청의 소극적 의사표시"를 말한다.
	2) 취소소송의 대상이 되기 위한 요건
	(가) 공권력행사에 관한 거부일 것: 행정청의 거부가 작위인 처분과 동일시할 수 있기 위해서는 그 거부가 우선 공권력 행사의 거부이어야 한다.
	(나) 공권력행사의 거부로 신청인의 법적 지위에 어떠한 변동을 초래할 것: 그 거부가 국민의 권리의무에 직접적으로 영향을 미치는 것이어야 한다.
	(다) 법규상·조리상 신청권이 긍정될 것
	① 의의: 판례는 일관되게 항고소송의 대상이 되는 거부처분이 되기 위해서는 법규상·조리상의 신청권이 존재해야 한다고 판시하고 있다.
	② 인정 여부 및 법적 성질: 법규상·조리상 신청권에 대하여 ❶ 신청권은 거부처분의 요건으로 요구될 수 없다는 [부정설(본안판단설 및 청구인적격설)]과, ❷ 거부처분의 요건에 해당한다는 [인정긍정설(대상적격설)]이 대립된다.
	③ 신청권존부의 판단기준: 신청권의 존부는 구체적 사건에서 신청인이 누구인가를 고려치 않고 관계법규의 해석에 의하여 일반 국민에게 그러한 신청권을 인정하고 있는가를 살펴 추상적으로 결정된다.

	3) 사안의 경우
	사안의 경우 ① 정보공개결정은 공권력행사로 볼 수 있고, ② 정보공개거부행위
	로 인해 丙은 헌법상 알 권리(헌법 제21조)를 침해당하였으며, ③ 정보공개법 제5조
	에 기해 법률상 신청권도 인정된다고 볼 것이므로 위 정보공개반려조치는 항고쟁
	송의 대상이 되는 처분에 해당한다. 따라서 丙은 정보공개반려조치에 대해 행정심
	판을 제기할 수 있다.
	(2) 거부처분취소심판 또는 의무이행심판의 제기
	**　1) 취소 또는 의무이행심판청구의 적법요건**
	거부처분에 대한 취소심판 또는 의무이행심판청구가 적법하기 위해서는 ① 거
	부조치가 처분에 해당하여야 하고(행정심판법 제3조), ② 청구인이 법률상 이익을 가
	져야 하며(행정심판법 제13조), ③ 제출기관(동법 제23조)에게 ④ 처분청을 상대로(행정
	심판법 제17조), ⑤ 거부처분이 있었던 날로부터 180일, 안 날로부터 90일 이내(행정
	심판법 제27조)에 청구되어야 한다.
	**　2) 사안의 경우**
	사안의 경우 丙은 위 반려조치에 대해 시장 乙을 피청구인으로 하여 관할 행정
	심판위원회에 안 날로부터 90일 또는 있은 날로부터 180일 이내에 거부처분취소
	심판 또는 의무이행심판을 제기할 수 있다.
4.	**행정소송법상 불복수단**(10/25)
	(1) 의무이행소송의 제기가능성
	**　1) 의무이행소송의 의의**
	의무이행소송이란 "당사자의 행정행위의 신청에 대하여 행정청이 거부하거나

부작위로 대응하는 경우에, 법원의 판결에 의하여 행정청으로 하여금 일정한 행위를 하도록 청구하는 소송"을 말한다.

2) 인정 여부에 대한 학설대립

이에 대해 학설은 ❶ 권력분립의 원칙상 의무이행소송을 인정할 수 없다는 [부정설], ❷ 국민의 권리구제를 위해 인정해야 한다는 [긍정설], ❸ 의무이행소송을 원칙적으로 부정하면서도 일정한 요건 하에서 인정될 수 있다는 [제한적 긍정설]이 대립된다.

3) 판례

대법원은 "행정청의 부작위에 대하여 일정한 처분을 하도록 하는 의무이행소송으로 현행 행정소송법상 허용되지 않는다(대판 94누14018)"라고 판시하여 일관되게 의무이행소송을 부정하고 있다.

4) 검토

검토하건대 행정소송의 유형은 입법정책의 문제이다. 따라서 행정소송법의 입법자의 의사에 따라 판단해야 하는바, 현행 행정소송법상 의무이행소송은 인정된다고 볼 수 없다.

(2) 거부처분취소소송의 제기가능성

1) 거부처분취소소송의 적법요건

거부처분에 대한 취소소송이 적법하게 제기 되기 위해서는 ① 거부조치가 처분에 해당하여야 하고(행정소송법 제2조 제1항), ② 원고가 법률상 이익을 가져야 하며(동법 제12조), ③ 관할 행정법원에 ④ 처분청을 상대로(동법 제13조), ⑤ 거부처분이 있었던 날로부터 1년, 안날로부터 90일 이내(동법 제20조)에 제기되어야 한다.

	2) 사안의 경우
	사안의 경우 丙은 위 반려조치에 대해 시장 乙을 피고로 하여 관할 행정법원에 안 날로부터 90일 또는 있은 날로부터 1년 이내에 거부처분취소소송을 제기할 수 있다.
Ⅱ.	설문(2)의 해결 - 정보공개결정행정심판의 경우 권리구제의 한계(24/50)
1.	문제점(1/24)
	설문(2)의 경우 정보공개거부결정에 대하여 丙이 제기해야 할 행정심판은 거부처분취소심판 또는 의무이행심판이 된다. 이 경우 행정심판의 따른 권리구제의 한계와 관련하여 인용재결의 한계와 임시처분의 한계 및 직접강제의 한계를 검토한다.
2.	인용재결의 한계(7/24)
	(1) 문제점
	행정심판법 제43조 제5항에서는 "재결청은 의무이행심판의 청구가 이유있다고 인정할 때에는 지체없이 신청에 따른 처분을 하거나(처분재결) 이를 할 것을 명(처분명령재결, 이행명령재결)한다"고 하여 의무이행심판의 인용재결의 경우 처분명령재결과 처분재결을 모두 인정하고 있다. 이 경우 어떠한 재결형식이 우선되어야 하는지에 대해 견해가 대립된다.
	(2) 학설
	이에 대해 ❶ 행정심판위원회가 전적으로 선택에 재량을 갖는다는 [재량설]과, ❷ 행정심판위원회가 충분한 심사를 할 수 있다면 당사자의 신속한 권리구제를 위하여 처분재결을 활용하고, 기타의 경우에는 처분명령재결을 활용하자는 [원칙적

	처분재결설], ❸ 처분청의 권한존중을 이유로 원칙적으로 처분명령재결을 활용하고, 예외적으로 처분재결을 활용해야 한다는 [원칙적 처분명령재결설]이 대립한다.
	(3) 검토
	처분청의 권한존중과 행정심판실무의 태도에 따라 원칙적 처분명령재결에 의함이 타당하다고 보인다.
	(4) 사안의 경우
	정보공개법상 행정심판위원회는 당해 정보를 보유하는 기관이 아니므로, 현실적으로 처분재결을 내릴 수 없다. 따라서 행정심판위원회는 정보공개명령재결을 할 수밖에 없을 것이다. 따라서 丙은 정보공개처분재결을 받을 수 없는 한계를 받게 된다.
3.	**임시처분**(가구제)**의 한계**(7/24)
	(1) 임시처분의 의의
	행정심판위원회가 "처분 또는 부작위가 위법·부당하다고 상당히 의심되는 경우로서 처분 또는 부작위 때문에 당사자가 받을 우려가 있는 중대한 불이익이나 당사자에게 생길 급박한 위험을 막기 위하여 임시지위를 정하여야 할 필요가 있는 경우에는 직권으로 또는 당사자의 신청에 의하여 임시처분을 결정"하는 것을 말한다(행정심판법 제31조).
	(2) 입법취지
	임시처분은 집행정지결정의 한계를 보완하고, 행정청의 거부처분과 부작위에 대한 의무이행심판의 실효적 가구제를 위해 임시처분제도를 도입하였다.

(3) 임시처분결정의 요건

1) 적극적 요건

위원회가 임시처분결정을 하기 위해서는 ① 거부처분 또는 부작위가 위법·부당하다고 상당히 의심될 것, ② 행정심판청구가 계속될 것, ③ 거부처분 또는 부작위 때문에 당사자가 받을 우려가 있는 중대한 불이익이나 당사자에게 생길 급박한 위험이 존재할 것, ④ 이를 막기 위하여 임시지위를 정하여야 할 필요가 있어야 한다(행정심판법 제31조 제1항).

2) 소극적 요건

임시처분은 공공복리에 중대한 영향을 미칠 우려가 있는 경우에는 허용되지 않는다(행정심판법 제31조 제2항).

3) 보충성 요건

임시처분은 집행정지결정을 통해 목적달성을 할 수 없는 경우에만 가능하다(행정심판법 제31조 제3항).

(4) 소결

행정심판위원회가 임시처분결정을 하게 되는 경우 정보공개가 이루어지게 되어 사실상 행정심판을 계속해야 할 이익이 사라지게 된다. 따라서 정보공개에 관한 임시처분결정은 불가하다고 볼 것이다.

4. 직접강제의 한계(9/24)

(1) 행정심판법상 직접처분의 의의

행정심판법 제50조는 "위원회는 행정심판법 제49조 제2항의 재처분의무가 있음에도 불구하고 당사자가 신청하면 기간을 정하여 서면으로 시정을 명하고 그 기간에

이행하지 아니한 경우 직접처분을 할 수 있는바", 이를 직접처분(직접강제)라고

한다.

(2) 제도의 취지

직접강제제도는 행정심판법상 재처분의무의 실효성을 담보하기 위해서 마련된

제도이다.

(3) 직접강제의 인정요건

1) 적극적 요건

직접강제신청이 인용되기 위해서는 ① 행정심판법 제49조 제3항상의 재처분의

무가 인정되어야 하고, ② 인용재결의 청구인이 행정심판위원회에 직접처분의 신

청이 있어야 하고, ③ 당해 행정청이 아무런 처분을 하지 아니하여야 한다(동법 제

50조 제1항 본문).

2) 소극적 요건(한계)

직접처분을 할 수 없는 경우에는 위원회는 직접처분을 할 수 없다(동법 제50조

제1항 단서).

(4) 직접처분의 효과

행정심판위원회가 직접처분을 한 때에는 그 사실을 당해 행정청에 통보하여야

하며, 그 통보를 받은 행정청은 재결청이 행한 처분을 당해 행정청이 행한 처분으

로 보아 관계법령에 따라 관리 · 감독 등 필요한 조치를 하여야 한다.

(5) 사안의 경우

정보공개에 관한 직접처분은 행정심판위원회가 정보를 보유하고 있지 아니하므

로 물리적으로 직접처분을 하는 것이 불가능한 경우에 해당한다고 할 것이다. 따라

서 행정심판법 제50조 제1항 단서에 따라 직접처분에 의한 권리구제는 불가능하다.

Ⅲ.	**설문의 해결**(1/50)
1.	설문(1)의 경우 丙은 ① 정보공개법상 이의신청과 ② 행정심판법상 취소심판 또는 의무이행심판으로 ③ 행정소송법상 취소소송을 통해 불복할 수 있다.
2.	설문(2)의 경우 이상의 검토에 따라 丙이 의무이행심판을 청구하는 경우, 행정심판위원회는 인용재결로서 정보공개처분재결을 할 수 없고 임시처분과 직접처분을 할 수 없는 권리구제의 한계를 갖는다.

> 20××년 제×회 공인노무사 시험

냉동화물자동차를 이용하여 수산시장에 냉동해산물운송사업을 영위하고 있는 甲은 사업의 내용 및 근로자의 작업형태 등에 비추어 볼 때 「고용보험 및 산업재해보상보험의 보험료 징수 등에 관한 법률」(이하 "보험징수법"이라 한다)과 동법 시행령에 따라 노동부장관이 고시한 "산업재해보상보험료율표"의 사업종류예시표상 현재의 '구역화물운수업'에서 그보다 보험료율이 낮은 사업종류인 '육상화물운수업'으로 변경하여 줄 것을 하는 내용의 보험관계변경사항신고서를 A도 근로복지공단에 제출하였다. 그러나 A도 근로복지공단은 제출한 甲의 사업장은 기존의 '구역화물운수업'이 타당하다는 이유로 위 신고서를 2010.6.15. 반려하였다. 동 반려통지서는 甲에게 2010.6.20.자로 송달되었다. 이에 甲은 위 반려처분을 하면서 행정심판청구절차 및 심판청구기간 등을 고지하지 아니하여 위 반려처분은 위법하다고 주장하며 위 근로복지공단을 상대로 A도지사 행정심판위원회에 2010.10.28. 변경신고의 수리를 명하는 의무이행심판을 청구하였다.

물음 1) 甲은 위 행정심판에서 어떠한 재결을 받을 것으로 예상되는가? (25점)

물음 2) 만약 甲이 위 반려처분에 대한 취소심판을 청구하여 인용재결을 받았는데도 불구하고 위 근로복지공단이 아무런 조치도 취하지 아니하는 경우 甲이 취할 수 있는 행정심판법상 구제방법은? (25점)

Ⅰ.	**설문(1)의 해결 – 甲이 의무이행심판에서 받을 재결의 형태**(24/50)
1.	**문제점**(1/24)

설문(1)에서는 ① 甲이 제기한 의무이행심판청구가 적법한지와 관련하여 신고수

리의 반려조치가 거부처분에 해당하는지 여부 및 나머지 의무이행심판의 청구요

건을 준수하였는지와 관련하여 고지의무위반에 따른 효과가 문제되며, ② 관할 행

정심판위원회가 인용재결을 할 수 있는지와 관련하여 고지의무위반이 처분에 영

향을 미치는지 여부가 문제된다.

2.	**甲의 의무이행심판이 적법하게 청구되었는지 여부**(18/24)
	(1) 의무이행심판의 청구요건

거부처분에 대한 의무이행심판청구가 적법하기 위해서는 ① 거부조치가 처분에

해당하여야 하고(행정심판법 제3조), ② 청구인이 법률상 이익을 가져야 하며(행정심

판법 제13조), ③ 제출기관(동법 제23조)에게 ④ 처분청을 상대로(행정심판법 제17조), ⑤

거부처분이 있었던 날로부터 180일, 안 날로부터 90일 이내(행정심판법 제27조)에 청

구되어야 한다.

(2) 위 반려조치가 거부처분인지 여부

　1) 거부처분의 의의

　거부처분이란 "행정청이 국민으로부터 공권력의 행사의 신청을 받았음에도 신

청된 내용의 행위를 발급하지 않겠다는 행정청의 소극적 의사표시"를 말한다.

　2) 거부처분이 되기 위한 요건

　　(가) 어떠한 반려조치가 거부처분이 되기 위해서는 ① 공권력행사에 관한 거

　　부일 것, ② 공권력행사의 거부로 신청인의 법적 지위에 어떠한 변동을

초래할 것, ③ 법규상 혹은 조리상 신청권이 긍정되어야 한다.

(나) 사안의 경우 위 신고의 수리는 공권력행사로 볼 수 있다. 문제는 ②와 ③의 요건의 충족 여부인바, 이하에서 검토한다.

3) 위 반려조치로 인해 甲의 법적 지위에 어떠한 변동을 초래하는지 여부

(가) 학설: 이에 대해 학설은 ❶ 신고의 법적 성질이 자기완결적 신고이면 거부처분으로 볼 수 없고 수리를 요하는 신고이면 이를 긍정해야 한다고 보는 [신고의 법적 성질여하에 따라 검토하는 견해]와, ❷ 신고의 법적 성질 여하와 관계없이 신고인의 불이익을 받을 위험 등 법적 지위가 불안정하게 될 수 있는지 여부로 판단하자는 [개별검토설]이 대립되어 있다.

(나) 판례: 대법원 판례는 과거 ❶설의 입장이었으나 최근에 입장을 변경하여 "자기완결적 신고라 할지라도 신청인의 실체상의 권리·의무관계에 직접적인 변동을 일으키지 않다 하더라도 신청인이 권리를 행사하거나 의무를 이행함에 중대한 지장을 초래하거나 법적 지위에 불안 등을 초래하는 경우에도 거부처분에 해당할 수 있다[주1)]"고 하여 ❷설의 입장인 것으로 보인다.

(다) 검토: 생각건대 사업종류의 변경을 신고하였으나 거부된 경우, 사업주 甲은 보다 높은 산재보험료율을 적용받아 더 많은 산재보험료를 납부해야 하고 이를 납부하지 않는다면 연체금이나 가산금을 징수받게 되므로 위 거부행위는 사업주의 권리의무에 직접 영향을 미치는 행위라고 할 것이다.

4) 법규상 혹은 조리상 신청권의 인정 여부

(가) 의의: 판례는 일관되게 거부처분이 되기 위해서는 법규상·조리상의 신청권이 존재해야 한다고 판시하고 있다.

(나) **인정 여부 및 법적 성질**: 법규상·조리상 신청권에 대하여 ❶ 신청권은 거부처분의 요건으로 요구될 수 없다는 [부정설(본안판단설 및 청구인적격설)]과, ❷ 거부처분의 요건에 해당한다는 [인정긍정설(대상적격설)]이 대립된다.

(다) **신청권존부의 판단기준**: 신청권의 존부는 구체적 사건에서 신청인이 누구인가를 고려치 않고 관계법규의 해석에 의하여 일반 국민에게 그러한 신청권을 인정하고 있는가를 살펴 추상적으로 결정된다.

(라) **사안의 경우**: 보험징수법상 사업종류변경에 대한 명확한 법규상 신청권은 보이지 않으나, 보험가입자인 사업주(甲)에 해당하는 한 보험료율의 산정의 기초가 되는 사업종류의 변경에 대한 조리상 신청권이 있다고 봄이 타당하다.

(3) 제출기관에게 행정심판청구가 이루어졌는지 여부

(가) 행정심판의 청구서는 피청구인인 행정청 또는 관할 행정심판위원회에 제출하여야 한다(행정심판법 제23조 제1항). 근로복지공단은 특별법에 따라 설립된 공공기관이므로 행정심판법 제6조 제2항에 따라 중앙행정심판위원회가 관할 행정심판위원회가 된다. 따라서 甲이 A도지사 행정심판위원회에 취소심판을 청구하였으므로 부적법한 심판청구가 된다.

(나) 그러나 행정심판청구절차의 불고지의 경우 행정심판법 제23조 제2항에 따라 시도지사 행정심판위원회는 관할위원회인 중앙행정심판위원회에게 이송해야 하므로 동요건은 충족되었다고 보아야 한다.

(4) 행정심판청구기간의 준수 여부

(가) 사안의 경우 거부처분통지서가 송달되었으므로 90일의 청구기간이 적용

		된다. 따라서 사안의 경우 2010.6.20.자로 통지되었고 청구일은 동년 10.28.
		이므로 심판청구의 기간을 도과하여 부적법한 행정심판청구라 볼 것이다.
		(나) 그러나 불고지의 경우에는 행정심판법 제27조 제6항에 따라 처분이 있은
		날로부터 180일의 기간이 적용된다. 따라서 사안의 경우 180일을 도과하기
		이전인 2010.10.25.에 취소심판을 청구하였으므로 동요건도 충족하였다.

(5) 소결

이상의 검토결과에 따라 甲의 취소심판청구는 불고지의 효과규정이 적용되어
적법하게 청구된 것이므로 행정심판위원회는 본안재결을 하여야 한다.

3.	**행정심판위원회가 인용재결을 할 수 있는지 여부**(4/24)

(1) 고지의 의의

행정심판법상 고지란 "행정청이 처분을 함에 있어서 그 상대방에게 당해 처분에
대하여 행정심판을 제기할 경우 필요한 사항을 아울러 알릴 것을 의무를 지우는
제도"를 말한다.

(2) 법적 성질

행정심판법상 고지의무에 관한 제58조 규정은 강행규정이므로 처분청은 반드시
고지를 하여야 한다.

(3) 불고지의 효과 및 처분의 하자와의 관계

불고지의 경우 행정심판법상 행정심판청구기간이 연장되거나 심판청구기관으
로의 이송 등의 효과를 부과하는 효과만 발생될 뿐 당해 처분의 효과에는 아무런
영향을 미치지 아니한다. 대법원도 "처분청이 고지의무를 이행하지 아니하였다고
하더라도 행정처분에 어떤 하자가 수반된다고 할 수 없다(대판 1987.11.24. 87누529)"고

하여 마찬가지의 입장이다.

4.	**설문의 해결**(1/24)

이상의 검토에 따라 甲의 취소심판청구는 적법하게 청구되었으나, 고지의무위

반으로 어떠한 하자도 인정되지 아니하므로 甲은 기각재결을 받을 것으로 보인다.

Ⅱ.	**설문(2)의 해결 - 甲이 취할 수 있는 행정심판법상 구제방법**(24/50)
1.	**문제점**(1/24)

설문(2)와 관련하여서는 甲이 취소심판에서 인용재결을 받았음에도 이에 따른

조치를 근로복지공단이 이행하지 않는 경우 행정심판법상 구제방법과 관련하여

① 인용재결에 따른 행정심판법상 직접처분(직접강제)의 가능성을 검토하고, ② 만

약 직접처분이 불가능한 경우 간접강제를 청구할 수 있는지 여부가 문제된다. 또

한 근로복지공단의 부작위에 대한 행정심판법상 의무이행심판청구의 가능성이 문

제된다.

2.	**행정심판법상 직접처분청구의 가능성**(10/24)
	(1) 직접처분의 의의

행정심판법 제50조는 "위원회는 행정심판법 제49조 제2항의 재처분의무가 있음

에도 불구하고 당사자가 신청하면 기간을 정하여 서면으로 시정을 명하고 그 기간

에 이행하지 아니한 경우 직접처분을 할 수 있는바", 이를 직접강제라고 한다.

	(2) 제도의 취지

직접처분제도는 행정심판법상 재처분의무의 실효성을 담보하기 위해서 마련된

제도이다.

(3) 직접처분의 요건

1) 적극적 요건

직접강제신청이 인용되기 위해서는 ① 행정심판법 제49조 제3항상의 재처분의

무가 인정되어야 하고, ② 인용재결의 청구인이 행정심판위원회에 직접처분의 신

청이 있어야 하고, ③ 당해 행정청이 아무런 처분을 하지 아니하여야 한다(동법 제

50조 제1항 본문).

2) 소극적 요건(한계)

직접처분을 할 수 없는 경우에는 위원회는 직접처분을 할 수 없다(동법 제50조

제1항 단서).

(4) 직접처분의 효과

행정심판위원회가 직접처분을 한 때에는 그 사실을 당해 행정청에 통보하여야

하며, 그 통보를 받은 행정청은 재결청이 행한 처분을 당해 행정청이 행한 처분으

로 보아 관계법령에 따라 관리·감독 등 필요한 조치를 하여야 한다.

(5) 사안의 경우

설문의 경우 거부처분취소재결의 경우에는 개정된 행정심판법 제49조 제3항이

아닌 동조 제2항의 재처분의무가 발생하는 경우이므로 요건이 충족되지 않는다.

따라서 직접처분은 관할 행정심판위원회에 청구할 수 없다.

3.	**간접강제청구의 가능성**(9/24)

(1) 의의

행정심판위원회는 피청구인이 행정심판법상 재처분의무에도 불구하고 이를 하지

아니하면 청구인의 신청에 의하여 결정으로 상당한 기간을 정하고 피청구인이 그 기간 내에 이행하지 아니하는 경우에는 그 지연기간에 따라 일정한 배상을 하도록 명하거나 즉시 배상을 할 것을 명할 수 있다(동법 제50조의2).

(2) 제도의 취지

간접강제제도는 ① 직접처분제도의 한계를 보완하고, ② 거부처분취소 및 무효확인재결 등의 재처분의무를 담보하기 위한 제도로서 궁극적으로 청구권자의 권익보호를 위한 제도로 평가된다.

(3) 청구요건

간접강제의 청구는 ① 행정심판법 제49조 제2항 내지 제4항에 따른 재처분의무가 인정되어야 하고, ② 행정심판법 제50조에 따른 직접처분이 없어야 하며, ③ 처분청(피청구인)이 재처분의무를 하지 않아야 하며, ④ 청구인의 신청이 있어야 한다.

(4) 사안의 경우

설문의 경우 행정심판법 제49조 제2항의 재처분의무가 인정되고, 직접처분이 행해질 수 없으며 A도 근로복지공단도 재처분의무를 이행하지 않았다. 따라서 행정심판위원회에 간접강제를 청구할 수는 있다.

4.	**행정심판법상 의무이행심판청구의 가능성**(3/24)

국토해양부장관 乙의 인용재결에도 불구하고 아무런 조치를 취하지 않은 부작위에 대해 의무이행심판을 청구함은 행정심판법 제51조에 기해 재심판청구가 금지되므로 丙은 의무이행심판으로는 구제를 받을 수 없다.

5.	**사안의 해결**(1/24)
	이상의 검토에 따라 甲은 직접처분 및 의무이행심판은 청구할 수 없으나, 현행 행정심판법 제50조의2에 따라 중앙행정심판위원회에 간접강제를 청구하여 구제를 받을 수 있다.
Ⅲ.	**사안의 해결**(1/50)
1.	설문(1)의 경우 甲의 의무이행심판청구에 대해 행정심판위원회는 행정심판법상 고지의무의 불이행으로 말미암아 적법하게 청구되었으나 불고지의 하자가 거부처분에 어떠한 영향도 미치지 아니하므로 甲은 기각재결을 받을 것으로 예상된다.
2.	설문(2)의 경우 甲은 직접처분 및 의무이행심판은 청구할 수 없으나, 현행 행정심판법 제50조의2에 따라 중앙행정심판위원회에 간접강제를 청구하여 구제를 받을 수 있다.

각주

주1) [대판 2008.5.8. 2007두10488]

국민의 적극적 행위 신청에 대하여 행정청이 그 신청에 따른 행위를 하지 않겠다고 거부한 행위가 항고소송의 대상이 되는 행정처분에 해당하는 것이라고 하려면, 그 신청한 행위가 공권력의 행사 또는 이에 준하는 행정작용이어야 하고, 그 거부행위가 신청인의 법률관계에 영향을 미치는 것이어야 하며, 그 국민에게 그 행위발동을 요구할 법규상 또는 조리상의 신청권이 있어야 한다고 할 것인바, 여기에서 '신청인의 법률관계에 영향을 미치는 것'이라는 의미는 신청인의 실체상의 권리의무관계에 직접적인 변동을 일으키는 것은 물론, 그렇지 않다 하더라도 신청인이 권리를 행사하거나 의무를 이행함에 중대한 지장을 초래하는 것도 포함한다고 해석함이 상당하다(대판 2002.11.22. 2000두9229 ; 대판 2007.10.11. 2007두1316).

그런데 이 사건의 경우와 같이 피고가 사업주에게 통지한 사업종류에 대하여 사업주가 사업장의 사업실태 내지 현황에 대한 피고의 평가 잘못 등을 이유로 피고에게 사업종류의 변경을 신청하였으나 피고가 이를 거부한 상황에서, 사업주가 자신이 적정하다고 보는 사업종류의 적용을 주장하면서 피고가 통지한 사업종류에 기초한 산재보험료를 납부하지 아니한 경우, 사업주는 연체금이나 가산금을 징수당하게 됨은 물론(법 제24조, 제25조), 체납처분도 받게 되고(법 제28조), 산재보험료를 납부하지 아니한 기간 중에 재해가 발생한 경우 그 보험급여의 전부 또는 일부를 징수당할 수 있는(법 제26조 제1항 제2호) 등의 불이익이 있는 점을 감안해 보면, 사업주의 사업종류변경신청을 받아들이지 않는 피고의 거부행위는 사업주의 권리의무에 직접 영향을 미치는 행위라고 할 것이다. 나아가 보험가입자인 사업주가 사업종류의 변경을 통하여 보험료율의 시정을 구하고자 하는 경우, 사업주는 피고가 통지한 사업종류에 따른 개산보험료나 확정보험료를 신고납부하지 아니한 후 피고가 소정 절차에 따라 산정한 보험료 또는 차액의 납부를 명하는 징수통지를 받을 때까지 기다렸다가 비로소 그 징수처분에 불복하여 그 절차에서 사업종류의 변경 여부를 다툴 수 있다고 하면 앞서 본 바와 같은 불이익을 입을 수 있는 등 산재보험관계상의 불안정한 법률상 지위에 놓이게 되는데 이는 사업주의 권리보호에 미흡하며, 사업종류는 보험가입자인 사업주가 매 보험연도마다 계속 납부하여야 하는 산재보험료 산정에 있어 필수불가결한 기초가 되는 것이므로 사업종류 변경신청에 대한 거부행위가 있을 경우 바로 사업주로 하여금 이를 다툴 수 있게 하는 것이 분쟁을 조기에 발본적으로 해결할 수 있는 방안이기도 하다. 이와 같은 사정을 모두 고려하여 보면, 보험가입자인 사업주에게 보험료율의 산정의 기초가 되는 사업종류의 변경에 대한 조리상 신청권이 있다고 봄이 상당하다.

따라서 이 사건 사업종류변경신청 반려행위는 항고소송의 대상이 되는 행정처분에 해당한다고 할 것이고(이하 이 사건 사업종류변경신청 반려행위를 '이 사건 반려처분'이라고 한다), 원심이 같은 취지에서 이 사건 반려처분이 항고소송의 대상이 되는 행정처분에 해당한다고 하여 피고의 본안전 항변을 배척한 것은 옳고, 거기에 상고이유로 주장하는 바와 같이 항고소송의 대상이 되는 행정처분에 관한 법리오해 등의 위법이 있다고 볼 수 없다.

20××년 제×회 공인노무사 시험

P시는 지역산업의 지속적인 호황과 관광 중심지로 도약함에 따라 상주 인구와 관광객의 꾸준한 증가로 인해 생활폐기물 발생량이 급격히 증가하고 있다. 이에 甲은 장기적이고 안정적인 생활폐기물을 처리할 수 있는 폐기물소각시설을 설치하고자, P시 ○○지역을 취득하기 위하여 『공익사업을 위한 토지등의 취득 및 보상에 관한 법률』(이하 "토지보상법")에 따라 국토교통부장관 丙에게 사업인정을 신청하였다. 그러나 국토해양부장관 丙은 지역주민의 반대가 예상되어 "사업인정 요건에 해당하지 않음"이란 이유를 들어 甲의 신청을 반려하였다. 甲은 이러한 반려처분의 취소를 구하는 행정심판을 청구하여 행정심판위원회로부터 "반려처분을 취소한다"는 취지의 인용재결을 받았음에도 불구하고 丙은 아무런 조치를 취하지 않고 있다. 다음 물음에 대하여 검토하시오.

물음 1)　甲은 인용재결에도 불구하고 丙이 아무런 조치를 취하지 아니하자 구제방법을 강구하고자 한다. 甲이 취할 수 있는 행정심판법상 구제방법은 무엇인가? (20점)

물음 2)　한편 P시 ○○지역 인근에 토지를 소유하고 있는 乙은 위 행정심판위원회의 인용재결에 불복하여 이에 대한 취소소송을 관할법원에 제기하였다. 수소법원은 어떠한 판결을 할 것으로 예상되는가? (30점)

목차

Ⅰ.	**설문(1)의 해결 – 행정심판법상 구제방법**(20/50)
1.	**문제점**(1/20)
	설문(1)에서는 거부처분취소재결에도 불구하고 처분청인 국토교통부장관이 재처분의무를 이행하지 않는 경우 ① 甲이 행정심판법 제50조의 직접처분을 신청할 수 있는지 여부와, ② 만약 이것이 불가능한 경우 동법 제50조의2에 따라 간접강제를 신청할 수 있는지 여부가 문제된다.
2.	**행정심판법상 의무이행심판청구의 가능성**(1/20)
	행정심판법 제51조에 따라 재심판청구가 금지되므로 甲은 국토교통부장관의 재처분의무의 불이행에 대해 의무이행심판을 청구할 수는 없다.
3.	**직접처분청구의 가능성**(8/20)
	(1) 행정심판법상 직접처분의 의의
	행정심판법 제50조는 "위원회는 행정심판법 제49조 제2항의 재처분의무가 있음에도 불구하고 당사자가 신청하면 기간을 정하여 서면으로 시정을 명하고 그 기간에 이행하지 아니한 경우 직접처분을 할 수 있는바", 이를 직접처분(직접강제)라고 한다.
	(2) 제도의 취지
	직접강제제도는 행정심판법상 재처분의무의 실효성을 담보하기 위해서 마련된 제도이다.

(3) 직접강제의 인정요건

1) 적극적 요건

직접강제신청이 인용되기 위해서는 ① 행정심판법 제49조 제3항상의 재처분의 무가 인정되어야 하고, ② 인용재결의 청구인이 행정심판위원회에 직접처분의 신청이 있어야 하고, ③ 당해 행정청이 아무런 처분을 하지 아니하여야 한다(동법 제50조 제1항 본문).

2) 소극적 요건(한계)

직접처분을 할 수 없는 경우에는 위원회는 직접처분을 할 수 없다(동법 제50조 제1항 단서).

(4) 직접처분의 효과

행정심판위원회가 직접처분을 한 때에는 그 사실을 당해 행정청에 통보하여야 하며, 그 통보를 받은 행정청은 재결청이 행한 처분을 당해 행정청이 행한 처분으로 보아 관계법령에 따라 관리·감독 등 필요한 조치를 하여야 한다.

(5) 사안의 경우

설문의 경우 거부처분취소재결의 경우에는 개정된 행정심판법 제49조 제3항이 아닌 동조 제2항의 재처분의무가 발생하는 경우이므로 요건이 충족되지 않는다. 따라서 직접처분은 소관 행정심판위원회에 청구할 수 없다.

4. 간접강제청구의 가능성(10/20)

(1) 의의

행정심판위원회는 피청구인이 행정심판법상 재처분의무에도 불구하고 이를 하지 아니하면 청구인의 신청에 의하여 결정으로 상당한 기간을 정하고 피청구인이

그 기간 내에 이행하지 아니하는 경우에는 그 지연기간에 따라 일정한 배상을 하

도록 명하거나 즉시 배상을 할 것을 명할 수 있다(동법 제50조의2).

(2) 제도의 취지

간접강제제도는 ① 직접처분제도의 한계를 보완하고, ② 거부처분취소 및 무효

확인재결 등의 재처분의무를 담보하기 위한 제도로서 궁극적으로 청구권자의 권

익보호를 위한 제도로 평가된다.

(3) 청구요건

1) 행정심판법 제49조 제2항 내지 제4항에 따른 재처분의무가 인정될 것

행정심판위원회가 간접강제결정을 하려면 ① 거부처분취소(무효확인 및 부존재확

인)재결, ② 의무이행심판의 처분명령재결, ③ 절차상 하자를 이유로 신청에 따른

처분이 취소재결된 경우로서 재처분의무가 인정되어야 한다.

2) 행정심판법 제50조에 따른 직접처분이 없을 것

행정심판위원회가 행정심판법 제50조에 따른 직접처분을 한 경우에는 처분청의

재처분의무가 소멸된다고 보아야 하므로 간접강제를 청구할 수 없다.

3) 처분청(피청구인)이 재처분의무를 하지 않을 것

처분청이 재처분의무를 전혀 이행하지 않는 경우는 이에 해당함에 의문의 여지

가 없다.

4) 청구인의 신청이 있을 것

행정심판위원회의 간접강제는 청구인의 신청을 요한다.

(4) 소결

설문의 경우 행정심판법 제49조 제2항의 재처분의무가 인정되고, 직접처분이

행해질 수 없으며 국토교통부장관도 재처분의무를 이행하지 않았다. 따라서 행정

심판위원회에 간접강제를 청구할 수는 있다.

Ⅱ. 설문(2)의 해결 - 인용재결에 대한 취소소송의 수소법원의 판단(29/50)

1. 문제점(1/29)

설문(2)에서는 행정심판위원회의 인용재결에 대한 乙의 취소소송이 적법하게 제기되어 수소법원이 본안판결을 하여야 하는지 여부와 관련하여 ① 인용재결이 취소소송의 대상이 되는지와 관련하여 원처분주의와 재결주의를 검토하며, ② 공익사업부지 인근에 거주하는 乙의 원고적격이 인정되는지 여부와 ③ 거부처분에 대한 취소재결을 취소하여야 할 협의의 소익이 인정되는지 여부가 문제된다.

2. 취소소송의 제기가 적법하기 위한 요건(1/29)

乙의 취소소송제기가 적법하기 위해서는 ① 소의 대상이 취소소송의 대상인 처분등에 해당하여야 하고(행정소송법 제19조 및 제2조 제1항), ② 원고가 법률상 이익을 가져야 하며(동법 제12조 1문), ③ 협의의 소익을 갖추어(동법 제12조 2문), ④ 처분청을 상대로(동법 제13조), ⑤ 필수적 전심절차의 경우 그 전심절차 등을 거쳐 제기되어야 한다. 사안의 경우에는 ① 소의 대상이 적법한지, ② 원고적격, ③ 협의의 소익의 인정 여부가 특히 문제된다.

3. 취소소송의 대상이 적법한지 여부(9/29)

(1) 취소소송의 대상에 관한 입법주의

이에 대해 ❶ [원처분주의]이란 원처분과 재결 모두에 대해 항고소송을 제기할 수 있으나, 원처분의 위법은 원처분에 대한 항고소송에서만 주장할 수 있고, 재결에 대한 항고소송에서는 재결 자체의 고유한 하자에 대해서만 주장할 수 있는 제도를 말한다. ❷ [재결주의]는 재결이 있는 경우에 원처분에 대해서는 제소가 불가능하고 재결에 대해서만 행정소송의 대상이 되며, 다만 원처분의 위법사유도 아울러 주장할 수 있다는 원칙을 의미한다.

(2) 현행 행정소송법의 태도(원처분주의)

현행 행정소송법 제19조는 원처분주의를 택하고 있다.

(3) 원처분주의 하에서 재결이 항고소송의 대상이 되는 경우

원처분주의에서는 재결이 취소소송의 대상이 되는 경우는 재결자체에 고유한 위법이 있는 경우에 한 하는바(행정소송법 제19조 후단), 재결자체의 고유한 위법이란 "원처분에는 없고 재결에만 있는 주체·절차·형식·내용상 위법(이견 있음)이 있는 것을 말한다.

(4) 재결자체의 고유한 위법을 다투는 것인지 여부

1) 문제점

거부처분취소심판에서 인용재결이 나온 경우, 제3자는 이로 인하여 불이익한 효과를 받게 되므로 인용재결을 다툴 수밖에 없다. 문제는 그 법적 성질이 재결자체의 고유한 위법을 다투는 것으로 볼 수 있는지 여부이다.

2) 학설

이에 대해 학설은 ❶ 인용재결에 의하여 원처분의 취소되어 제3자의 권익이 침해되었으므로 [행정소송법 제19조 단서에 의한 재결자체의 고유한 위법이 인정된다는 견해]와, ❷ 인용재결은 제3자의 관계에 대해서는 새로운 원처분의 성질을 가지므로 [행정소송법 제19조 본문상의 처분에 대한 취소소송으로 보는 견해]가 대립된다.

3) 판례

대법원은 "인용재결은 원처분과 내용을 달리하는 것이므로, 그 인용재결의 취소를 구하는 것은 원처분에는 없는 재결의 고유한 하자를 주장하는 셈이어서 당연히 항고소송의 대상이 된다"고 판시하여 재결의 고유한 하자로 본다(제19조 단서설).

4) 검토

여기서 원처분에 대한 인용재결을 다투는 취소소송은 행정소송법 제19조 단서에 따라 원처분에 존재하지 않는 재결자체의 고유한 위법을 다투는 것으로 보아야 할 것이다. 따라서 설문의 거부처분취소재결은 취소소송의 대상이 된다.

4. 乙의 원고적격의 인정 여부(12/29)

(1) 행정소송법상 원고적격의 의의

취소소송의 원고적격이란 "취소소송을 제기할 법률상 자격 및 권한(소권)"을 말한다. 남소를 방지하기 위한 소송요건이다.

(2) 법적 근거

행정소송법 제12조 1문은 "법률상 이익"으로 규정하고 있다.

(3) "법률상 이익"의 인정범위

1) 문제점

취소소송의 성질과 그 목적에 따라 원고적격의 인정범위에 대해 견해가 대립된다.

2) 학설

이에 대해 학설은 ❶ 권리를 침해당한 자만이 소를 제기할 수 있는 법률상 자격이 있다는 [권리회복설], ❷ "처분의 근거법규 및 관련법규의 목적론적 해석에 따라 보호되는 개별·직접·구체적인 이익"을 갖는 자만이 소를 제기할 수 있다는

[법률상 보호되는 이익구제설], ❸ 권리 내지 법률상 이익을 침해받은 자와 "실질적으로 보호할 가치가 있는 이익"을 갖는 자도 소를 제기할 수 있다는 [보호가치있는 이익구제설], ❹ "당해 처분을 다툼에 있어 가장 적합한 이해관계를 가진 자"에게 원고적격을 인정해야 한다는 [적법성보장설]이 대립된다.

3) 판례의 태도

판례는 "당해 처분의 근거법규(관련법규를 포함) 및 일련의 단계적인 근거법규에 의해 명시적으로 보호받는 이익 및 근거법규 및 관련법규의 합리적 해석상 보호되는 개별·직접·구체적 이익"으로 판단하여 [법률상 보호이익구제설]을 취하는 것으로 보인다.

4) 검토

취소소송의 주관소송성과 의회민주주의의 원칙상 [❷ 법률상 보호이익구제설]이 타당하다고 생각된다.

(4) 사업구역 밖의 인근주민의 원고적격

대법원은 "사업인정의 고시가 있은 후에는 토지의 형질변경금지 등의 효력이 생기므로 사업인정의 고시가 있으면 그 이해관계인은 그 위법을 다툴 법률상 이익이 있어 그 취소를 구할 소송요건을 구비하고 있다고 해석함이 상당하다 할 것이다"고 하여 사업구역 밖의 인근주민도 사업인정으로 인하여 권익이 침해되는 경우 "법률상 이익"을 인정할 수 있다고 보여진다.

5. 협의의 소익의 인정 여부(6/29)

(1) 협의의 소익의 의의

협의의 소익이란 "원고의 소송상 청구에 대하여 본안판결을 구하는 것을 정당화

시킬 수 있는 구체적 실익 내지 현실적 필요성"을 말한다.

(2) 인정취지

협의의 소익은 판결의 실효성을 확보하고 소송경제차원에서 요구되는 제소요건

이다.

(3) 협의의 소익의 인정 여부

취소소송의 협의의 소익은 원칙적으로 인정된다. 그러나 ① 처분의 효력이 소멸

된 경우, ② 원상회복이 불가능한 경우, ③ 사정변경으로 인해 권리침해가 해소가

된 경우 등에는 협의의 소익은 부정될 수 있다.

(4) 사안의 경우

대법원은 거부처분취소재결에 대한 취소소송은 "거부처분이 재결에서 취소된

경우 재결에 따른 후속처분이 아니라 그 재결의 취소를 구하는 것은 실효적이고

직접적인 권리구제수단이 될 수 없어 분쟁해결의 유효적절한 수단이라고 할 수 없

으므로 법률상 이익이 없다"고 판시하여 거부처분취소재결에 대한 취소소송은 협

의의 소익을 부정하였다. 판례의 입장이 타당하다. 이상의 검토에 따라 乙이 제기

한 거부처분취소재결에 대한 취소소송은 부적법각하될 것이다.

| **Ⅲ.** | **사안의 해결**(1/50) |

| 1. | 설문(1)의 경우 甲은 행정심판법 제50조의2에 따라 행정심판위원회에 간접강제

청구를 통해 구제를 청구할 수 있다. |

| 2. | 설문(2)의 경우 乙이 제기한 거부처분취소재결에 대한 취소소송은 소의 대상과

乙의 원고적격은 인정되나, 취소판결을 구할 협의의 소익은 인정되지 아니하므로

수소법원은 부적법각하판결을 할 것이다. |

20××년 제×회 공인노무사 시험

근로자 A는 甲노동조합을 조직해서 그 설립신고를 S시장 乙에게 하였고, 이에 S시장 乙은 甲노동조합의 규약 중 극히 일부가 「노동조합 및 노동관계조정법」(이하 '노조법'이라 한다)을 위반한다는 사실을 발견하였으나 경미한 사항의 위반이고 이를 이유로 노동조합설립신고의 수리를 반려한다 해도 어차피 이를 보완하여 다시 그 설립신고를 할 것이라고 보여짐에 따라 노동조합설립신고를 수리하면서 "노조법에 위반되는 노동조합의 규약 중 일부를 시정할 것"을 조건으로 부가하였다. 이에 甲노동조합은 문제된 위 규약의 일부는 '노조법'에 전혀 위반되지 않는다는 노동전문 법률사무소의 유권해석에 따라 이러한 조건은 위법이라고 주장하면서 위 조건만의 취소를 구하는 행정소송을 제기하고자 한다. 다음 물음에 대하여 검토하시오 (※ 노동조합설립신고의 수리는 행정쟁송법상 처분임을 전제로 하며, 행정쟁송법 이외의 노동법의 논점은 고려하지 말 것).

물음 1)   甲노동조합이 노동조합설립신고수리처분에 붙은 위 조건부분에 대해 다투고자 하는 경우에 위 조건만을 독립하여 취소소송의 대상으로 삼을 수 있는가? (35점)

물음 2)   만약 위 설문(1)의 취소소송이 허용되는 경우 위 조건만의 위법함을 이유로 법원은 조건만의 취소판결을 할 수 있는가? (15점)

목차

I.	설문(1)의 해결 - 부관만의 독립취소소송의 가능성(34/50)
1.	문제점(2/34)

설문(1)에서는 노동조합설립신고수리처분에 붙은 ① 부관(조건)만의 효력을 다투는 행정소송을 제기할 수 있는지(독립쟁송가능성)와 ② 만약 제기할 수 있는 경우에 부관만을 취소소송의 대상으로 삼아야 하는지 아니면 부관부 행정처분 전체를 대상으로 삼아야 하는지와 관련하여 부관에 대한 취소소송의 형태(독립쟁송형태)가 문제된다.

| 2. | 위 부관의 성질(5/34) |

(1) 부관의 의의

행정행위의 부관이란 "행정행위의 효력을 제한 또는 보충하기 위해 주된 행정행위에 부가된 종된 규율"을 말한다.

(2) 부관의 종류

이에 대한 부관에는 ① 부담, ② 조건, ③ 기한, ④ 철회권유보, ⑤ 법률효과의 일부배제 등이 있다.

(3) 사안의 경우

1) 문제점

사안과 같이 처분의 요건사항을 갖출 것을 조건으로 하는 부관을 법률요건충족부관이라 한다. 이러한 부관이 조건인지 부담인지에 대해서는 견해가 대립된다.

2) 학설

이에 대해 학설은 ❶ 상대방에게 처분과 별도로 상대방에게 일정한 행정법상 의무를 부과하는 [부담이라는 견해]와, ❷ 장래발생이 불확실한 사실에 처분의 효력발생을 의존시키는 [정지조건이라는 견해]가 대립된다.

3) 검토

법률요건충족적 부관을 부담으로 보는 경우 요건이 미충족되었음에도 불구하고

당해 처분의 효과가 발생하게 되므로 법치행정의 원리에 부합하지 않는다. 따라서

법률요건충족적 부관은 [정지조건이라는 견해]가 타당하다.

3. 부관만의 독립쟁송가능성(12/34)

(1) 문제점

부관의 부종성에도 불구하고 사업계획승인처분과 독립하여 부관만을 다투는 행

정소송이 가능한지 여부가 문제된다.

(2) 학설

이에 대해 학설은 ❶ 부관의 종류 가운데 부담만이 독립하여 행정쟁송의 대상

이 되기 때문에 부담에 대해서만 독립쟁송가능성이 긍된다는 [부담·기타부관구별

설], ❷ 모든 부관은 주된 행정행위와 분리가능하기 때문에 소의 이익이 있는 한

모든 부관은 독립하여 행정소송의 대상이 된다는 [모든 부관의 독립쟁송긍정설],

❸ 부관의 독립쟁송가능성 여부는 법원에 의해 취소될 만큼의 "분리가능성"을 갖

는 경우에만 가능하다고 보아 주된 행정행위와 분리가능한 부관만이 독립쟁송의

대상이 된다는 [분리가능성설]이 대립된다.

(3) 판례

대법원은 "행정행위의 부관은 본래 행정행위의 불가분적 요소이므로 부관 그 자

체로서 행정쟁송의 대상이 될 수 없으나, 부담의 경우에는 행정행위의 불가분적

요소가 아니므로 독립하여 행정쟁송의 대상이 된다"고 판시하여 부담에 대해서만

독립쟁송을 긍정하고 있다.

(4) 검토 및 사안의 해결

하자있는 부관에 대해 독립쟁송을 부정하는 것은 국민의 권리구제관점에서 중대한 문제가 발생하므로 모든 부관의 독립쟁송가능성을 긍정하는 견해가 타당해 보인다. 따라서 甲은 위 부관만을 독립하여 행정소송을 제기할 수 있다고 보아야 한다.

4. **부관만을 취소소송의 대상으로 삼을 수 있는지 여부**(15/17)

(1) 부관에 대한 취소소송의 형태

하자 있는 부관만의 효력을 다투는 취소소송의 형태는 현행 행정소송법상 ① 부관만을 취소소송의 대상으로 하여 부관만의 취소판결을 구하는 [진정일부취소소송형태]와, ② 부관부 행정행위 전체에 대하여 취소소송의 대상으로 하여 부관만의 취소판결을 구하는 [부진정일부취소소송], ③ 부관부 행정행위 전체에 대하여 취소소송을 제기하면서 부관만의 적극적 변경을 구하는 [적극적 변경소송]이 허용될 수 있다. 그러나 ③ 적극적 변경소송은 일반적으로 허용되지 않는다고 본다.

(2) 학설

이에 대해 학설은 ❶ 부관의 종류 중 부담에 대해서는 독립하여 행정쟁송의 대상이 되므로 진정일부취소소송을 제기하여야 하고, 나머지 기타부관의 경우에는 부진정일부취소소송에 의해야 한다는 [부담·기타부관구별설], ❷ 모든 부관은 부관의 종류와 관계없이 부진정일부취소소송에 의해야 한다는 [부진정일부취소소송설], ❸ 부관 중에서 독자적 분리가능성이 있고 처분에 해당되는 부관은 진정일부취소소송을 통해 다투어야 하고 분리가능성이 없거나 분리가능성이 있어도 처분성이 인정되지 않는 부관은 부진정일부취소소송을 제기해야 한다는 [독자적 분리가능성설]이 대립된다.

(3) 판례

대법원은 부담에 한해 진정일부취소소송의 형태로 독립쟁송을 긍정하고 있으나 기타부관의 경우에는 진정일부취소소송과 부진정일부취소소송 모두를 인정하고 있지 않다.

(4) 검토

생각건대, 국민의 권리구제관점에서 하자있는 부관을 모두 다투도록 함이 바람직하지만 처분에 해당하는 부담과 그이외의 기타부관은 그 성질이 다르므로 ❶ 부담과 기타부관을 구별하여 판단하는 견해가 타당하다.

(5) 사안의 해결

사안의 부관은 정지조건으로서 기타부관에 해당하므로 ① 판례의 입장에 따른다면 부관만을 독립하여 다투는 취소소송은 인정될 수 없고, ② 앞서 살펴본 결론에 따라 기타부관은 부관 그 자체로서 처분에 해당한다고 할 수 없으므로 부관만을 취소소송의 대상으로는 삼을 수 없고 부관부 행정처분 전체에 대한 취소소송을 제기하여야 한다.

Ⅱ. 설문(2)의 해결 - 수소법원이 독립취소판결을 할 수 있는지 여부(14/50)

1. 문제점(1/14)

설문(2)에서는 부관의 부종성에도 불구하고 부관에만 하자가 있고, 주된 행정행위에 하자가 없는 경우 법원은 부관만을 독립하여 취소판결을 할 수 있는지 문제된다.

2.	**학설**(8/14)
	(1) 기속행위 · 재량행위 구별설
	이 설은 ① 기속행위의 경우에는 상대방이 부관 없는 행정행위에 대한 청구권이 있다고 보아 부관의 종류에 관계없이 부관만을 취소할 수 있지만, ② 재량행위에 대해서는 그렇지 않다는 견해이다.
	(2) 중요성설(분리가능성설)
	이 견해는 ① 위법한 행정행위의 부관이 주된 행정행위의 중요한 요소가 아닌 경우(분리가능한 요소인 경우)에는 독립취소가 가능하나, ② 부관의 내용이 주된 행정행위의 중요한 요소(본질적 요소)인 경우에는 독립취소할 수 없다는 견해이다.
	(3) 일부취소판결준용설
	이 견해는 취소소송의 일부취소판결의 법리를 준용하여 일부취소판결의 요건이 충족되는 한도 내에서 독립취소판결을 할 수 있다는 견해이다.
	(4) 모든 부관의 독립취소가능성설(위법성기준설)
	이 견해는 부관에 하자가 있다면 법원은 아무런 제한없이 부관만을 독립적으로 취소할 수 있다는 견해이다.
3.	**판례**(2/14)
	대법원은 부담의 경우에는 행정행위의 성질과 관계없이 독립취소판결을 긍정하나, 기타부관에 대해서는 독립취소판결의 가능성을 부정하는 것으로 보인다.

4.	**검토 및 소결**(3/14)
	(1) 검토
	생각건대 당사자의 권익구제와 행정청의 제1차적 법령판단권을 동시에 고려하여 문제를 해결하는 [중요성설]이 타당하고 생각된다.
	(2) 사안의 검토
	1) 판례의 경우
	대법원은 부담 이외의 기타부관의 경우 독립취소판결을 인정하지 않는다. 이 경우 대법원은 부관부 행정행위 전체를 취소판결한 예가 있다.
	2) 중요성설의 경우(검토)
	이미 살펴본 바대로 위 법률요건충족적 부관의 하자를 이유로 법원이 위 부관만 취소판결을 할 경우 행정청의 의사에 명백히 반하게 되므로 위 부관은 행정처분의 중요요소에 해당한다고 보아야 한다. 따라서 법원은 위 부관만의 일부취소판결을 할 수 없다고 보인다.
III.	**사안의 해결**(2/50)
1.	설문(1)의 경우 학설과 판례 어느 견해에 의하든 위 정지조건 부관만을 취소소송의 대상으로 삼는 것은 허용될 수 없다.
2.	설문(2)의 경우 수소법원은 위 부관만을 취소하는 판결을 할 수 없다.

조현 |

약력

한양대학교 법과대학 박사과정 수료
한양대학교 법과대학 법학석사
한양대학교 법과대학 법학사

현 | 해커스노무사 행정쟁송법 강의
전 | 한양대학교, 성균관대학교 고시반 특강강사
전 | 금강대학교 전임강사

저서

해커스노무사 조현 행정쟁송법 사례연습
해커스노무사 조현 행정쟁송법 기본서
통합행정법, 법문사
공인노무사 통합 행정쟁송법연습, 윌비스
기출사례 경찰행정법, 도서출판 나눔
주관식 경찰행정법, 도서출판 나눔

2024 최신판

해커스노무사
조현
행정쟁송법 사례연습

초판 1쇄 발행 2024년 4월 5일

지은이	조현 편저
펴낸곳	해커스패스
펴낸이	해커스노무사 출판팀

주소	서울특별시 강남구 강남대로 428 해커스노무사
고객센터	1588-4055
교재 관련 문의	publishing@hackers.com
	해커스 법아카데미 사이트(law.Hackers.com) 1:1 고객센터
학원 강의 및 동영상강의	law.Hackers.com

ISBN	979-11-6999-987-8 (13360)
Serial Number	01-01-01

노무사시험 한 번에 합격!
해커스 법아카데미 law.Hackers.com

해커스 공인노무사

• 조현 교수님의 **본 교재 인강** (교재 내 할인쿠폰 수록)
• 해커스 스타강사의 **노무사 무료특강**